제1회 한국토지주택공사

NCS 직무능력검사

〈문항 및 시험시간〉

평가영역	문항 수	시험시간	모바일 OMR 답안분석
[NCS] 의사소통능력 / 수리능력 / 문제해결능력 [전공] 직업기초능력평가 심화	80문항	80분	

www.sdedu.co.kr

한국토지주택공사 신입사원 필기시험

제1회 직무능력검사

문항 수 : 80문항
시험시간 : 80분

제 1 영역 직업기초능력평가

01 다음 (가) ~ (마) 문단의 주제로 적절하지 않은 것은?

(가) 우리는 최근 '사회가 많이 깨끗해졌다.'라는 말을 많이 듣는다. 실제 우리의 일상생활은 정말 많이 깨끗해졌다. 과거에 비하면 일상생활에서 뇌물이 오가는 경우가 거의 없어진 것이다. 그런데 왜 부패인식지수가 나아지기는커녕 도리어 나빠지고 있을까? 일상생활과 부패인식지수가 전혀 다른 모습을 보이는 이유는 어디에 있을까?

(나) 부패인식지수가 산출되는 과정에서 그 물음의 답을 찾을 수 있다. 부패인식지수는 국제투명성기구에서 매년 조사하여 발표하고 있는 세계적으로 가장 권위 있는 부패 지표로, 지수는 국제적인 조사 및 평가를 실시하고 있는 여러 기관의 조사 결과를 바탕으로 산출된다. 각 기관의 조사 항목과 조사 대상은 서로 다르지만, 주요 항목은 공무원의 직권 남용 억제 기능, 공무원의 공적 권력의 사적 이용, 공공서비스와 관련한 뇌물 등으로 공무원의 뇌물과 부패에 초점이 맞추어져 있다.

(다) 부패인식지수를 이해하는 데에 주목하여야 할 또 하나의 중요한 점은 부패인식지수 계산에 사용된 각 지수의 조사 대상이다. 조사에 따라 약간의 차이가 있기는 하지만, 조사는 주로 해당 국가나 해당 국가와 거래하고 있는 고위 기업인과 전문가들을 대상으로 이루어진다. 일반 시민이 아닌 기업 활동에서 공직자들과 깊숙한 관계를 맺고 있어 공직자들의 행태를 누구보다 잘 알고 있을 것으로 추정되는 사람들의 의견을 대상으로 하는 것이다. 결국 부패인식지수는 고위 기업경영인과 전문가들의 공직 사회의 뇌물과 부패에 대한 평가라 할 수 있다.

(라) 그렇다면 부패인식지수를 개선하는 방법은 무엇일까? 그간 정부는 공무원행동강령, 청탁금지법, 부패방지기구 설치 등 많은 제도적인 노력을 기울여왔다. 이러한 정부의 노력에도 불구하고 정부 반부패정책은 대부분 효과가 없는 것으로 보인다. 정부 노력에 대한 일반 시민들의 시선도 차갑기만 하다. 결국 법과 제도적 장치는 우리 사회에 만연한 연줄 문화 앞에서 힘을 쓰지 못하고 있는 것으로 해석할 수 있다.

(마) 천문학적인 뇌물을 받아도 마스크를 낀 채 휠체어를 타고 교도소를 나오는 기업경영인과 공직자들의 모습을 우리는 자주 보아왔다. 이처럼 솜방망이 처벌이 반복되는 상황에서 부패는 계속될 수밖에 없다. 예상되는 비용에 비해 기대 수익이 큰 상황에서 부패는 끊어질 수 없는 것이다. 이러한 상황이 인간의 욕망을 도리어 자극하여 사람들은 연줄을 찾아 더 많은 부당이득을 노리려 할지 모른다. 연줄로 맺어지든 다른 방식으로 이루어지든 부패로 인하여 지불해야 할 비용이 크다면 부패에 대한 유인이 크게 줄어들 수 있을 것이다.

① (가) : 일상부패에 대한 인식과 부패인식지수의 상반되는 경향에 대한 의문
② (나) : 공공분야에 맞추어진 부패인식지수의 산출과정
③ (다) : 특정 계층으로 집중된 부패인식지수의 조사 대상
④ (라) : 부패인식지수의 효과적인 개선방안
⑤ (마) : 부패가 계속되는 원인과 부패 해결 방향

※ 다음 회의록을 보고 이어지는 질문에 답하시오. [2~3]

〈회의록〉

회의일시	2020년 7월 12일	부서	생산팀, 연구팀, 마케팅팀	작성자	A사원
참석자	생산팀 팀장・차장, 연구팀 팀장・차장, 마케팅팀 팀장・차장				
회의안건	제품에서 악취가 난다는 고객 불만에 따른 원인 조사 및 대책방안				
회의내용	주문폭주로 인한 물량증가로 잉크가 덜 마른 포장상자를 사용해 냄새가 제품에 스며든 것으로 추측				
결정사항	[생산팀] 내부 비닐 포장, 외부 종이상자 포장이었던 기존방식에서 내부 2중 비닐포장, 외부 종이상자 포장으로 교체 [마케팅팀] 1. 주문 물량이 급격히 증가했던 일주일 동안 생산된 제품 전격 회수 2. 제품을 공급한 매장에 사과문 발송 및 100% 환불・보상 공지 [연구팀] 포장재질 및 인쇄된 잉크의 유해성분 조사				

02 다음 중 회의록을 보고 알 수 있는 내용으로 올바른 것은?

① 이 조직은 6명으로 이루어져 있다.
② 회의 참석자는 총 3명이다.
③ 연구팀에서 제품을 전격 회수해 포장재질 및 인쇄된 잉크의 유해성분을 조사하기로 했다.
④ 주문량이 많아 잉크가 덜 마른 포장상자를 사용한 것이 문제 발생의 원인으로 추측된다.
⑤ 포장재질 및 인쇄된 잉크 유해성분을 조사한 결과 인체에는 무해한 것으로 밝혀졌다.

03 다음 중 회의 후 가장 먼저 해야 할 일은 무엇인가?

① 해당 브랜드의 전 제품 회수
② 포장재질 및 인쇄된 잉크 유해성분 조사
③ 새로 도입하는 포장방식 홍보
④ 주문 물량이 급격히 증가한 일주일 동안 생산된 제품 파악
⑤ 제품을 공급한 매장에 사과문 발송

※ 다음 기사를 읽고 이어지는 질문에 답하시오. [4~5]

(가) 해외 선진국의 경우에는 건설 분야 숙련 기능인은 자유롭고 안정적 생활이 보장되는 매력 있는 직업으로 인식된다. 또한 ICT 기술변혁에 따른 창의적 전문기술을 지닌 신 기능의 시대로의 변화를 추진 중에 있다.
(나) 박현영 LH 건설기술본부장은 "LH는 국내 최대 건설공기업으로서 건설 환경을 선도적으로 변화시켜 나가고 있다."며 "우수기능인 선발제도 도입으로 전문기능인들의 자긍심 고취는 물론 취업에도 도움이 되어 건설인들 모두가 상생하는 계기가 될 것으로 기대한다."고 말했다.
(다) 이에 LH는 '우수기능인 선발제도'를 도입하게 되었다. 우수기능인 선정·관리를 통한 기능의 우대와 기능인의 자긍심 고취, 건설현장의 품질향상 및 하자저감, LH와 대한전문건설협회의 홍보를 통한 우수기능인 인재풀 관리로 취업에도 도움이 될 것으로 기대하고 있다.
(라) 한국토지주택공사(LH)는 대한전문건설협회와 함께 '우수기능인 선발제도'를 올해 도입한다고 17일 밝혔다. 우수기능인 선발제도는 LH 건설공사에 직접 참여하는 기능인을 대상으로 6개 분야 24개 세부공종의 대상자를 선발하는 제도로 'LH 우수기능인' 상패 및 증서와 포상도 지급된다. 올해 LH 건설공사에 직접 참여한 기능인을 대상으로 심사를 거쳐 내년 3월에 첫 시상식을 개최할 예정이다.
(마) 하지만 국내 건설 산업은 전문 건설기능인력 감소 및 고령화, 미숙련 외국인 근로자 증가로 인력시장 왜곡이 심화되고 있다. 열악한 근로여건과 장기적 비전 부재 등으로 젊은이들이 기피하고 있는 실정이다.

04 다음 중 기사를 논리적 순서에 맞게 배열한 것은?

① (라) – (마) – (가) – (다) – (나)
② (라) – (가) – (마) – (다) – (나)
③ (다) – (마) – (라) – (나) – (가)
④ (가) – (마) – (다) – (나) – (라)
⑤ (가) – (다) – (나) – (마) – (라)

05 다음 중 기사의 제목으로 가장 적절한 것은?

① LH, 우수기능인 선발제도 도입으로 건설 능률 올린다
② LH, 우수기능인 선발제도 도입으로 건설문화 혁신 선도
③ LH, 우수기능인 선발제도, 득과 실은 무엇?
④ LH, 대한전문건설협회와 협업!
⑤ 우수기능인 선발제도, LH의 비장의 카드?

06 다음 중 '뉴로리더십'에 대한 설명으로 올바르지 않은 것은?

> 미래학자인 다니엘 핑크(Daniel Pink)는 앞으로 인류가 마주할 세상은 하이콘셉트(High Concept), 하이터치(High Touch)의 시대가 될 것이라고 했다. 하이콘셉트는 예술적, 감성적 아름다움을 창조하는 능력을 말하며 하이터치는 공감을 이끌어내는 능력을 말한다. 이 말은, 미래에는 뇌를 쓰는 방식이 달라져야 함을 의미한다.
> 지금까지의 세계는 체계화된 정보를 바탕으로 품질 좋은 제품을 대량생산하여 규모의 경제를 이루고, 시장을 개척해 부지런히 노력하면 어느 정도는 성공할 수 있는 경쟁체제였다. 경쟁사보다 논리적이고 체계적으로 정보를 분석해 소비자의 니즈를 만족시킬 수 있도록 하는 좌뇌형 사회였다고 할 수 있다.
> 하지만 세상은 빠르게 변하고 있다. 정보를 많이 가지고 있는 것보다는 그 정보를 이용해 어떤 새로운 아이디어를 도출해 내느냐가 더욱 중요한 시대가 된 것이다. 동일한 정보를 가지고 남들이 미처 생각하지 못했던 아이디어를 떠올리고 숨겨진 고객의 니즈를 이끌어냄으로써 시장을 주도할 수 있는 통찰력과 창의력이 중요한 성공 포인트가 되고 있다.
> 하지만 4차 산업혁명이 강조되고 있는 오늘날, 우리나라에서는 안타깝게도 창의적인 아이디어를 바탕으로 혁신적인 비즈니스 모델을 만들어낸 기업은 거의 보이지 않는 것 같다. 최근 기술분석 잡지인 〈MIT Technology Review〉의 발표에 따르면 세계 50대 혁신기업 중에 우리나라 기업은 단 하나도 들지 못했다.
> 창의적인 아이디어가 중요한 4차 산업혁명 시대에는 경영의 패러다임도 그에 맞춰 변화해야 한다. 무엇보다 큰 틀에서 세상의 변화를 바라보고 그것을 선도할 수 있는 통찰력이 필요하다. 그러나 아쉽게도 우리나라 기업은 여전히 '일' 중심의 관리문화가 굳건하게 자리잡고 있어 '나무는 보되 숲은 보지 못하는' 근시안적 자세에서 벗어나지 못하고 있다. 아무리 시스템이 잘 갖춰져 있고 관리체계가 뛰어나도 사람이라는 자원이 투입되지 않고서는 좋은 아이디어가 도출될 수 없다. 창의적인 아이디어란 결국 사람의 머리를 거치지 않고서는 나올 수 없기 때문이다.
> 결국 관리의 중심축이 '일'에서 '사람'으로 바뀌지 않으면 안된다. '일' 중심의 관리문화에서는 초점이 '효율'과 '생산성'에 맞춰져 있으며 사람은 그것을 보조하는 일개 수단에 지나지 않는다. 반면 '사람' 중심의 관리문화에서는 '창조성'과 '가치'에 초점이 맞춰져 있다. 효율과 생산성을 높이기 위한 수단에 불과했던 사람 그 자체가 관리의 중심이 된다. 사람이 관리의 중심이 되기 위해서는 인간이 가진 두뇌의 특성을 이해해야 한다. 두뇌의 작동 메커니즘과 생물학적인 특성이 이해되어야만 그것이 가진 잠재력과 가치를 최대한으로 활용할 수 있다. 이러한 관점에서 인간의 두뇌 특성을 이해하고 모든 조직 구성원이 최대한 창의적으로 뇌를 활용할 수 있게 함으로써 미래의 경영 환경에서 살아남을 수 있도록 만들어주는 혁신적인 툴이 뉴로리더십이라 하겠다.

① 구성원들이 최대한 창의적으로 뇌를 활용할 수 있게 하는 것이다.
② 창조성과 가치가 관리의 중심축이라고 말할 수 있다.
③ 일보다 사람을 우선시하는 관리문화를 말한다.
④ 인간이 가진 두뇌의 특성을 이해하는 것을 바탕으로 한다.
⑤ 근시안적인 자세를 가지고 행동하는 리더십을 말한다.

07 다음은 금융통화위원회가 통화정책방향에 대해 발표한 의결서이다. 다음을 보고 추론한 것으로 옳지 않은 것은?

> 〈통화정책방향〉
>
> 금융통화위원회는 다음 통화정책방향 결정시까지 한국은행 기준금리를 현 수준(1.50%)에서 유지하여 통화정책을 운용하기로 하였다.
> 세계경제는 견조한 성장세를 지속하였다. 국제금융시장을 보면, 대외건전성이 취약한 일부 신흥시장국에서 환율 급등, 자본유출 등의 불안한 움직임이 다시 나타났다. 앞으로 세계경제의 성장세는 보호무역주의 확산 움직임, 주요국 통화정책 정상화 속도, 미국 정부 정책방향 등에 영향을 받을 것으로 보인다.
> 국내경제는 설비 및 건설 투자의 조정이 지속되었으나 소비와 수출이 양호한 흐름을 보이면서 견실한 성장세를 이어간 것으로 판단된다. 고용 상황은 취업자 수 증가폭이 크게 축소되는 등 더욱 부진한 모습을 보였다. 앞으로 국내경제는 지난 7월 전망경로와 대체로 부합하는 잠재성장률 수준의 성장세를 지속할 것으로 예상된다. 투자가 둔화되겠으나 소비는 꾸준한 증가세를 이어가고 수출도 세계경제의 호조에 힘입어 양호한 흐름을 지속할 것으로 예상된다.
> 소비자물가는 석유류가격의 상승세가 확대되었으나, 서비스요금과 농산물가격의 상승세가 둔화되면서 1%대 중반의 오름세를 이어갔다. 근원인플레이션율(식료품 및 에너지 제외 지수)은 1% 수준으로 하락하였으며, 일반인 기대인플레이션율은 2%대 중후반을 나타내었다. 소비자물가 상승률은 당분간 1%대 중반 수준을 보이다가 오름세가 확대되면서 목표수준에 점차 근접할 것으로 전망된다. 근원인플레이션율도 완만하게 상승할 것으로 보인다.
> 금융시장은 대체로 안정된 모습을 보였다. 장기시장금리는 일부 신흥시장국 금융불안, 고용 부진 등으로 하락하였다. 주가는 미·중 무역분쟁 등으로 하락하였다가 그 우려가 다소 완화되면서 반등하였다. 원/달러 환율은 세계적인 달러화 가치 변동에 따라 등락하였다. 가계대출은 증가규모가 다소 축소되었으나 예년보다 높은 증가세를 지속하였다. 주택가격은 보합세를 나타내었으나 수도권 일부 지역에서 상승세가 확대되었다.

① 앞으로 세계경제에 보호무역주의가 확산될 것이다.
② 석유류가격과 농산물가격은 서로 상반되는 증감추세를 보인다.
③ 소비자물가 상승률은 점차 증가할 것이다.
④ 주가는 환율 외에도 국제분쟁의 영향을 받는다.
⑤ 대외건전성이 하락하는 경우, 자본유출 발생가능성이 높아진다.

08 다음 글의 요지로 올바른 것은?

서점에 들러 책을 꾸준히 사거나 도서관에서 계속해서 빌리는 사람들이 있다. 그들이 지금까지 사들이거나 빌린 책의 양만 본다면 겉보기에는 더할 나위 없이 훌륭한 습관처럼 보인다. 그러나 과연 그 모든 사람들이 처음부터 끝까지 책을 다 읽었고, 그 내용을 온전히 이해하고 있는지를 묻는다면 이야기는 달라진다. 한 권의 책을 사거나 빌리기 위해 우리는 돈을 지불하고, 틈틈이 도서관을 들리는 수고로움을 감수하지만, 우리가 단순히 책을 손에 쥐고 있다는 사실만으로는 그 안에 담긴 지혜를 배우는 필요조건을 만족시키지 못하기 때문이다. 그러므로 책을 진정으로 소유하기 위해서는 책의 '소유방식'이 바뀌어야 하고, 더 정확히 말하자면 책을 대하는 방법이 바뀌어야 한다.
책을 읽는 데 가장 기본이 되는 것은 천천히, 그리고 집중해서 읽는 것이다. 보통의 사람들은 책의 내용이 쉽게 읽히지 않을수록 빠르게 책장을 넘겨버리려고 하는 경향이 있다. 지겨움을 견디기 힘들기 때문이다. 그러나 속도가 빨라지면 이해하지 못하고 넘어가는 부분은 점점 더 많아지고, 급기야는 중도에 포기하는 경우가 생기고 만다. 그러므로 지루하고 이해가 가지 않을수록 천천히 읽어야 한다. 천천히 읽으면 이해되지 않던 것들이 이해되기 시작하고, 비로소 없던 흥미도 생기는 법이다.
또한, 어떤 책을 읽더라도 그것을 자신의 이야기로 읽는 것이다. 책을 남의 이야기처럼 읽어서는 결코 자신의 것으로 만들 수 없다. 다른 사람이 쓴 남의 이야기라고 할지라도, 자신과 글쓴이의 입장을 일치시키며 읽어나가야 한다. 그리하여 책을 다 읽은 후 그 내용을 자신만의 말로 설명할 수 있다면, 그것은 성공한 책 읽기라고 할 수 있을 것이다. 남의 이야기처럼 읽는 글은 어떤 흥미도, 그 글을 통해 얻어가는 지식도 있을 수 없다.
그러나 아무 책이나 이러한 방식으로 읽으라는 것은 아니다. 어떤 책을 선택하느냐 역시 책 읽는 이의 몫이기 때문이다. 좋은 책은 쉽게 읽히고, 누구나 이해할 수 있을 만큼 쉽게 설명되어 있는 책이 좋은 책이다. 그런 책을 분별하기 어렵다면 주변으로부터 책을 추천받거나 온라인 검색을 해보는 것도 좋다. 그렇다고 해서 책이 쉽게 읽히지 않는다고 하더라도 쉽게 좌절하거나 포기해서도 안 됨은 물론이다.
현대사회에서는 더 이상 독서의 양에 따라 지식의 양을 판단할 수 없다. 지금 이 시대에 중요한 것은 얼마나 많은 지식이 나의 눈과 귀를 거쳐 가느냐가 아니라, 우리에게 필요한 것들을 얼마나 잘 찾아내어 효율적으로 습득하며, 이를 통해 나의 지식을 확장할 수 있느냐인 것이다.

① 글쓴이의 입장을 생각하며 책을 읽어야 한다.
② 책은 쉽게 읽혀야 한다.
③ 독서의 목적은 책의 내용을 온전히 소유하는 것이다.
④ 독서 이외의 다양한 정보 습득 경로를 확보해야 한다.
⑤ 같은 책을 반복적으로 읽어 내용을 완전히 이해해야 한다.

09 다음 글의 제목으로 가장 적절한 것은?

시장경제는 국민 모두가 잘살기 위한 목적을 달성하기 위한 수단으로서 선택한 나라살림의 운영 방식이다. 그러나 최근에 재계, 정계, 그리고 경제관료 사이에 벌어지고 있는 시장경제에 대한 논쟁은 마치 시장경제 그 자체가 목적인 것처럼 왜곡되고 있다. 국민들이 잘살기 위해서는 경제가 성장해야 한다. 그러나 경제가 성장했는데도 다수의 국민들이 잘사는 결과를 가져오지 못하고 경제적 강자들의 기득권을 확대 생산하는 결과만을 가져온다면 국민들은 시장경제를 버리고 대안적 경제체제를 찾을 것이다. 그렇기 때문에 시장경제를 유지하기 위해서는 성장과 분배의 균형이 중요하다.

시장경제는 경쟁을 통해서 효율성을 높이고 성장을 달성한다. 경쟁의 동기는 사적인 이익을 추구하는 인간의 이기적 속성에 기인한다. 국민 각자는 모두가 함께 잘살기 위해서가 아니라 내가 잘살기 위해서 경쟁을 한다. 모두가 함께 잘살기 위한 공동의 목적을 달성하기 위한 수단으로 시장경제를 선택한 것이지만 개개인은 이기적인 동기로 시장에 참여하는 것이다. 이와 같이 시장경제는 개인과 공동의 목적이 서로 상반되는 모순을 갖는 것이 그 본질이다. 그래서 시장경제가 제대로 운영되기 위해서는 국가의 소임이 중요하다.

시장경제에서 국가가 할 일을 크게 세 가지로 나누어 볼 수 있다. 첫째는 경쟁을 유도하는 시장체제를 만드는 것이고, 둘째는 공정한 경쟁이 이루어지도록 시장 질서를 세우는 것이며, 셋째는 경쟁의 결과로 얻어진 성과가 모두에게 공평하게 분배되도록 조정하는 것이다. 최근에 벌어지고 있는 시장경제의 논쟁은 세 가지 국가의 역할 중에서 논쟁의 주체들이 자신의 이해관계에 따라서 선택적으로 시장경제를 왜곡하고 있다. 경쟁에서 강자의 위치를 확보한 재벌들은 경쟁촉진을 주장하면서 공정경쟁이나 분배를 말하는 것은 반시장적이라고 매도한다. 정치권은 인기 영합의 수단으로, 그리고 일부 노동계는 이기적 동기에서 분배를 주장하면서 분배의 전제가 되는 성장을 위해서 필요한 경쟁을 훼손하는 모순된 주장을 한다. 경제 관료들은 자신의 권력을 강화하기 위한 부처의 이기적인 관점에서 경쟁촉진과 공정경쟁 사이에서 줄타기 곡예를 하며 분배에 대해서 말하는 것은 금기시한다. 모두가 자신들의 기득권을 위해서 선택적으로 왜곡하고 있다.

경쟁은 원천적으로 공정성을 보장하지 못한다. 서로 다른 능력이 주어진 천부적인 차이는 물론이고, 물려받는 재산과 환경의 차이로 인하여 출발선에서부터 불공정한 경쟁이 시작된다. 그럼에도 불구하고 경쟁은 창의력을 가지고 노력하는 사람에게 성공을 가져다주는 체제이다. 그래서 출발점이 다를지라도 노력과 능력에 따라서 성공의 기회가 제공되도록 보장하기 위해서 공정경쟁이 중요하다.

경쟁은 또한 분배의 공평성을 보장하지 못한다. 경쟁의 결과는 경쟁에 참여한 모든 사람들의 노력의 결과로 이루어진 것이지, 승자만의 노력으로 이루어진 것은 아니다. 경쟁의 결과가 승자에 의해서 독점된다면 국민들은 경쟁의 참여를 거부할 수밖에 없다. 그래서 경쟁에 참여한 모두에게 공평한 분배가 이루어지는 것이 중요하다.

① 시장경제에서의 개인과 경쟁의 상호 관계
② 시장경제에서의 국가의 역할
③ 시장경제에서의 개인 상호 간의 경쟁
④ 시장경제에서의 경쟁의 양면성과 그 한계
⑤ 시장경제에서의 경쟁을 통한 개개인의 관계

10 **다음 글을 읽고 추론한 내용으로 적절하지 않은 것은?**

> 한국토지주택공사(LH)는 가정의 달 5월을 맞아 일반 국민들에게 주거급여제도를 적극적으로 알리기 위한 '찾아가는 서비스'를 시행하고 있다고 밝혔다.
> 주거급여제도는 소득인정액이 중위소득 44% 이하(4인 가구 기준 약 203만 원)인 임차 및 자가 가구의 주거안정을 위하여 주거비를 지원하는 정책이다. 지원 대상에 해당하는 전・월세 임차 가구의 경우 지역별, 가구원수별 기준임대료를 상한으로 수급자의 실제임차료를 지원하며, 주택을 소유 및 거주하는 자가 가구에는 주택 노후도 등을 고려하여 설정한 주택보수 범위별 수선비용을 상한으로 주택개보수를 지원한다. 특히 작년 10월 주거급여 부양의무자 기준이 전면 폐지됨에 따라 자격기준이 대폭 완화되어, 그동안 복지 사각지대에 놓였던 많은 저소득층이 주거급여 혜택을 받을 수 있게 되었다.
> LH는 5월에 어린이날, 어버이날 등 각종 행사와 야외활동이 많은 점을 고려하여 주거급여제도를 보다 많이 알리기 위해 대국민 야외 홍보용 부스 및 상담창구를 설치하였다. 지자체 및 사회복지기관에서 개최하는 다양한 지역행사장을 비롯해 잠재적 지원 대상이 밀집되어 있는 전국 각지의 여관, 고시원 등을 LH 주거급여 전담직원들이 직접 방문하여 전사적 홍보활동 및 현장상담도 진행할 예정이다.
> 자격기준 등 기타 자세한 사항은 주거급여콜센터로 문의하면 되고, 주거급여 신청은 가까운 읍・면・동 주민센터 방문접수 및 복지로 홈페이지를 통한 온라인접수로 가능하다.

① 주거급여제도는 전・월세 임차 가구와 자가 가구에 서로 다른 수준으로 주거비를 지원한다.
② 소득인정액이 190만 원인 4인 가구는 주거급여제도 지원 대상에 해당된다.
③ 주거급여 부양의무자 기준이 폐지됨에 따라 사회복지기관의 수가 증가하였다.
④ 주거급여제도의 잠재적 지원 대상 중 상당수는 여관, 고시원에 거주한다.
⑤ 주거급여 신청은 온라인과 오프라인에서 모두 가능하다.

※ 다음은 색채심리학을 소개하는 기사 내용이다. 이어지는 질문에 답하시오. [11~12]

색채는 상징성과 이미지를 지니는 동시에 인간과 심리적 교감을 나눈다. 과거 노란색은 중국 황제를 상징했고, 보라색은 로마 황제의 색이었다. 또한, 붉은색은 공산주의의 상징이었다. 백의민족이라 불린 우리 민족은 태양의 광명인 흰색을 숭상했던 것으로 보여진다. 이처럼 각 색채는 희망・열정・사랑・생명・죽음 등 다양한 상징을 갖고 있다. 여기에 각 색깔이 주는 독특한 자극은 인간의 감성과 심리에 큰 영향을 미치고 있으며, 이는 색채심리학이라는 학문의 등장으로 이어졌다.
색채심리학이란 색채와 관련된 인간의 행동(반응)을 연구하는 심리학을 말한다. 색채심리학에서는 색각(色覺)의 문제로부터, 색채가 가지는 인상・조화감 등에 이르는 여러 문제를 다룬다. 그뿐만 아니라, 생리학・예술・디자인・건축 등과도 관계를 가진다. 특히, 색채가 어떠하며, 우리 눈에 그것이 어떻게 보이고, 어떤 느낌을 주는지는 색채심리학이 다루는 연구대상 중 가장 주요한 부분이다.
우리는 보통 몇 가지의 색을 동시에 보게 된다. 이럴 경우 몇 가지의 색이 상호작용을 하므로, 한 가지의 색을 볼 때와는 다른 현상이 일어난다. 그 대표적인 것이 대비(對比) 현상이다. 색채의 대비는 2개 이상의 색을 동시에 보거나, 계속해서 볼 때 일어나는 현상이다. 전자를 '동시대비', 후자를 '계속대비'라 한다. 이때 제시되는 색은 서로 영향을 미치며, 각기 지니고 있는 색의 특성을 더욱더 강조하는 경향이 생긴다.
이러한 색의 대비현상을 살펴보면, 색에는 색상・명도(색의 밝기 정도)・채도(색의 선명도)의 3가지 속성이 있으며, 이에 따라 색상대비・명도대비・채도대비의 3가지 대비를 볼 수 있다. 색상대비는 색상이 다른 두 색을 동시에 이웃하여 놓았을 때 두 색이 서로의 영향으로 색상 차가 나는 현상이다. 다음으로 명도대비는 명도가 다른 두 색을 이웃하거나 배색하였을 때, 밝은색은 더욱 밝게, 어두운색은 더욱 어둡게 보이는 현상으로 볼 수 있다. 그리고 채도대비는 채도가 다른 두 색을 인접시켰을 때 서로의 영향을 받아 채도가 높은 색은 더욱 높아 보이고 채도가 낮은 색은 더욱 낮아 보이는 현상을 말한다.
오늘날 색의 대비 현상은 일상생활에서 많이 활용되고 있다. 색채를 활용하여 먼 거리에서 더 잘 보이게 하거나 뚜렷하게 보이도록 해야 할 때가 있는데, 그럴 경우에는 배경과 그 앞에 놓이는 그림의 속성 차를 크게 해야 한다. 일반적으로 배경색과 그림색의 속성이 다르면 다를수록 그림은 명확하게 인지되고, 멀리서도 잘 보인다. 색의 대비 중 이와 같은 현상에 가장 영향을 미치는 것은 명도대비이며 그다음이 색상대비, 채도대비의 순서이다. 특히, 멀리서도 잘 보여야 하는 표지류 등은 대비량이 큰 색을 사용한다.
색이 우리 눈에 보이는 현상으로는 이 밖에도 잔상색・순응색 등이 있다. 흰 종이 위에 빨간 종이를 놓고 잠깐 동안 주시한 다음 빨간 종이를 없애면, 흰 종이 위에 빨간 청록색이 보인다. 이것이 이른바 보색잔상으로서 비교적 밝은 면에서 잔상을 관찰했을 때 나타나는 현상이다. 그러나 암흑 속이나 백광색의 자극을 받을 때는 매우 복잡한 양상을 띤다. 또, 조명광이나 물체색(物體色)을 오랫동안 계속 쳐다보고 있으면, 그 색에 순응되어 색의 지각이 약해진다. 그래서 조명에 의해 물체색이 바뀌어도 자신이 알고 있는 고유의 색으로 보이게 되는데 이러한 현상을 '색순응'이라고 한다.

11 다음 기사를 읽고 이해한 내용으로 올바르지 않은 것은?

① 색채의 대비 중 2개 이상의 색을 계속 보는 경우를 계속대비라고 한다.
② 색을 계속 응시하면 색의 보이는 상태가 변화됨을 알 수 있다.
③ 색채심리학은 색채가 우리에게 어떤 느낌을 주는지도 연구한다.
④ 배경과 그림의 속성 차를 작게 할수록 뚜렷하게 보이는 효과가 있다.
⑤ 멀리서도 잘 보여야 하는 경우는 대비량이 큰 색을 사용한다.

12 다음 기사를 읽고 추론한 내용으로 적절한 것은?

① 어두운 밝기의 회색이 검은색 바탕 위에 놓일 경우 밝아 보이는데 이는 채도대비로 볼 수 있다.
② 연두색 배경 위에 놓인 노란색은 좀 더 붉은 색을 띠게 되는데 이는 색상대비로 볼 수 있다.
③ 파란색 선글라스를 통해 푸르게 보이던 것이 곧 익숙해져서 본래의 색으로 느끼는 것은 보색잔상으로 볼 수 있다.
④ 색의 물체를 응시한 후 흰 벽으로 눈을 옮기면 전자의 색에 칠하여진 동형의 상을 볼 수 있는데 이는 색순응으로 볼 수 있다.
⑤ 무채색 위에 둔 유채색이 훨씬 선명하게 보이는 현상은 명도대비로 볼 수 있다.

13 다음은 '청렴옴부즈만 제도'에 따라, 옴부즈만의 제언 사항에 따른 A은행의 이행실적에 대한 자료이다. 다음 중 빈칸에 들어갈 사항으로 잘못 연결된 것은?

〈옴부즈만의 제언 사항에 따른 이행사항〉

순서	제언 사항(옴부즈만)	이행사항(A은행)
1	부당지시의 정의 및 내용에 대한 교육 강화	• '부당한 업무지시'의 정의, 사례, 대처방법 등을 포함한 매뉴얼 배포 • ㉠
2	'부패사건 적발'과 관련하여 횡령을 포함한 특정경제범죄가중처벌법 교육을 강화	㉡
3	'부패방지 교육계획 수립'시 교육일정 명시	연간 윤리준법 교육수립 시 부패 방지 교육계획 및 일정 확정
4	㉢	준법감시인 직통 내부자신고 채널신설 및 홍보
5	윤리준법 교육의 내실화	현장감 있는 사례 위주 교육으로 법령 위반에 대한 경각심 고취
6	자체 '내부청렴도 측정' 조사결과 세부분석 및 개선방안 수립	㉣
7	㉤	윤리준법부 주관 본점 방문 교육 수행

① ㉠ - 당행 홈페이지에 청탁금지법 신고절차 홍보 및 상담창구 개설
② ㉡ - 전 지점 앞 윤리준법교육자료 송부 및 준법감시담당자를 통한 교육 실시
③ ㉢ - 내부자신고 활성화를 위한 제도 홍보
④ ㉣ - 지점별 점수 차이가 큰 청렴도 세부항목에 대해 수도권과 지방을 나누어 분석
⑤ ㉤ - 은행 내 각종 연수 시 '청렴 강사' 적극 활용

14 한국토지주택공사에 근무 중인 K사원은 고객 문의를 담당하고 있다. 고객들이 자주 묻는 질문의 답변을 모아 정리하고자 할 때, 다음 글을 통해 알 수 없는 것은?

〈생애주기별 맞춤지원이 가능한 '전세임대주택'〉

○ 전세임대주택은 주택도시기금을 재원으로 하는 수탁사업으로서, 입주 대상자가 입주할 주택을 물색하여 LH에 계약 요청하면 전세금 지원한도액 범위 내에서 95 ~ 100% 해당액을 주택도시기금에서 지원합니다.

○ 수도권을 기준으로 8,500만 원의 전세주택을 물색하여 입주하게 되는 경우, 5% 해당액(425만 원)은 입주자가 계약금으로 부담하고, 95% 해당액(8,075만 원)은 주택도시기금에서 주택소유자에게 지급합니다.

공급유형	수도권	광역시	기타 지역
기존주택·신혼부부	8,500만 원	6,500만 원	5,500만 원
청년·소년소녀 등	8,000만 원	6,000만 원	5,000만 원

○ 전세임대주택은 LH가 건설·매입한 주택에 입주하는 것이 아니라, 입주 대상자가 거주를 희망하는 주택을 직접 물색하여 입주합니다. 전용면적 85m^2 이내(1인 가구는 전용면적 60m^2 이하) 전세주택 또는 보증부 월세주택에 입주 가능하며, 현재 거주하고 있는 주택도 임대인의 동의가 있는 경우 전세임대주택으로 전환하여 계속 거주할 수 있습니다.

○ 최초 계약 이후 2년 단위로 재계약을 체결할 수 있어 재계약 시점에 입주 자격요건을 갖췄다면 최장 20년까지 거주가 가능합니다. 기존주택·신혼부부는 9회 재계약이 가능하고, 소년소녀 가정 등은 만 20세 이후부터 3회 재계약 가능, 청년 전세임대는 2회까지 재계약이 가능합니다.

○ 입주자 모집 공고 시 청년 전세임대는 LH청약센터에서 인터넷 접수하며, 기존주택·신혼부부·소년소녀 가정 등은 지자체에 방문해 신청할 수 있습니다. 소년소녀 가정 등은 연중 상시 신청 가능하고 기존주택 전세임대 1순위 해당자에 한하여 연중 즉시 지원도 가능합니다.

① 전세임대주택사업의 정의
② 전세임대 신청방법
③ 전세임대주택 공급량
④ 전세금 지원액
⑤ 최장 거주 기간

15 다음 글에서 답을 찾을 수 없는 질문은?

생물학에서 반사란 '특정 자극에 대해 기계적으로 일어난 국소적인 반응'을 의미한다. 파블로프는 '벨과 먹이' 실험을 통해 동물의 행동에는 두 종류의 반사 행동, 즉 무조건 반사와 조건 반사가 존재한다는 결론을 내렸다. 뜨거운 것에 닿으면 손을 빼내는 것이나, 고깃덩이를 씹는 순간 침이 흘러나오는 것은 자극에 의한 무조건 반사이다. 하지만 모든 자극이 반사 행동을 일으키는 것은 아니다. 생명체의 반사 행동을 유발하지 않는 자극을 중립 자극이라고 한다.

중립 자극도 무조건 자극과 짝지어지게 되면 생명체에게 반사 행동을 일으키는 조건 자극이 될 수 있다. 그것이 바로 조건 반사인 것이다. 예를 들어 벨 소리는 개에게 중립 자극이기 때문에 처음에 개는 벨 소리에 반응하지 않는다. 개는 오직 벨 소리 뒤에 주어지는 먹이를 보며 침을 흘릴 뿐이다. 하지만 벨 소리 뒤에 먹이를 주는 행동을 반복하다 보면 벨 소리는 먹이가 나온다는 신호로 인식되며 이에 대한 반응을 일으키는 조건 자극이 되는 것이다. 이처럼 중립 자극을 무조건 자극과 연결시켜 조건 반사를 일으키는 과정을 '고전적 조건 형성'이라 한다. 그렇다면 이러한 조건 형성 반응은 왜 생겨나는 것일까? 이는 대뇌 피질이 '학습'을 할 수 있기 때문이다.

어떠한 의미 없는 자극이라 할지라도 그것이 의미 있는 자극과 결합되어 제시되면 대뇌 피질은 둘 사이에 연관성이 있다는 것을 파악하고 이를 기억하여 반응을 일으킨다. 하지만 대뇌 피질은 한번 연결되었다고 항상 유지되지는 않는다. 예를 들어 '벨 소리 – 먹이' 조건 반사가 수립된 개에게 벨 소리만 들려주고 먹이를 주지 않는 실험을 계속하다 보면 개는 벨 소리에 더 이상 반응하지 않게 되는 조건 반사의 '소거' 현상이 일어난다.

소거는 조건 자극이 무조건 자극 없이 충분히 자주 제시될 경우 조건 반사가 사라지는 현상을 말한다. 때문에 소거는 바람직하지 않은 조건 반사를 수정하는 방법으로 사용된다. 하지만 조건 반사는 통제할 수 있는 것이 아니기 때문에, 제거 역시 자연스럽게 이루어지지 않는다. 또한 소거가 일어나는 속도가 예측 불가능하고, 소거되었을 때조차도 자발적 회복을 통해 조건 반사가 다시 나타날 수 있다는 점에서 소거는 조건 반사를 제거하기 위한 수단으로 한계가 있다.

이때 바람직하지 않은 조건 반사를 수정하는 또 다른 방법으로 사용되는 것이 '역조건 형성'이다. 이는 기존의 조건 반사와 양립할 수 없는 새로운 반응을 유발하여 이전 조건 형성의 원치 않는 효과를 제거하는 것으로 자발적 회복이 잘 일어나지 않는다. 예를 들어, 토끼를 무서워하는 아이가 사탕을 먹을 때 처음에는 토끼가 아이로부터 멀리 위치하게 한다. 아이는 사탕을 먹는 즐거움 때문에 토끼에 대한 공포를 덜 느끼게 된다. 다음날에도 마찬가지로 아이에게 사탕을 먹게 한 후 토끼가 전날보다 좀 더 가까이 오게 한다. 이러한 절차를 여러 번 반복하면 토끼가 아주 가까이에 있어도 아이는 더 이상 토끼를 무서워하지 않게 된다.

① 소거에는 어떤 것들이 있는가?
② 고전적 조건 형성이란 무엇인가?
③ 동물의 반사 행동에는 어떤 것이 있는가?
④ 조건 형성 반응이 일어나는 이유는 무엇인가?
⑤ 바람직하지 않은 조건 반사를 수정하는 방법에는 무엇이 있는가?

16 다음 자료를 바탕으로 〈보기〉를 잘못 이해한 사람은?

> **"산재근로자 창업지원사업 새로운 인생의 시작"**
> – 임차 보증금과 창업컨설팅 지원을 통해 누구나 손쉽게 창업 –
>
> G공단은 재취업이 어렵고, 담보나 신용이 부족한 산재장해인의 경제적 자립을 돕기 위해 창업점포를 임차하여 지원한다. 2000년부터 현재까지 1,535명에게 895억 원을 지원하여 산재근로자의 자립기반 마련에 크게 기여하였으며, 올해에는 총 28명에게 21억 4,000만 원을 지원할 예정이다.
> 전년도부터 이자율을 3%에서 2%로 낮추고, 전세보증금을 1억 원에서 1억 5,000만 원으로 상향하였으며, 지원기간은 최장 6년까지이다. 지원 대상자가 월세를 부담하는 경우, 월세 200만 원 이하인 점포도 지원할 수 있다.
> 지원 대상은 산업재해보상보험법에 따라 장해등급을 받은 산재장해인 중 직업훈련 또는 창업훈련, 자격증 취득, 2년 이상 종사한 업종과 관련된 업종으로 창업을 희망하는 사람과 진폐재해자이다. 또한 산재장해인을 고용하고 있는 사회적 기업 또는 예비 사회적 기업 그리고 이를 준비 중인 법인도 해당된다. 다만 성인전용 유흥・사치・향락성 업종과 국민경제상 불요불급한 업종의 창업 희망자, 미성년자, 전국은행연합회의 금융기관 신용정보 관리규약에 따른 연체정보 등록자 등은 지원 대상에서 제외된다.
> 이밖에도 공단은 지원자의 창업 성공률을 높이기 위해 사업자금을 연리 2%(2년 거치 3년 상환)로 최대 1,500만 원까지 빌려주고, 지원 대상자에게는 전문가를 통한 창업컨설팅을 무료로 제공한다.
> 창업을 희망하는 산재장해인과 법인은 신청서(공단 양식)에 사업계획서를 첨부하여 창업예정지를 관할하는 공단의 각 지역본부 또는 지사 재활보상부에 제출하면 된다. 신청기간은 2월, 4월, 6월, 8월 10월의 1 ~ 20일까지이다.
> 기타 자세한 내용은 창업 예정지를 관할하는, 공단 각 지역본부 또는 지사 재활보상부로 문의하거나 공단 홈페이지에서 확인할 수 있다.

〈보기〉

> 2019년 1월 충남 천안의 음식점에서 3년간 주방장으로 일하던 K씨는 재료 준비 중 엄지 손가락을 다치는 재해를 입어 장애 10급의 신체장해가 남았다. 갑작스러운 사고에 3 ~ 4개월 동안 슬럼프에 빠지며 좌절하였지만, G공단에서 지원하는 한식 조리과정 직업훈련을 받고 당당히 창업하기로 결심했다. 그동안의 경험과 공단에서 무료로 제공한 창업컨설팅을 통해 자신감을 회복한 K씨는 작은 식당을 개업하여 이제는 구미 혁신도시 인근에서도 소문이 나기 시작하여 새로운 인생을 맞이하고 있다.

① A : K씨는 원래 음식점 주방장으로 일했기 때문에 G공단에서 지원하는 '한식조리과정 직업훈련' 대상자가 될 수 있었어.

② B : 맞아. 게다가 본인이 원래 종사했던 직종과 관련된 업종으로 창업을 희망했기 때문에 전문가를 통한 무료 창업컨설팅을 받을 수 있었지.

③ C : K씨가 약 4개월 정도 슬럼프에 빠졌다고 했으니까 신청서 접수는 재해를 입은 지 4개월 후인 2019년 5월에 했을 거야.

④ D : 만약 K씨가 사치・향락성 업종과 관련된 창업을 하려고 했다면 지원 대상이 되지 못했겠지.

⑤ E : K씨가 전세보증금으로 1억 5,000만 원을 도움받았다면 이자율 2%로 최장 6년까지 지원받을 수 있겠네.

17 다음 글로 미루어 ㉠의 구체적 내용을 가장 적절하게 추론한 것은?

1억 6천만 년 동안 지구를 지배해오던 공룡이 6천5백만 년 전 갑자기 지구에서 사라졌다. 왜 공룡들이 갑자기 사라졌을까? 이러한 미스터리는 1820년대 공룡 화석이 처음 발견된 후 지금까지 여전히 풀리지 않고 있다. 그동안 공룡 멸종의 원인을 밝혀보려는 노력은 수없이 많았지만, 여러 멸종 이론 중 어느 것도 공룡이 왜 지구상에서 자취를 감추었는지 명쾌하게 설명하지 못했다. 하지만 대부분의 과학자는 거대한 운석이 지구에 부딪힌 사건을 공룡 멸종의 가장 큰 이유로 꼽고 있다.

과학자들은 멕시코의 유카탄 반도에서 지름이 180km나 되는 커다란 운석 구덩이의 연대를 측정했는데, 이 운석 구덩이의 생성 연대가 공룡이 멸종한 시기와 일치한다는 사실을 확인하였다. 하지만 운석이 지구와 충돌하면서 생긴 직접적 충격으로 인해 공룡을 비롯한 수많은 종이 갑자기 멸종된 것이 라고 보기는 어려우며, 그 충돌 때문에 발생한 이차적 영향들이 있었을 것으로 짐작하고 있다. 그처럼 거대한 구덩이가 생길 정도의 파괴력이면 물리적 충격은 물론 지구의 대기를 비롯한 생존 환경에 장기간 ㉠ <u>엄청난 영향을 주었을 것</u>이고, 그로 인해 생명체들이 멸종될 수 있다는 결론을 내린 것이다.

실제로 최근 뉴질랜드 국립 지리・핵 과학 연구소(GNS)의 조사팀은, 운석과 충돌한 지점과 반대편에 있는 '사우스'섬의 서부 해안에서 발견된 '탄화된 작은 꽃가루들'에 대해 연구하였다. 이 연구를 통해 환경의 변화가 운석과의 충돌 지점뿐만 아니라 전 지구적으로 진행되었음을 밝혔다. 또한, 6천5백만 년 전의 지층인 K－T 퇴적층에서는 지구에는 없는 원소인 팔라듐이 다량 발견되었고, 운석에 많이 함유된 이리듐(Ir)의 함량이 지구의 어느 암석보다 높다는 사실도 밝혀졌는데, 이것 역시 '운석에 의한 충돌설'을 뒷받침한다. 그뿐만 아니라 공룡이 멸종되었던 백악기 말과 신생대 제3기 사이에 바다에 녹아있던 탄산칼슘의 용해 정도가 갑자기 증가한 것도 당시 지구에 급속한 기온의 변화가 있었다는 증거가 되고 있다.

이렇게 운석에 의한 공룡의 멸종설은 점점 설득력 있게 받아들여지고 있다. 문제는 그러한 상황에서도 살아남은 생물들이 있다는 데에 있다. 씨앗으로 동면(冬眠)할 수 있는 식물들과 비교적 조그만 동물들이, 대기권을 가득 메운 먼지로 인해 닥친 '길고 긴 겨울'의 추위를 견디고 생존하였다. 그것은 거대한 몸집의 공룡보다는 은신처와 먹잇감이 상대적으로 많았을 것이며, 생존에 필요한 기초 활동들이 공룡보다는 용이했을 것이기 때문이다.

공룡이 멸종하게 된 직접적인 이유가 운석과의 충돌에 있다고 할지라도, 결국 인간이나 공룡을 비롯한 지구상의 모든 종(種)이, 갑작스럽게 멸종하느냐 진화하면서 생존하느냐 여부는 '자연에 대한 적응력'에 달려있다고 보인다. 이것이 생존의 조건인 셈인데, 환경에 대한 적응력이 뛰어나면 당연히 더 많은 생존 가능성을 가지게 되고, 새로운 환경에 적응하며 번성할 수도 있다. 적응력이 뛰어난 어떤 돌연변이의 후손들은 새로운 종으로 진화하며 생존하기도 한다. 그런데 환경의 변화가 급격한 시기에는 생명체 대부분이 변화에 적응하기가 매우 어렵다. 만일 공룡이 급변하는 환경에 대한 적응력이 뛰어 났다면 살아남을 가능성이 훨씬 많았을 것이고, 그렇다면 지금껏 지구를 지배하고 있었을지도 모른다.

① 운석과의 충돌은 반대쪽에도 엄청난 반사 충격파를 전달하여 전 지구적인 화산 활동을 초래하였다.
② 운석과의 충돌은 지구의 공전궤도에 변화를 주어, 밤낮의 길이나 계절이 바뀌는 등의 환경 변화가 일어났다.
③ 운석 충돌로 발생한 먼지가 지구 대기를 완전히 뒤덮어 햇빛이 차단되었고, 따라서 기온이 급속히 내려갔다.
④ 운석과의 충돌은 엄청난 양의 유독 가스를 발생시켜, 생명체의 생존에 필요한 산소가 부족하게 되었다.
⑤ 운석 충돌의 충격으로 대륙의 형태가 변함에 따라, 다른 대륙에서 옮겨온 질병과 기생충이 기존의 생명체에 치명적으로 작용하게 되었다.

※ 한국토지주택공사에서는 직원들의 업무능력 개선을 위해 다음과 같이 연수 프로그램을 실시하고자 한다. 자료를 보고 이어지는 질문에 답하시오. [18~19]

〈연수 프로그램〉

(단위 : 명, %)

프로그램명	정원	대상	비고
의사결정이론	2	차장 이상	
전략적 관리법	2	과장 이하	
다각적 대응전략	1	제한 없음	
연구협력사례	3	대리 혹은 사원	

※ 한국토지주택공사의 직급 체계는 사원 → 대리 → 과장 → 차장 → 부장 순서이다.

18 대외협력과에는 A부장, B차장, C차장, D과장, E대리, F대리, G사원, H사원이 있다. 대외협력과가 이번 연수 프로그램에 참여한다고 할 때, 가능한 모든 경우의 수는?

① 4가지
② 9가지
③ 12가지
④ 16가지
⑤ 20가지

19 공공지원팀에는 A차장, B대리, C사원, D사원이 있고, 인사혁신팀에는 甲차장, 乙과장, 丙대리, 丁사원이 있다. 공공지원팀와 인사혁신팀이 이번 연수 프로그램에 참여하고자 할 때, 다음 중 옳은 설명을 모두 고른 것은?

ㄱ. 연구협력사례 프로그램에 참여할 수 있는 직원들의 경우의 수는 총 20가지이다.
ㄴ. B와 丙이 연구협력사례 프로그램에 참여하면, 丁도 반드시 같은 프로그램에 참여한다.
ㄷ. D가 다각적 대응전략 프로그램에 참여하면, 乙은 전략적 관리법 프로그램에 참여한다.
ㄹ. 가능한 총 경우의 수는 30가지이다.

① ㄱ, ㄴ
② ㄱ, ㄷ
③ ㄴ, ㄷ
④ ㄴ, ㄹ
⑤ ㄷ, ㄹ

20 A, B 두 여행팀은 다음 정보에 따라 자신의 효용을 극대화하는 방향으로 관광지 이동을 결정한다고 할 때, 각 여행팀은 어떤 결정을 할 것이며, 그때 두 여행팀의 총효용은 얼마인가?

〈여행팀의 효용정보〉

- A여행팀과 B여행팀이 동시에 오면 각각 10, 15의 효용을 얻는다.
- A여행팀은 왔으나, B여행팀이 안 온다면 각각 15, 10의 효용을 얻는다.
- A여행팀은 안 오고, B여행팀만 왔을 땐 각각 25, 20의 효용을 얻는다.
- A, B여행팀이 모두 오지 않았을 때는 각각 35, 15의 효용을 얻는다.

〈결정방법〉

A, B여행팀 모두 결정할 때 효용의 총합은 신경 쓰지 않는다. 상대방이 어떤 선택을 했는지는 알 수 없고 서로 상의하지 않는다. 각 팀은 자신의 선택에 따른 다른 팀의 효용이 얼마인지는 알 수 있다. 이때 다른 팀의 선택을 예상해서 자신의 효용을 극대화하는 선택을 한다.

	A여행팀	B여행팀	총효용
①	관광지에 간다	관광지에 간다	25
②	관광지에 가지 않는다	관광지에 간다	45
③	관광지에 간다	관광지에 가지 않는다	25
④	관광지에 가지 않는다	관광지에 가지 않는다	50
⑤	관광지에 간다	관광지에 간다	50

21 A사원은 다음 사내규정에 따라 비품을 구매하려고 한다. 작년에 가을이 아닌 같은 계절에 가습기와 에어컨을 구매했다면, 어떠한 경우에도 작년 구매 목록에 대한 설명으로 참이 될 수 없는 것은?(단, 가습기는 10만 원 미만, 에어컨은 50만 원 이상이다)

〈사내규정〉

- 매년 10만 원 미만, 10만 원 이상, 30만 원 이상, 50만 원 이상의 비품으로 구분지어 구매 목록을 만든다.
- 매 계절마다 적어도 구매 목록 중 하나는 구매한다.
- 매년 최대 6번까지 구매할 수 있다.
- 한 계절에 같은 가격대의 구매 목록을 2번 이상 구매하지 않는다.
- 두 계절 연속으로 같은 가격대의 구매 목록을 구매하지 않는다.
- 50만 원 이상 구매 목록은 매년 2번 구매한다.
- 봄에 30만 원 이상 구매 목록을 구매한다.

① 가을에 30만 원 이상 구매 목록을 구매하였다.
② 여름에 10만 원 미만 구매 목록을 구매하였다.
③ 봄에 50만 원 이상 구매 목록을 구매하였다.
④ 겨울에 10만 원 이상 구매 목록을 구매하였다.
⑤ 여름에 50만 원 이상 구매 목록을 구매하였다.

22 한국토지주택공사에서는 신규주택건설 후보지에 대한 주택설계 아이디어를 확보하기 위하여 주택설계기술 경진대회를 개최하였다. 지원팀 중에서 선정기준에 따라 평가 후 우수팀을 선정하여 상장과 상금을 수여할 때, 다음 중 우수팀으로 선정될 팀끼리 묶인 것으로 옳은 것은?(단, 격차는 절댓값으로 계산한다)

〈우수팀 선정기준〉

• 선정점수가 가장 높은 두 팀을 우수팀으로 선정하여 상장과 상금을 수여한다. 선정점수는 면적점수, 입주점수, 규모점수, 건폐율 적합점수, 용적률 적합점수를 합산하여 산출한다. 각 항목별 점수는 다음과 같이 산출한다. 단, 선정점수가 동일한 팀이 있을 경우, 규모점수가 더 높은 팀을 우선하여 선정한다.

• 면적점수

실제후보지의 면적(14,700m^2)과의 격차에 따라 다음과 같이 구간별 점수를 부여한다.

실제후보지와의 격차	500m^2 미만	500m^2 이상 2,000m^2 미만	2,000m^2 이상 5,000m^2 미만	5,000m^2 이상
점수	20점	18점	15점	12점

• 입주점수

세대수에 따라 다음과 같이 구간별 점수를 부여한다.

세대수	100호 이상 200호 미만	200호 이상 300호 미만	300호 이상
점수	10점	15점	20점

• 규모점수

평균주택규모에 따라 다음과 같이 구간별 점수를 부여한다.

평균주택규모	0m^2 이상 50m^2 미만	50m^2 이상 75m^2 미만	75m^2 이상 100m^2 미만	100m^2 이상 120m^2 미만	120m^2 이상
점수	14점	16점	18점	22점	25점

• 건폐율적합점수

실제후보지의 건폐율(60%)과의 차이에 따라 다음과 같이 구간별 점수를 부여한다.

실제후보지와의 격차	5%p 미만	5%p 이상 10%p 미만	10%p 이상 15%p 미만	15%p 이상
점수	25점	22점	18점	16점

• 용적률적합점수

실제후보지의 용적률(200%)과의 차이에 따라 다음과 같이 구간별 점수를 부여한다.

실제후보지와의 격차	10%p 미만	10%p 이상 20%p 미만	20%p 이상 30%p 미만	30%p 이상
점수	20점	16점	12점	10점

• 행복주택 설계안의 경우, 설계안 상 세대수가 160호 이상이고, 평균주택규모가 100m² 이상인 설계안에 대하여 가점 3점을 부여한다.

〈지원팀별 주택설계안〉

항목 팀	종류	설계면적(m^2)	세대수(호)	평균주택 규모(m^2)	설계건폐율(%)	설계용적률(%)
A	공공분양	10,000	250	80	50	200
B	행복주택	11,910	176	105	45	200
C	행복주택	16,640	210	97	75	170
D	공공분양	18,200	275	114	60	145
E	행복주택	9,450	122	72	70	220

① A, B　　② A, D
③ B, D　　④ B, E
⑤ C, E

23 다음 SWOT 분석 결과를 바탕으로 섬유 산업이 발전할 수 있는 방안으로 적절한 것을 〈보기〉에서 모두 고른 것은?

강점(Strength)	약점(Weakness)
• 빠른 제품 개발 시스템	• 기능 인력 부족 심화 • 인건비 상승
기회(Opportunity)	**위협(Threat)**
• 한류의 영향으로 한국 제품 선호 • 국내 기업의 첨단 소재 개발 성공	• 외국산 저가 제품 공세 강화 • 선진국의 기술 보호주의

〈보기〉

ㄱ. 한류 배우를 모델로 브랜드 홍보 전략을 추진한다.
ㄴ. 단순 노동 집약적인 소품종 대량 생산 체제를 갖춘다.
ㄷ. 소비자 기호를 빠르게 분석하여 제품 생산에 반영한다.
ㄹ. 선진국의 원천 기술을 이용한 기능성 섬유를 생산한다.

① ㄱ, ㄴ　　② ㄱ, ㄷ
③ ㄴ, ㄷ　　④ ㄴ, ㄹ
⑤ ㄷ, ㄹ

※ 다음은 호텔별 연회장 대여 현황에 대한 자료이다. 자료를 보고 이어지는 질문에 답하시오. [24~25]

〈호텔별 연회장 대여 현황〉

건물	연회장	대여료	수용 가능 인원	회사로부터 거리	비고
A호텔	연꽃실	140만 원	200명	6km	2시간 이상 대여 시 추가비용 40만 원
B호텔	백합실	150만 원	300명	2.5km	1시간 초과 대여 불가능
C호텔	매화실	150만 원	200명	4km	이동수단 제공
	튤립실	180만 원	300명	4km	이동수단 제공
D호텔	장미실	150만 원	250명	4km	-

24 총무팀에 근무하고 있는 이 대리는 김 부장에게 다음과 같은 지시를 받았다. 이 대리가 연회장 예약을 위해 지불해야 하는 예약금은 얼마인가?

> 다음 주에 있을 회사창립 20주년 기념행사를 위해 준비해야 할 것들 알려줄게요. 먼저 다음 주 금요일 오후 6시부터 8시까지 사용 가능한 연회장 리스트를 뽑아서 행사에 적합한 연회장을 예약해주세요. 연회장 대여를 위한 예산은 160만 원이고, 회사에서의 거리가 가까워야 임직원들이 이동하기에 좋을 것 같아요. 행사 참석 인원은 240명이고, 이동수단을 제공해준다면 우선적으로 고려하도록 하세요. 예약금은 대여료의 10%라고 하니 예약 완료하고 지불하도록 하세요.

① 14만 원
② 15만 원
③ 16만 원
④ 17만 원
⑤ 18만 원

25 회사창립 20주년 기념행사의 연회장 대여 예산이 200만 원으로 증액된다면, 이 대리는 어떤 연회장을 예약하겠는가?

① A호텔 연꽃실
② B호텔 백합실
③ C호텔 매화실
④ C호텔 튤립실
⑤ D호텔 장미실

26 한국토지주택공사에서는 혁신도시사업을 진행할 새 부지를 선정하고자 한다. 다음 부지 선정방식에 따라 후보지 중 사업 부지를 선정할 때, 다음 중 새 부지로 선정될 지역과 해당 지역의 혁신적합점수로 옳은 것은?

〈혁신도시사업 부지 선정방식〉

- 혁신적합점수가 가장 높은 부지를 새로운 혁신도시사업 부지로 선정한다. 단, 반드시 재정자립도가 20% 이상인 후보지를 선정한다.
- 혁신적합점수는 잠재성 점수, 필요성 점수, 효율성 점수를 1 : 1 : 1의 가중치로 합산하여 산출한다. 각 분야별 점수의 산출방식은 아래와 같다. 단, 혁신적합점수가 최고점인 부지가 2곳 이상인 경우, 재정자립도가 가장 높은 지역을 선정한다.
- 잠재성 점수
  면적, 현재 거주 세대수, 관광지 수 항목의 점수를 단순합산하여 산출한다.
- 필요성 점수
  교육・연구기관 수, 공공기관 수 항목의 점수를 단순합산하여 산출한다.
- 효율성 점수
  재정자립도, 면적 대비 현세대수 항목의 점수를 단순합산하여 산출한다.
- 항목별 점수 부여방식
  후보지 중 항목별 순위에 따라 다음과 같이 점수를 부여한다.

순위	1위	2위	3위	4위	5위	6위
항목점수	20	18	16	14	12	10

교육・연구기관 수, 공공기관 수는 수치가 작을수록 순위가 높고, 면적, 현재 거주 세대수, 관광지 수, 재정자립도, 면적 대비 현세대 수는 수치가 높을수록 순위가 높다.

※ 면적 대비 현세대 수(세대/천 m^2)$=\frac{(\text{현재 거주 세대수})}{(\text{면적})}\times 100$

※ 면적 대비 현세대 수 계산 시 소수점 이하는 버림한다.

〈혁신도시사업 후보지 현황〉

후보지 \ 항목	교육・연구기관 수(개)	공공기관 수(개)	면적(천 m^2)	현재 거주 세대수(세대)	관광지 수(곳)	재정자립도(%)
A	11	4	2,450	4,905	4	21
B	9	9	1,983	2,532	3	35
C	17	7	4,709	4,852	7	54
D	4	6	8,201	3,034	5	32
E	8	11	7,442	2,439	0	17
F	6	8	2,930	1,029	2	46

※ 관광지 수는 한국관광공사에 등록된 관광지 수를 기준으로 함

	선정지	혁신적합점수		선정지	혁신적합점수
①	A	110점	②	A	112점
③	C	116점	④	D	120점
⑤	D	124점			

※ 다음은 K아동병원의 8월 진료스케줄을 안내한 일부 자료이다. 자료를 보고 이어지는 질문에 답하시오. [27~28]

〈K아동병원 8월 진료스케줄〉

(◎ : 휴진, ● : 진료, ★ : 당직)

구분	일	월			화			수			목			금			토	
		오전	오후	야간	오전	오후	야간	오전	오후	야간	오전	오후	야간	오전	오후	야간	오전	오후
1주 차	〈진료시간〉 평일 : 오전 9시 ~ 오후 8시 공휴일(토, 일) : 오전 9시 ~ 오후 5시 점심시간 : 오후 12:30 ~ 오후 2시							1			2			3			4	
의사 A								●	●		●	●		●	●		●	●
의사 B								◎	◎	◎	◎	◎	◎	◎	◎	◎	◎	◎
의사 C								●	●		●	●			●	★	●	●
의사 D								●			◎	◎	◎	◎	◎	◎	◎	◎
의사 E									●	★		●	★	●	●		●	●
2주 차	5	6			7			8			9			10			11	
의사 A			●	★	●	●			●	★	●	●		●			●	●
의사 B	●	●	●			●	★	●			●	●		●	●		●	●
의사 C		●	●		●	●		●	●		◎	◎	◎		●	★	●	●
의사 D	◎	◎	◎	◎	◎	◎	◎	◎	◎	◎	◎	◎	◎	◎	◎	◎	◎	◎
의사 E		●	●		●			●	●			●	★	●	●		●	●
3주 차	12	13			14			15(광복절)			16			17			18	
의사 A	●		●	★	●	●		◎	◎	◎	●	●		●			●	●
의사 B		●	●		●			◎	◎	◎	●	●		●	●	★	●	●
의사 C	●	●	●		●	●		●	●	★	●				●		●	●
의사 D		●	●			●	★	●	●			●	★	●	●		●	●
의사 E		◎	◎	◎	◎	◎	◎	◎	◎	◎	◎	◎	◎	◎	◎	◎	◎	◎

27 **다음 진료스케줄을 보고 이해한 것으로 옳지 않은 것은?**

① 2 ~ 3주 차에 당직을 가장 많이 하는 의사는 A이다.
② D는 8월 2일부터 11일까지 휴진이다.
③ 2주 차 오전에는 매일 3명 이상의 의사가 근무한다.
④ 1 ~ 3주자 중 가장 많은 의사가 휴진하는 날은 광복절이다.
⑤ 3주 차 월 ~ 토요일에 오전 근무를 가장 많이 하는 의사는 B와 C이다.

28 **직장인 S씨는 아들의 예방접종을 위해 진료를 예약하려고 한다. 오후에 출근하는 S씨는 8월 2 ~ 3주차 중, 평일 오전에 하루 시간을 내려고 하며, 아들이 평소에 좋아하는 의사 A에게 진료를 받고자 할 때, 예약날짜로 적절한 날짜는?**

① 8월 3일
② 8월 8일
③ 8월 9일
④ 8월 13일
⑤ 8월 15일

※ K극장의 직원은 A, B, C, D, E, F 6명으로, 매일 오전과 오후 2회로 나누어 각 근무 시간에 2명의 직원이 근무하고 있다. 직원은 1주에 4회 이상 근무를 해야 하며, 7회 이상은 근무할 수 없고, 인사 담당자는 근무 계획을 작성할 때 다음 〈조건〉을 충족시켜야 한다. 다음을 읽고 이어지는 질문에 답하시오. [29~30]

〈조건〉

- A는 오전에 근무하지 않는다.
- B는 수요일에 근무한다.
- C은 수요일을 제외하고는 매일 1회 근무한다.
- D는 토요일과 일요일을 제외한 날의 오전에만 근무할 수 있다.
- E은 월요일부터 금요일까지는 근무하지 않는다.
- F는 C와 함께 근무해야 한다.

29 다음 중 F가 근무할 수 있는 요일을 모두 고르면?

① 월요일, 화요일, 수요일, 목요일
② 월요일, 화요일, 목요일, 금요일
③ 목요일, 금요일, 토요일, 일요일
④ 화요일, 목요일, 금요일, 일요일
⑤ 월요일, 목요일, 금요일, 토요일

30 다음 중 옳지 않은 것은?

① C와 F는 평일 중 하루는 오전에 함께 근무한다.
② D는 수요일 오전에 근무한다.
③ E는 주말 오전에는 C와, 오후에는 A와 근무한다.
④ B는 평일에 매일 한 번씩만 근무한다.
⑤ D는 항상 B와 근무한다.

31 한국토지주택공사 재무팀 직원들은 회의를 위해 회의실에 모였다. 회의실의 테이블은 원형이고, 다음 〈조건〉에 따라 자리배치를 하려고 할 때, 김 팀장을 기준으로 시계방향으로 앉은 사람을 순서대로 나열한 것은?

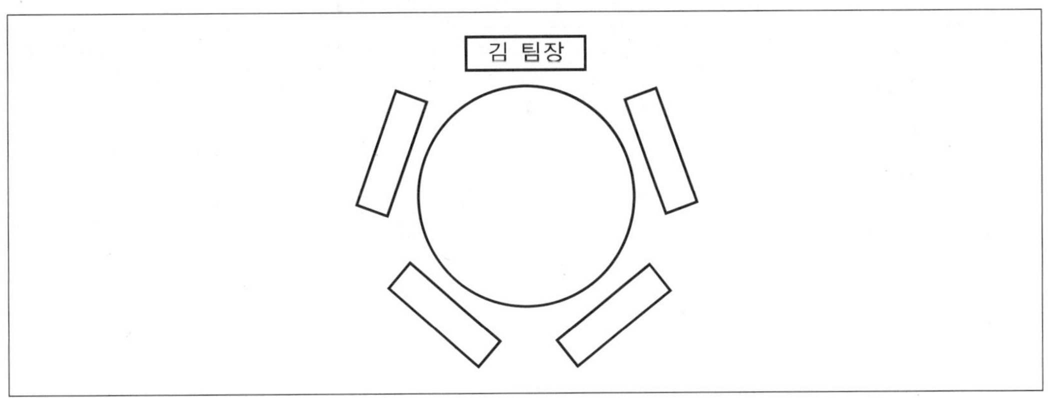

〈조건〉

- 정 차장과 오 과장은 서로 사이가 좋지 않아서 나란히 앉지 않는다.
- 김 팀장은 정 차장이 바로 오른쪽에 앉기를 바란다.
- 한 대리는 오른쪽 귀가 좋지 않아서 양 사원이 왼쪽에 앉기를 바란다.

① 정 차장 – 양 사원 – 한 대리 – 오 과장
② 한 대리 – 오 과장 – 정 차장 – 양 사원
③ 양 사원 – 정 차장 – 오 과장 – 한 대리
④ 오 과장 – 양 사원 – 한 대리 – 정 차장
⑤ 오 과장 – 한 대리 – 양 사원 – 정 차장

32 다음 〈조건〉에 따라 오피스텔 입주민들이 쓰레기 배출한다고 할 때, 다음 중 옳지 않은 것은?

〈조건〉

- 5개 동 주민들은 모두 다른 날에 쓰레기를 버린다.
- 쓰레기 배출은 격일로 이루어진다.
- 5개 동 주민들은 A동, B동, C동, D동, E동 순서대로 쓰레기를 배출한다.
- 규칙은 A동이 첫째 주 일요일에 쓰레기를 배출하는 것으로 시작한다.

① A와 E는 같은 주에 쓰레기를 배출할 수 있다.
② 10주 차 일요일에는 A동이 쓰레기를 배출한다.
③ A동은 모든 요일에 쓰레기를 배출한다.
④ 2주에 걸쳐 쓰레기를 2회 배출할 수 있는 동은 두 개 동이다.
⑤ B동이 처음으로 수요일에 쓰레기를 버리는 주는 8주 차이다.

※ 다음은 한국토지주택공사 사업추진팀의 인사평가결과표이다. 다음을 보고 이어지는 질문에 답하시오. [33~34]

〈사업추진팀 인사평가 항목별 등급〉

성명	업무등급	소통등급	자격등급
유수연	A	B	B
최혜수	D	C	B
이명희	C	A	B
한승엽	A	A	D
이효연	B	B	C
김은혜	A	D	D
박성진	A	A	A
김민영	D	D	D
박명수	D	A	B
김신애	C	D	D

※ 등급의 환산점수는 A : 100점, B : 90점, C : 80점, D : 70점으로 환산하여 총점으로 구한다.

33 한국토지주택공사에서는 인사평가 결과를 바탕으로 상여금을 지급한다. 인사평가 결과와 다음의 상여금 지급 규정을 참고하였을 때, 다음 중 가장 많은 상여금을 받을 수 있는 사람은 누구인가?

〈상여금 지급 규정〉

- 인사평가 총점이 팀 내 상위 50% 이내에 드는 경우 100만 원을 지급한다.
- 인사평가 총점이 팀 내 상위 30% 이내에 드는 경우 50만 원을 추가로 지급한다.
- 상위 50% 미만은 20만 원을 지급한다.
- 동순위자 발생 시 A등급의 빈도가 높은 순서대로 순위를 정한다.

① 이명희
② 한승엽
③ 이효연
④ 박명수
⑤ 김신애

34 인사평가 결과에서 오류가 발견되어 박명수의 소통등급과 자격등급이 C로 정정되었다면, 박명수를 제외한 순위변동이 있는 사람은 몇 명인가?

① 없음
② 1명
③ 2명
④ 3명
⑤ 4명

35 K씨는 시내 공영 주차장에서 주차 관리 업무를 총괄하고 있다. 최근 업무를 하던 중 주차 수용 가능한 자동차와 시간을 계산하면 관리 효율이 증가할 것이라고 생각하였다. K씨가 근무하는 주차장에는 자동차가 3분에 한 대 나가고, 5분에 3대가 들어온다. 현재 시간 오전 10시 12분에 주차장에서 차가 1대 나가고 3대가 들어와서 총 156대가 주차되어 있을 때, 주차장에 200대의 차가 다 주차되는 시간은?

① 오진 11시 57분
② 오전 11시 59분
③ 오후 12시 57분
④ 오후 12시 59분
⑤ 오후 1시 57분

36 L초등학교 1, 2학년 학생들에게 다섯 가지 색깔 중 선호하는 색깔을 선택하게 하였다. 다음 자료를 참고하여 1학년 전체 학생 중 빨강을 좋아하는 학생 수의 비율과 2학년 전체 학생 중 노랑을 좋아하는 학생 수의 비율을 바르게 나열한 것은?(단, 각 학년별 정원은 250명이다)

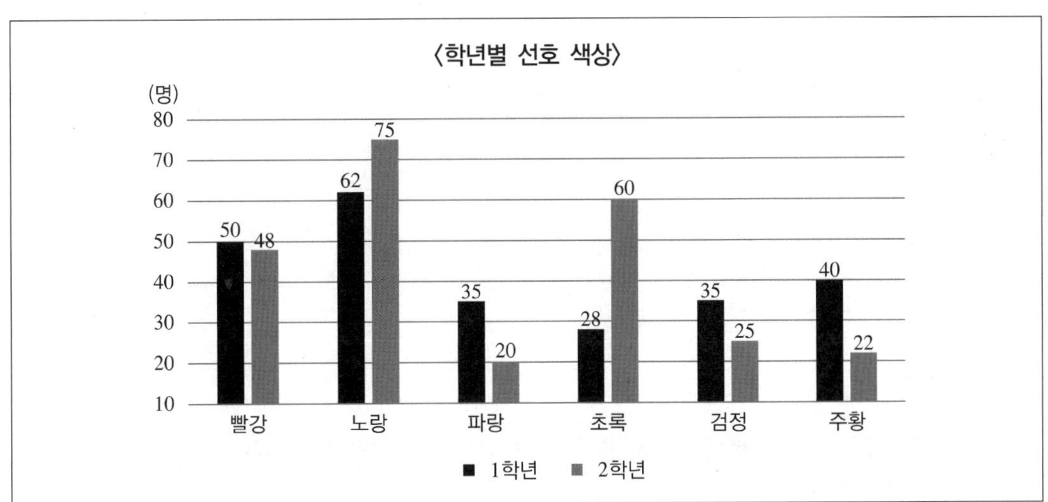

① 20%, 30%
② 25%, 25%
③ 30%, 30%
④ 20%, 25%
⑤ 30%, 20%

37 올해 한국토지주택공사의 남사원과 여사원 수는 작년 대비 남사원은 8% 증가, 여사원은 10% 감소했다. 작년의 전체 사원 수는 820명이고, 올해는 작년에 비해 10명이 감소하였다고 할 때, 작년의 여사원 수는?

① 400명
② 410명
③ 420명
④ 430명
⑤ 440명

38 경섭이는 사과와 감을 구입하려고 한다. 사과는 하나에 700원, 감은 400원이고, 최대 10,000원을 지불하여 총 20개의 과일을 구입하려고 할 때, 감은 최소 몇 개를 구입해야 하는가?

① 10개
② 12개
③ 14개
④ 16개
⑤ 17개

39 현재 아버지의 나이는 45세이고, 아들의 나이는 13세이다. 아버지의 나이가 아들의 나이의 3배가 되는 것은 몇 년 후인가?

① 1년 후
② 2년 후
③ 3년 후
④ 4년 후
⑤ 5년 후

40 현재 현우의 나이는 30세이고, 조카의 나이는 5세이다. 현우의 나이가 조카 나이의 2배가 되는 것은 몇 년 후인가?

① 17년 후
② 18년 후
③ 19년 후
④ 20년 후
⑤ 21년 후

41 다음은 전자인증서 인증수단 방법 중 선호도를 조사한 자료이다. 다음 자료를 참고하여 설명 중 옳지 않은 것은?(단, 평균점수는 소수점 이하 첫째 자리에서 반올림한다)

〈전자인증서 인증수단별 선호도 현황〉

(단위 : 점)

구분	실용성	보안성	간편성	유효기간
공인인증서 방식	16	(　)	14	1년
ID / PW 방식	18	10	16	없음
OTP 방식	15	18	14	1년 6개월
이메일 및 SNS 방식	18	8	10	없음
생체인증 방식	20	19	18	없음
I－Pin 방식	16	17	15	2년

※ 선호도는 실용성, 보안성, 간편성 점수를 합한 값이다.
※ 유효기간이 1년 이하인 방식은 보안성 점수에 3점을 가산한다.

① 생체인증 방식의 선호도는 OTP 방식과 I－Pin 방식 합보다 38점 낮다.
② 실용성 전체 평균점수보다 높은 방식은 총 4가지이다.
③ 유효기간이 '없음'인 인증수단 방식의 간편성 평균점수는 15점이다.
④ 공인인증서 방식의 선호도가 51점일 때, 보안성 점수는 18점이다.
⑤ 유효기간이 '없음'인 인증수단 방식의 실용성 점수는 모두 18점 이상이다.

42 다음은 2011년부터 2018년까지 우리나라 건강보험 재정현황에 대한 자료이다. 다음 중 자료에 대한 설명으로 옳지 않은 것은?(단, 수지율은 소수점 이하 첫째 자리, 비율은 소수점 이하 둘째 자리에서 반올림한다)

〈건강보험 재정현황〉

(단위 : 조 원)

구분		2011년	2012년	2013년	2014년	2015년	2016년	2017년	2018년
건강보험 수입		33.6	37.9	41.9	45.2	48.5	52.4	55.7	58.0
	보험료수입 등	28.7	32.9	36.5	39.4	42.2	45.3	48.6	51.2
	정부지원	4.9	5.0	5.4	5.8	6.3	7.1	7.1	6.8
건강보험 지출		34.9	37.4	38.8	41.6	43.9	48.2	52.7	57.3
	보험급여비	33.7	36.2	37.6	40.3	42.5	46.5	51.1	55.5
	관리운영비 등	1.2	1.2	1.2	1.3	1.4	1.7	1.6	1.8
수지율(%)		104	99	93	92	91	92	95	99

※ $[\text{수지율(\%)}]=\frac{(\text{지출})}{(\text{수입})}\times 100$

① 2011년 대비 2018년 건강보험 수입의 증가율과 건강보험 지출의 증가율의 차이는 15%p 이상이다.
② 2012년부터 건강보험 수지율이 전년 대비 감소하는 해에는 정부지원 수입이 전년 대비 증가한다.
③ 2016년 보험료수입 등이 건강보험 수입에서 차지하는 비율은 75% 이상이다.
④ 건강보험 수입과 지출의 전년 대비 증감추이는 2013년부터 2016년까지 동일하다.
⑤ 2012년부터 2014년까지 건강보험 지출 중 보험급여비가 차지하는 비중은 매년 90%를 초과한다.

※ 다음은 한국토지주택공사 직원 1,200명을 대상으로 출・퇴근 수단 이용률 및 출근 시 통근시간을 조사한 자료이다. 자료를 참고하여 이어지는 질문에 답하시오. [43~44]

〈출・퇴근 수단 이용률〉

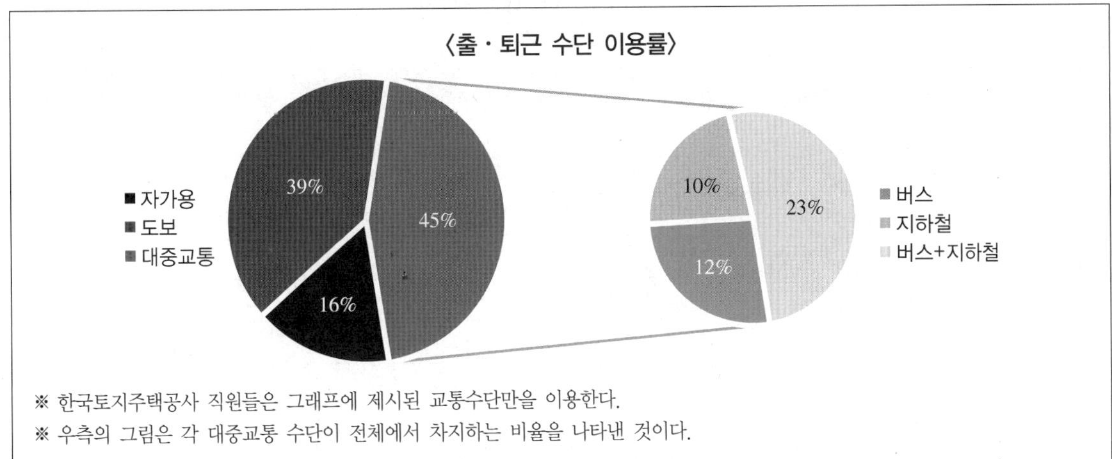

※ 한국토지주택공사 직원들은 그래프에 제시된 교통수단만을 이용한다.
※ 우측의 그림은 각 대중교통 수단이 전체에서 차지하는 비율을 나타낸 것이다.

〈출근 시 통근시간〉

(단위 : 명)

구분	30분 이하	35분 초과 45분 이하	45분 초과 1시간 이하	1시간 초과
인원	( )	260	570	160

43 다음 중 자료에 대한 해석으로 옳지 않은 것은?

① 통근시간이 30분 이하인 직원은 전체의 17.5%이다.
② 대중교통을 이용하는 인원 모두 통근시간이 45분을 초과하고, 그중 25%의 통근시간이 60분 초과일 때, 60분 초과 전체 인원의 80% 이상을 차지한다.
③ 버스와 지하철 모두 이용하는 직원 수는 도보를 이용하는 직원 수보다 174명 적다.
④ 통근시간이 45분 이하인 직원은 1시간 초과인 직원의 3.5배 미만이다.
⑤ 전체 직원이 900명이라고 할 때, 자가용을 이용하는 인원은 351명이다.

44 도보 또는 버스만 이용하는 직원 중 25%의 통근시간이 30분 초과 45분 이하 소요된다. 통근시간이 30분 초과 45분 이하인 인원에서 도보 또는 버스만 이용하는 직원 외에는 모두 자가용을 이용한다고 할 때, 이 인원이 자가용으로 출근하는 전체 인원에서 차지하는 비중은 얼마인가?(단, 비율은 소수점 이하 첫째 자리에서 반올림한다)

① 56%
② 67%
③ 74%
④ 80%
⑤ 87%

※ 다음은 휴일 여가시간에 대한 평가 결과이다. 이어지는 질문에 답하시오. [45~46]

〈휴일 여가시간에 대한 평가〉

(단위 : %)

구분		매우부족	부족	약간부족	보통	약간충분	충분	매우충분
전체	소계	0.6	2.3	11.0	27.5	32.1	19.6	6.9
성별	남성	0.4	2.2	11.2	28.1	32.2	19.3	6.6
	여성	0.8	2.5	10.8	26.9	32.1	19.7	7.2
연령	15 ~ 19세	1.4	5.3	17.2	25.0	31.6	15.5	4.0
	20대	0.4	2.0	9.7	24.8	37.1	19.6	6.4
	30대	0.7	4.0	15.5	29.9	30.8	15.3	3.8
	40대	1.2	2.4	14.2	30.0	30.2	17.5	4.5
	50대	0.2	2.2	9.7	30.6	32.8	19.3	5.2
	60대	0.3	0.9	8.0	25.8	31.8	23.6	9.6
	70대 이상	0	0.6	3.2	21.4	29.9	27.0	17.9
혼인상태	미혼	0.6	2.6	11.6	25.3	35.3	18.3	6.3
	기혼	0.7	2.5	11.5	29.1	31.1	19.2	5.9
	기타	0.1	0.8	5.7	22.5	29.5	25.1	16.3
지역규모	대도시	0.6	1.8	9.7	28.9	31.6	19.4	8.0
	중소도시	0.6	3.1	12.3	25.6	33.5	19.3	5.6
	읍면지역	0.7	2.3	11.4	28.1	30.4	20.0	7.1

〈휴일 여가시간에 대한 평균점수〉

(단위 : 명, 점)

구분		조사인원	평균
전체	소계	10,498	4.75
성별	남성	( )	4.74
	여성	5,235	4.75
연령	10대(15 ~ 19세)	696	4.43
	20대	1,458	4.81
	30대	1,560	4.47
	40대	1,998	4.56
	50대	2,007	4.72
	60대	1,422	4.97
	70대 이상	1,357	5.33

혼인여부	미혼	2,925	4.72
	기혼	6,121	4.69
	기타	1,452	5.21
지역규모	대도시	4,418	4.79
	중소도시	3,524	4.69
	읍면지역	2,556	4.74

45 다음 중 자료에 대한 〈보기〉의 설명으로 옳은 것을 모두 고른 것은?

〈보기〉

ㄱ. 휴일 여가시간에 대한 평균점수가 높은 순서로 연령대를 나열하면 '70대 이상 – 60대 – 20대 – 50대 – 40대 – 30대 – 10대'이다.

ㄴ. 전체 남성 중 '약간충분 ~ 매우충분'을 선택한 인원은 3천 명 이상이다.

ㄷ. 혼인여부에 따른 조사에서 미혼과 기혼은 기타에 비해 평균점수와 '약간부족'을 선택한 비율이 모두 낮다.

ㄹ. 대도시에서 '약간부족'을 선택한 인원은 중소도시와 읍면지역에서 '부족'을 선택한 인원의 2배 이하이다.

① ㄱ. ㄴ
② ㄱ, ㄴ, ㄷ
③ ㄱ, ㄴ, ㄹ
④ ㄴ, ㄷ, ㄹ
⑤ ㄱ, ㄴ, ㄷ, ㄹ

46 다음 중 '매우충분'을 선택한 인원이 적은 순서대로 바르게 나열된 것은?(단, 인원은 소수점 이하 자리에서 버림한다)

① 70대 이상 – 30대 – 40대 – 10대 – 20대 – 50대 – 60대
② 70대 이상 – 10대 – 30대 – 40대 – 20대 – 50대 – 60대
③ 70대 이상 – 10대 – 30대 – 40대 – 20대 – 60대 – 50대
④ 70대 이상 – 10대 – 30대 – 60대 – 20대 – 40대 – 50대
⑤ 10대 – 70대 이상 – 40대 – 60대 – 30대 – 20대 – 50대

47 다음은 2018년 노인의 연간 총소득을 항목에 따라 금액을 나타낸 자료이다. 다음 자료를 참고하여 옳지 않은 내용은 무엇인가?

〈노인 항목별 현황〉

(단위 : 만 원)

구분		연 총소득	근로소득	사업소득	재산소득	기타소득
지역별	동부	2,759.2	1,028.7	262.6	284.6	1,183.3
	읍·면부	2,219.0	572.9	505.5	91.9	1,048.7
성별	남자	2,817.3	915.9	428.0	268.5	1,204.9
	여자	2,421.5	863.4	272.9	191.3	1,093.9
연령별	65 ~ 69세	3,055.3	1,158.4	515.0	221.0	1,160.9
	70 ~ 74세	2,502.6	792.6	299.0	251.7	1,159.3
	75 ~ 79세	2,324.8	706.3	271.1	233.6	1,113.8
	80 ~ 84세	2,050.2	631.2	154.3	174.6	1,090.1
	85세 이상	2,565.5	959.9	238.4	208.1	1,159.1

〈노인 기타소득 세부현황〉

(단위 : 만 원)

구분		사적이득소득	공적이전소득	사적연금소득
지역별	동부	390.5	744.9	47.9
	읍·면부	396.4	635.0	17.3
성별	남자	369.6	793.3	42.0
	여자	409.2	649.2	35.5
연령별	65 ~ 69세	306.1	814.5	40.3
	70 ~ 74세	375.1	746.8	37.4
	75 ~ 79세	473.1	605.5	35.2
	80 ~ 84세	481.6	569.2	39.3
	85세 이상	432.2	686.8	40.1

① 노인 항목별 현황에서 65 ~ 69세가 70 ~ 74세보다 세 항목에서 소득이 많다.
② 남자의 연 총소득에서 사업소득의 비율은 여자의 연 총소득에서 재산소득 비율보다 1.5배 이상이다.
③ 동부에서 기타소득 세부항목 중 공적이전소득은 85세 이상의 사적연금소득보다 704.8만 원 많다.
④ 85세 이상을 제외한 모든 연령대의 총 재산소득에서 75 ~ 79세의 재산소득 비중은 25% 미만이다.
⑤ 사적이득소득에서 동부와 읍·면부의 차액은 남자와 여자 차액의 8% 이상 차지한다.

48 다음은 지역별 우정직 공무원 현황을 나타낸 자료이다. 자료에 대한 설명 중 옳은 것은?(단, 합계는 모든 지역의 총인원이며, 비율은 소수점 이하 둘째 자리에서 반올림한다)

〈지역별 우정직 공무원 현황 Ⅰ〉

(단위 : 명)

구분	합계	서울특별시	부산광역시	대구광역시	인천광역시	광주광역시	대전광역시	울산광역시
우정 3급	27	2	–	–	1	1	2	–
우정 4급	107	15	3	7	2	10	2	–
우정 5급	759	102	54	32	26	43	25	11
우정 6급	2,257	275	153	120	52	134	86	29
우정 7급	7,571	1,282	(A)	(B)	301	279	243	112
우정 8급	5,384	958	370	244	294	169	174	102
우정 9급	3,293	514	193	166	224	101	95	70
합계	19,398	3,148	1,287	989	900	737	627	324

〈지역별 우정직 공무원 현황 Ⅱ〉

(단위 : 명)

구분	세종특별자치시	경기도	강원도	충청북도	충청남도	전라북도	전라남도	경상북도	경상남도
우정 3급	–	3	3	–	3	5	–	5	2
우정 4급	1	11	9	2	7	4	8	10	16
우정 5급	–	110	45	21	44	57	53	74	62
우정 6급	12	324	167	74	105	180	198	182	166
우정 7급	40	1,600	386	261	292	465	382	486	508
우정 8급	25	1,280	231	198	234	189	243	303	370
우정 9급	20	815	149	115	164	109	120	215	223
합계	98	4,143	(　)	671	849	(　)	1,004	1,275	1,347

※ 지역별 우정직 공무원 인원 현황 Ⅰ, Ⅱ는 연결된 자료이다.

① A, B에 들어갈 수의 합은 1,034이다.
② 우정 4급 전체 인원에서 전체 광역시 우정직 공무원이 차지하는 비율은 32% 이상이다.
③ 강원도의 우정직 공무원 전체 인원은 전라북도 우정직 공무원 전체 인원보다 21명 적다.
④ 경기도의 우정직 공무원 전체 인원은 우정 8급 전체 인원의 70% 이상을 차지한다.
⑤ 모든 지역에서 직급이 높아질수록 인원은 줄어든다.

※ 다음은 연령별 국민연금 가입자 현황에 관한 자료이다. 다음을 보고 이어지는 질문에 답하시오. [49~50]

〈연령별 국민연금 가입자 현황〉

(단위 : 명)

구분	사업장가입자	지역가입자	임의가입자	임의계속가입자	합계
30세 미만	2,520,056	1,354,303	9,444	–	–
30 ~ 39세	3,811,399	1,434,786	33,254	–	–
40 ~ 49세	4,093,968	1,874,997	106,191	–	–
50 ~ 59세	3,409,582	2,646,088	185,591	–	–
60세 이상	–	4	–	–	463,147
합계	–	7,310,178	–	463,143	–

※ '–'로 표시한 항목은 가입자 수가 명확하지 않은 경우이다.

49 다음 중 자료를 이해한 내용으로 옳지 않은 것은?

① 전체 지역가입자 수는 전체 임의계속가입자 수의 15배 이상이다.
② 60세 이상을 제외한 전체 임의가입자에서 50대 가입자 수는 50% 이상을 차지한다.
③ 임의계속가입자를 제외하고 모든 가입자 집단에서 연령대가 증가할수록 가입자 수가 증가한다.
④ 임의계속가입자를 제외하고 50대 가입자 수가 많은 순서대로 나열하면 사업장가입자, 지역가입자, 임의가입자 순이다.
⑤ 30세 미만부터 40대까지 연령대별 가입자 수는 지역가입자 수가 임의가입자 수보다 더 많다.

50 전체 임의계속가입자 수의 25%가 50대라고 할 때, 50대 임의계속가입자 수는 몇 명인가?(단, 소수점 이하 첫째 자리에서 반올림한다)

① 69,471명
② 92,629명
③ 115,786명
④ 138,943명
⑤ 162,100명

51 다음 기사를 읽고 이해한 내용으로 옳은 것은?

> LH한국토지주택공사는 기존 '3기 신도시 홈페이지'를 개편해 다양한 정보를 국민들에게 쉽고 편리하게 제공하는 '3기 신도시 종합정보포털(3기신도시.kr)'을 개설하고, 2020년 12월 7일 오전 9시부터 운영을 시작했다. 2019년 8월 개설된 기존 '3기 신도시 홈페이지'는 현재까지 190만 명 이상의 방문자를 기록하고, 25만 명이 넘는 국민들이 '청약 일정 알리미 서비스*'를 신청하는 등 높은 관심을 받았다.
> LH는 이러한 국민적 기대에 부응하고, 보다 나은 서비스를 제공하기 위해 기존 홈페이지를 개편하여 사전청약・교통계획・주택평면 등 다양하고 구체적인 정보와 진행 상황을 한 곳에서 확인할 수 있는 '종합정보포털'로 새로 오픈해 운영한다. 접속 주소는 기존 홈페이지와 동일하다.
> 구체적으로 '사전청약 안내' 메뉴는 제도의 기본적인 취지와 청약 방법, 자격 조건 등을 쉽게 이해할 수 있도록 시각적으로 구성했으며, LH 청약센터와 감정원의 청약홈 등 기존 청약 인프라와도 연계해 접근성을 높였다. 아울러 '무엇이 달라지나' 메뉴를 신설해 편리한 교통과 친환경, 스마트, 아이 키우기 좋은 도시 등 3기 신도시가 추구하는 미래상과 주택의 유형 및 디자인을 미리 살펴볼 수 있게 하고, 주요 정책과 고시, 관련 법령 등 상세한 정보도 함께 제공한다. 이 밖에도 '생애 첫 나의 집'을 통해 신혼부부・생애최초 등의 다양한 주택을 빠르게 공급해 내 집 마련에 대한 불안을 해소하려는 정부의 정책목표를 한눈에 담은 점도 눈길을 끄는 부분이다.
> LH 스마트도시본부장은 "비대면 언택트 시대를 맞아 국민이 언제 어디서든 불편함 없이 3기 신도시를 접할 수 있길 바라며, 사전청약 등 꼭 필요한 정보가 정확하고 빠르게 제공될 수 있도록 노력하겠다."라고 밝혔다.
>
> ※ 청약 일정 알리미 서비스 : 연락처, 관심지구 등을 등록하면 해당 지구의 청약 일정을 3 ~ 4개월 전에 문자로 알려주는 서비스

① 3기 신도시에 관한 정보를 알려주는 '3기 신도시 홈페이지'가 새로 개설되었다.
② 새로 개설된 홈페이지에서 '청약 일정 알리미 서비스'가 최초로 시행되었다.
③ 새로 개설된 3기 신도시 홈페이지는 2020년 12월 7일부터 현재까지 190만 명 이상이 방문하였다.
④ 개설일인 12월 7일 이전에는 '3기신도시.kr'로 접속이 불가능하였다.
⑤ 새로 개설된 3기 신도시 홈페이지를 통해 LH 청약센터나 감정원의 청약홈으로 이동이 가능하다.

52 다음 중 특수업무수당 운영지침에 대해 잘못 이해한 사람은?

〈특수업무수당 운영지침〉

제1조(목적) 이 지침은 특수업무수당의 지급에 관한 세부 사항을 정함을 목적으로 한다.

제2조(지급대상) 특수업무수당 지급대상은 다음 각호와 같다.

1. 특수시설물관리자 : 관련 법령에 따른 유자격자로서 특수시설물 관리자로 선임되어 관계기관에 신고된 자로 전기안전관리자, 배출시설관리자, 위험물취급관리자, 검사대상기기 또는 에너지 관리자, 승강기 관리자, 오수정화시설 관리자, 고압가스관리자, 가스안전관리자, 소방안전관리자 또는 소방감리자로 선임 또는 임명되어 시설의 운영 및 관리의 책임을 지는 자
2. 유해위험종사자 : 유해 위험환경에서 품질시험업무, 인쇄·인화 및 압착·절단기 조작업무, 식당 조리업무, 보일러실 보일러조작업무 등을 수행하는 자
3. 전산업무종사자 : 전산기획, 용역수행 및 관리, 시스템관리, 서버관리 등 전산 업무 또는 정보보안 업무를 수행하는 자
   가. 전산일반 : 3급 이하 전산업무종사자 중 전산 관련 부서 근무 직원
   나. 정보보안 : 전산일반 대상자 중 정보보안 업무 수행 직원
   (단, 전산일반과 정보보안 간 중복 지급 금지)
4. 출납업무종사자 : 금전 또는 유가증권의 취급업무 등을 수행하는 자

제3조(선임원칙) 특수시설물관리자 등의 선임원칙은 다음 각호와 같다.

1. 소속부서의 직원 중 해당 자격증 소지자로서 해당 시설물을 직접 관리 운영하는 자
2. 소속부서의 직원 중 해당 신고자격증 소지자가 없는 경우에는 관리·운용 및 점검이 가능한 소속본부 직원 중에서 선임 신고
3. 자격증이 필요 없이 관계기관 교육 이수만으로 선임되는 자는 반드시 해당 시설물을 직접 관리하는 자를 선임 신고
4. 전산 관련 부서 소속직원 중 전산기획, 용역수행 및 관리, 시스템관리, 서버관리 등 전산 업무 또는 정보보안 업무를 수행하는 자
5. 소속부서에서 금진 또는 유가증권의 취급업무 등 출납업무를 수행하는 자

제4조(지급방식)

① 특수시설물관리수당은 신고자격증 종류 수에 따라 인건비로 집행한다.
② 소방감리 선임자격수당은 개별 건설 현장에서 특수시설물 관리에 필요한 자격요건으로 관련현장 공구 수에 따라 건설공사비로 집행한다.

① A : 사내 식당에서 음식 조리를 담당하는 직원은 특수업무수당을 지급받을 수 있어.
② B : 보일러실에서 보일러 조작을 담당하는 직원 역시 특수업무수당을 지급받을 수 있어.
③ C : 꼭 위험환경이 아니더라도 정보보안 업무나 출납업무를 수행하는 직원도 특수업무수당을 지급받을 수 있어.
④ D : 전산일반 대상자 중에서 정보보안 업무를 담당하는 직원은 더 많은 특수업무수당을 지급받을 수 있어.
⑤ E : 특수시설물관리자로 선임된 직원 중에는 해당 자격증을 소지하지 않은 사람도 있겠군.

53 **다음 기사를 읽은 K씨는 온라인 컨설팅 시스템에 관한 홍보 포스터를 제작하였다. 홍보 포스터에서 잘못 작성된 항목은 모두 몇 개인가?**

LH 중앙공동주택관리지원센터는 공동주택의 투명하고 효율적인 관리를 지원하기 위해 '공동주택관리법' 제86조에 따라 국토교통부로부터 수탁받아 설립된 기관으로, 공동주택 관리에 대한 법정교육 및 컨설팅 등의 업무를 수행하고 있다.
컨설팅 업무는 현장을 직접 방문해 공동주택 관리 분야 전반과 수선공사 관련 기술적인 사항에 대한 체계적이고 전문적인 진단과 자문을 제공함으로써 의뢰 단지들의 체감 만족도가 높고 수요 또한 급증하고 있으나, 제한된 인력에 따른 수혜단지 확대의 어려움과 최근 코로나19로 인해 현장 방문에 제약이 있어 이를 해소하기 위해 '온라인 컨설팅 시스템'을 구축하였다.
'온라인 컨설팅 시스템'은 언제, 어디서나 스마트폰 및 PC 등을 이용해 아파트 운영 실태를 쉽고 빠르게 자가 진단할 수 있는 비대면 시스템으로, 중앙공동주택관리지원센터 홈페이지(https://myapt.molit.go.kr)를 통해 누구나 서비스를 이용할 수 있다. 컨설팅 분야는 수요분석을 통해 회계, 장기수선, 사업자 선정, 입주자 대표회의 및 관리규약 등 관리행정 4개 분야와 승강기교체공사, 배관교체공사, 옥상방수공사, 도장공사 등 기술자문 4개 분야로 구성되어 있다. 사용자가 단지 기본정보 및 분야별 자가진단 문항을 입력하면 시스템을 통해 진단결과 리포트가 즉시 제공되며, 시스템에 사용자 중심의 UI를 적용하고, 진단문항을 간략하게 구성해 사용 편의성이 매우 높다.

비대면(UNTACT)시대, 쉽고 빠른 온라인 컨설팅 시스템 오픈

- 온라인 컨설팅 시스템이란?
  아파트의 운영 실태를 스마트폰, PC 등을 이용하여 쉽고 빠르게 진단해 볼 수 있는 시스템
- 진단분야
  - 관리행정(4개 분야) : 회계, 사업자 선정, 장기수선, 입주자 대표회의 및 관리규약
  - 기술자문(4개 분야) : 승강기교체공사, 배관교체공사, 옥상방수공사, 도장공사
- 이용대상 : 공동주택 관리소장
- 이용방법 : 중앙공동주택관리지원센터 홈페이지 접속

① 1개
② 2개
③ 3개
④ 4개
⑤ 없음

※ 다음은 LH한국토지주택공사의 정규직 직원에 대한 자료이다. 자료를 보고 이어지는 질문에 답하시오. [54~55]

〈보수 현황〉

(단위 : 천 원)

구분		2016년	2017년	2018년	2019년	2020년
기본급		52,600	53,800	53,600	53,700	63,500
고정수당		4,600	4,500	3,400	3,200	4,100
실적수당		1,500	1,600	2,300	2,100	1,800
복리후생비		310	270	240	230	1,000
상여금		17,000	15,000	1,700	18,000	10,000
1인당 평균 보수액	남성	–	77,000	81,000	83,000	86,000
	여성	–	54,000	56,000	58,000	60,000
기타		비공개	비공개	비공개	비공개	비공개

〈종업원 현황〉

(단위 : 명, 월)

구분		2016년	2017년	2018년	2019년	2020년
상시 종업원 수	남성	–	5,000	5,200	5,200	5,600
	여성	–	1,000	1,200	1,300	1,400
평균근속연수		220	224	212	208	211

54 다음 중 자료에 대한 설명으로 옳은 것은?

① 기본급과 1인당 평균 보수액은 매년 증가하였다.
② 고정수당, 실적수당, 상여금의 합과 기본급의 차이는 2019년이 2016년보다 크다.
③ 1인당 평균 보수액의 2017년 대비 2020년 증가율은 여성이 남성보다 크다.
④ 2017 ~ 2020년 동안 전년 대비 평균근속연수의 증감 추이는 상여금의 증감 추이와 같다.
⑤ 2017 ~ 2020년 동안 상시 종업원 수는 여성이 더 많이 늘어났다.

55 2021년에는 전년도에 비해 기본급이 5% 올랐고, 고정수당, 실적수당, 상여금은 모두 1% 감소했다. 2021년과 비교했을 때 기본급과 고정수당, 실적수당, 상여금 총합의 차이가 가장 적은 해는?

① 2016년
② 2017년
③ 2018년
④ 2019년
⑤ 2020년

56 한국토지주택공사는 이번 분기 실적에 따라 총 5천만 원의 성과금을 직원들에게 지급하려 한다. 이번 성과금을 정보에 따라 지급할 때 1급에 지급되는 성과금은 모두 얼마인가?

〈정보〉

- 직원의 실적에 따라 1 ~ 4급으로 나누어 지급한다.
- 성과금은 개인당 1급은 2급의 2배, 2급은 3급의 $\frac{3}{2}$배, 3급은 4급의 $\frac{4}{3}$배의 성과금을 지급받는다.
- 1급은 3명, 2급은 12명, 3급은 18명, 4급은 20명이 성과금 지급 대상이다.

① 2,500,000원
② 4,000,000원
③ 6,500,000원
④ 7,500,000원
⑤ 8,000,000원

57 다음 개정된 종합부동산세율과 세금 납부자에 대한 정보를 참고할 때, 세금 납부자의 개정 전 세금과 개정 후 세금의 차이의 총합은 얼마인가?(단, 제시된 자료 외의 부동산은 없으며 세액은 공시가격과 세율만으로 결정된다)

〈종합부동산세율〉

(단위 : %)

구분	2주택 이하		3주택 이상 (단, 조정대상지역의 경우 2주택)	
	개정 전	개정 후	개정 전	개정 후
3억 원 이하	0.5	0.6	0.6	1.2
3억 원 초과 6억 원 이하	0.7	0.8	0.9	1.6
6억 원 초과 12억 원 이하	1.0	1.2	1.3	2.2
12억 원 초과 50억 원 이하	1.4	1.6	1.8	3.6
50억 원 초과 94억 원 이하	2.0	2.2	2.5	5.0
94억 원 초과	2.7	3.0	3.2	6.0

〈세금 납부자 정보〉

- 가 : 일반 지역의 2주택 소유자로, 주택의 공시가격은 각각 8억 원과 9억 원이다.
- 나 : 조정대상지역의 1주택 소유자로, 주택의 공시가격은 12억 원이다.
- 다 : 일반 지역의 3주택 소유자로, 주택의 공시가격은 각각 12억 원, 27억 원, 15억 원이다.

① 8,500만 원
② 8,850만 원
③ 9,230만 원
④ 9,560만 원
⑤ 1억 원

※ 다음은 LH 토지주택공사의 무지개서비스 중 카셰어링 서비스에 대한 자료이다. 자료를 보고 이어지는 질문에 답하시오. [58~59]

〈'행복카' 맞춤형 주거복지 카셰어링 서비스〉

• 이용가이드

웹사이트 접속 → 개인정보입력 → 운전면허정보입력 → 신용카드 & 교통카드등록 → 행복카관리자 승인

• 이용하기

1. 행복카 전용 어플리케이션이나 행복카 홈페이지에서 예약
2. 행복존(행복카 주차장)으로 가서 어플리케이션에서 제공하는 스마트키로 제어
3. 주유는 전면유리창에 비치되어 있는 행복카 주유카드로 결제(본인 부담 없음)
4. 반납은 행복존에 주차 후 체크

• 이용요금

(단위 : 원)

구분	기준요금(10분)	공동주택 입주민을 위한 특별 할인!				주행요금 (1km 당)
		대여요금(주중)		대여요금(주말)		
		1시간	1일	1시간	1일	
모닝	880	4,260	42,240	5,280	52,500	150
레이	960	4,440	44,220	5,580	55,080	160
아반떼	1,310	5,340	52,920	7,320	71,760	160
K3	1,310	5,340	52,920	7,320	71,760	160
스토닉	1,280	5,640	55,740	7,680	75,720	160
트위지	600	3,000	18,000	3,600	21,600	0

※ 주중 : 일요일 20:00 ~ 금요일 12:00
※ 연장요금은 기준요금 부과
※ 주행요금은 500원 미만 이라도 최소 500원 부과
※ 최소 예약은 30분으로 10분 단위로 연장(1시간 이하는 10분 단위로 환산 과금)
※ 이용시간 미연장에 따른 페널티 금액은 기준요금의 2배

• 보험안내

행복카는 종합보험에 가입되어 있고 별도의 보험료는 없음

운전자자격	- 만 26세 이상(행복주택 및 일부 단지 21세 이상) 운전면허 취득일로부터 1년 이상	-
자동차 종합보험	- 대인배상(무한) - 대물배상(1억 원 한도) - 자손(1천 5백만 원 한도)	자차 : 면책금 50만 원
면책금	- 사고 1건당 자기차량 손해 면책금 50만 원 적용	별도 가입비 없음
휴차 보상료	차량손해로 수리기간 동안 총 24시간 기준요금의 50% 부과	최대 30일까지만 적용
범칙금 / 과태료	발생 시점 카쉐어링 이용 고객 직접 납부	고객 통보

58 B씨는 다음과 같이 행복카를 이용하였다. B씨가 이번 주에 지불한 이용요금 및 보험료는 모두 얼마인가?

> A공동주택 아파트에 입주한 B씨는 이번 주 화요일과 수요일에는 행복카 서비스를 이용하지 않았고, 목요일에는 가장 저렴한 차를 3시간 대여하여 50km 정도 떨어진 친구 집에 갔다. 금요일 오후에는 가장 비싼 차를 2일 대여하여 친구와 여행을 다녀왔고, 차량은 일요일 오전에 반납하였다. 여행거리는 총 200km이고, 수유는 행복카 주유카드로 50,000원을 하였다. 여행 중 경미한 사고가 있어 자차 수리비로 26만 원이 나왔고, 토요일에 1시간 동안 수리하였다.

① 192,440원
② 200,440원
③ 242,440원
④ 452,440원
⑤ 502,440원

59 다음은 행복카를 이용한 사람들의 대화이다. 거짓말을 하고 있는 사람은 누구인가?

> 김 씨 : 행복카를 이용해서 아반떼를 30분 예약하여 타다가 연장을 해서 18분을 더 탔어. 그래도 7000원도 안 들더라.
> 이 씨 : 난 만 26세이고, 10개월 전에 면허를 취득해서 계속 운전을 해 왔는데 급히 갈 데가 있어 행복카를 이용하려 했는데 이용할 수 없대. 어이가 없어서 참나...
> 박 씨 : 렌트카랑 다르게 보험이 다 되어 있어서 안심이 돼서 이용하게 되었어. 일요일 밤 11시쯤 딸을 마중 나가러 두 번째로 저렴한 차를 1시간 빌렸고, 한 5km 운전했나? 6천 원 조금 넘었던 것 같아.
> 최 씨 : 나는 행복카 이용 중에 실수를 해서 사고를 냈어. 100만 원이 넘게 나와서 많은 돈을 지불해야 했고, 과태료도 나왔다고 통보가 와서 직접 납부하러 가야 돼.

① 김 씨
② 이 씨
③ 박 씨
④ 최 씨
⑤ 없음

60 다음은 LH한국토지주택공사에서 진행하는 주거복지사업 중 주거취약계층 임대주택에 대한 자료이다. 〈보기〉의 사람 중 전세임대로 입주할 수 있는 모든 사람의 1개월 월 임대료의 총 금액은 얼마인가?

- 전세임대
  도심 내 저소득계층 등이 현 생활권에서 거주할 수 있도록 대상자가 거주를 원하는 주택을 물색하면 LH가 전세계약을 체결한 후 저렴하게 재임대하는 공공임대주택
- 입주대상
  - 쪽방, 고시원, 여인숙, 비닐하우스, 노숙인시설(노숙인 등의 복지 및 자립지원에 관한 법률 제2조 제2호), 컨테이너, 움막, pc방, 만화방에 3개월 이상* 거주한 자
  - 최저주거기준을 미달하는 주거환경에서 만 18세 미만의 자녀와 함께 거주하고 있는 사람 중 거주지 관할 시장・군수・구청장이 주거지원이 필요하다고 인정하는 사람

    *신청일을 기준으로 최근 1년간 각 시설의 거주기간을 합산하여 산정 가능
  - 지방검찰청에 신청하여 법무부장관으로부터 주거지원이 필요하다고 인정되어 LH 등 사업시행자에 통보된 범죄피해자
- 입주 자격
  - 소득기준(월 소득 기준 이하인 자)

1인 가구	2인 가구	3인 가구	4인 가구
1,322,574원	2,189,905원	2,813,449원	3,113,171원

- 대상주택
  국민주택규모(전용 85m^2) 이하인 단독다가구주택, 다세대연립주택, 아파트, 오피스텔(단, 1인가구는 60m^2 이하로 면적제한)
- 임대조건

구분	쪽방, 고시원, 여인숙, 노숙인시설, 비닐하우스, 컨테이너, 움막, PC방, 만화방 거주자	범죄피해자
임대보증금	50만 원	일반 전세임대주택과 동일
월 임대료	전세지원금 중 임대보증금을 제외한 금액의 연 1% 이자해당액	

〈보기〉

- A : 70세로 최근 사업이 망해 수입이 없으며, 노숙인 시설에서 1개월 전부터 거주하였고, 그 전에 6개월 전에 만화방에서 한 달간 머물렀다. 55m^2 정도의 작은 주택에서 거주하고 싶어 하여, LH는 임대보증금을 제외하고 전세지원금 3,000만 원을 사용할 예정이다.
- B : 15세, 12세의 자녀를 홀로 키우는 B는 월 250만 원의 수익이 있으나, 집을 구하지 못해 작년 겨울부터 올해 가을까지 계속 여인숙에서 거주하고 있다. LH는 85m^{2}의 아파트 임대에 8천 만 원 전액 지원하여 제공할 예정이다.
- C : 신혼부부로 자식이 없다. C 혼자 돈을 벌며 월 220만 원 정도 번다. 얼마 전에 강도를 만나 상해를 입었으며, 잡히지 않은 범인들의 보복 위험이 있어 새로운 지역에 주거지원이 필요하다고 법무부장관에게 인정되었고 LH에 통보되었다. LH는 임대보증금 포함 전세지원금 5,000만 원을 사용해 임대주택을 구할 예정이다.

① 500,000원
② 800,000원
③ 1,100,000원
④ 1,300,000원
⑤ 16,000,000원

61 다음은 한국토지주택공사의 청년작가 조형미술작품 공모전에 관한 기사이다. 다음 기사를 읽고 보인 반응으로 옳지 않은 것은?

LH 한국토지주택공사	보도자료	배포일	2020. 07. 27(월)
		담당부서	총무고객처
		담당자	유○○ 부장

LH, 청년작가 조형미술작품 공모전 개최

LH는 진주혁신도시 소재 LH 본사 둘레길 내 조각공원을 주민들과 수준 높은 예술작품을 공유할 수 있는 공간으로 조성하기 위해 청년작가 등을 대상으로 '제3회 조형미술작품 공모전'을 개최한다.
이번 공모전은 '꿈과 희망, 더 나은 미래 with 진주 속의 LH'라는 주제로 조각공원과 조화를 이루는 예술작품을 전시해 지역주민들과 소통하고, 국내 청년작가들에게 창작의 기회를 제공하기 위해 마련됐다.
응모 자격은 대학생(석사과정 포함) 또는 대학 졸업 후 3년이 경과하지 않은 청년작가로, 한 팀당 최대 3명까지 참여할 수 있다. 작품규격은 2m×2m×2m 내외로 야외전시임을 고려해 내구성 있는 소재로 작품을 제작해야 한다. 접수기간은 8월 3일(월)부터 21일(금)까지로, 도서는 우편 및 택배로 제출하고 도판파일 및 작품설명서는 담당자 이메일로 보내면 된다.
접수된 작품은 LH 내·외부 전문가로 구성된 심사위원회의 1, 2차 심사과정을 거쳐 10월 중 총 10개의 수상작을 선정한다. 수상자(팀)에게는 작품당 600만 원의 제작비용(장려상 4개 작품 제외)과 함께 대상 1건 600만 원, 최우수상 2건 각 400만 원 등(이하 동일 금액) 총 2,800만 원의 상금이 수여되며, 수상작은 10월경 LH 본사 조각공원에 전시될 예정이다.

① 이번 공모전에서는 출품할 수 있는 작품의 규격과 소재가 제한되는군.
② 지역주민들과의 소통을 위한 공모전이므로 진주시에 거주 중인 청년작가의 작품만 설치되겠어.
③ 고등학생이나 고등학교 졸업 후 대학교에 입학하지 않은 사람이라면 공모전에 지원할 수 없겠어.
④ 공모전 수상자 중 대상, 최우수상을 받은 사람 외에는 200만 원의 상금을 받겠군.
⑤ 공모전의 심사가 LH 내부에서만 진행되는 것이 아니므로 공정하겠군.

※ 다음은 한국토지주택공사의 신혼부부전세임대 분양에 대한 자료이다. 다음 자료를 읽고 이어지는 질문에 답하시오. [62~63]

- 한국토지주택공사의 청약센터에서는 2차 신규 신혼부부전세임대사업 입주자 모집공고를 하였다. 신혼부부전세임대사업에 대한 설명은 다음과 같다.
- 신혼부부전세임대사업 : 도심 내 저소득계층 (예비)신혼부부가 현 생활권에서 안정적으로 거주할 수 있도록 기존주택을 전세계약 체결하여 저렴하게 재임대하는 임대사업
- 입주자격
  - 모집공고일(2020년 2월 14일) 기준 무주택세대구성원인 혼인 7년 이내의 신혼부부 또는 예비 신혼부부로 생계·의료급여 수급자 또는 해당 세대의 월평균소득이 전년도 도시근로자 가구당 월평균소득의 70% 이하인 사람

    ※ 소득·자산기준(영구임대주택 자산기준)을 충족하지 못하는 경우 입주대상자에서 제외
  - 1순위 : 입주자 모집공고일 현재 혼인 7년 이내이고, 그 기간 내에 임신 중이거나 출산(입양 포함)하여 자녀가 있는 무주택세대구성원
  - 2순위 : 입주자 모집공고일 현재 혼인 7년 이내인 자 또는 예비신혼부부

    ※ 동일순위 경쟁 시 해당 세대의 월평균소득, 자녀의 수, 혼인기간, 입주대상자의 나이순으로 필요성이 인정되는 정도에 따라 입주자 선정
  - 임신의 경우 입주자 모집공고일 이후 임신진단서 등으로 확인
  - 출산의 경우 자녀의 기본증명서상 출생신고일, 입양의 경우 입양신고일 기준
  - 단, 입주자 모집공고일 이전 출생하였으나, 입주자 모집공고일 이후 출생신고를 한 자녀는 가족관계증명서를 확인하여 부부사이의 자녀로 인정되는 경우 혼인기간 내에 출생한 것으로 봄
- 신청방법

  한국토지주택공사가 신혼부부 전세임대 입주자 모집 시 입주희망자는 주소지 관할 행정복지센터에 신청

  → 시·군·구청장이 자격, 희망사항 확인 후 한국토지주택공사에 선정통보

  → 입주대상자가 전세주택을 물색하여 한국토지주택공사에 계약요청

  → 한국토지주택공사가 주택소유자와 계약체결 후 입주대상자 입주
- 지원대상 주택

  단독·다가구·다세대·연립주택·아파트·오피스텔 중 국민주택규모(전용면적 85m^2) 이하 전세주택 또는 부분전세주택

  ※ 단, 1인 가구의 경우 60m^2 이하 주택으로 제한, 다자녀가구 및 가구원수가 5인 이상인 경우 국민주택규모(전용면적 85m^2) 초과 가능

  ※ 보증부월세주택 입주를 희망하는 경우에는 주택소유자에게 지급하는 월세 12개월 해당액을 입주자가 추가보증금으로 납부하여야 계약 체결할 수 있음
- 전세금 지원 한도액

지역	수도권	광역시	그 외 지역
지원한도액	12,000만 원	9,500만 원	8,500만 원

※ 수도권은 서울특별시와 경기도 지역을 의미함

※ 전세금이 지원한도액을 초과하는 전세주택은 초과하는 전세금액을 입주자가 부담할 경우 지원 가능(단, 전세금은 호당 지원한도액의 250% 이내로 제한하되 가구원의 수가 5인 이상 시 예외 인정 가능)

• 임대조건
임대보증금 : 한도액 범위 내에서 전세지원금의 5%
월임대료 : 전세지원금 중 임대보증금을 제외한 금액에 대한 연 1 ~ 2% 이자 해당액
• 임대기간
최초 임대기간은 2년으로 하되, 9회까지 재계약(2년 단위) 가능

62 다음 〈보기〉의 설명 중 적절하지 않은 것을 모두 고르면?

〈보기〉

ㄱ. 모집공고일 현재 무주택세대이며, 2011년에 혼인하여 의료급여 수급자이며 자녀가 없는 A는 입주자격 중 월평균소득 기준을 충족한다면 1순위로 입주하게 된다.
ㄴ. 입주자격을 충족하며, 월평균소득이 동일한 B와 C의 경우, 자녀의 수가 더 많은 사람이 더 우선하여 입주자격을 얻게 된다.
ㄷ. 입주자격을 충족하며, 1인 가구원인 D는 인천광역시에 위치한 80m^2의 오피스텔에 대하여 8,000만 원의 전세금 지원을 받을 수 있다.

① ㄱ
② ㄴ
③ ㄱ, ㄴ
④ ㄱ, ㄷ
⑤ ㄴ, ㄷ

63 E는 해당 신혼부부전세임대사업에 입주신청을 하려고 한다. E에 대한 정보가 다음과 같을 때, E의 입주신청에 대한 설명으로 옳지 않은 것은?

〈정보〉

• E는 2015년 11월 28일에 무직자인 아내 F와 혼인하였다.
• E는 무주택자이며, 월평균소득은 350만 원이다(2019년 기준 도시근로자 5인 가구당 월평균소득은 670만 원이다).
• E와 F 사이에는 2세, 4세, 7세인 친자녀가 있으며, 자녀들은 모두 태어난 해에 출생신고를 완료하였다.
• E는 현재 경주시에 거주중이며, 대구광역시에 위치하고 전세금이 8,000만 원이며 전용면적 75m^2인 아파트에 전세주택을 신청하고자 한다.

① E가 2020년 9월에 입주를 하게 되면, 최장 2040년 9월까지 임대계약이 가능하다.
② E가 입주자로 선정되면 전세금 지원금으로 전세금 전액을 지원받는다.
③ E는 경주시 관할 행정복지센터에 신혼부부전세임대 신청을 하면 된다.
④ 한국토지주택공사에서 E의 자격사항을 확인하여 대구광역시에 선정통보를 하게 된다.
⑤ E는 신혼부부전세임대주택 입주자격에 있어 1순위에 해당된다.

※ 다음은 한국토지주택공사의 정관의 일부이다. 다음 정관을 읽고 이어지는 질문에 답하시오. [64~65]

제7조(임원)

① 공사는 임원으로 사장을 포함한 15명 이내의 이사를 둔다.

② 이사는 사장을 포함한 7명 이내의 상임이사와 8명 이내의 비상임이사로 하되, 상임이사의 정수는 이사 정수의 2분의 1미만으로 한다.

제8조(임원의 임면)

① 사장은 제10조의 임원추천위원회(이하 "임원추천위원회"라 한다)가 복수로 추천하여 공공기관의 운영에 관한 법률 제8조에 따른 공공기관운영위원회(이하 "운영위원회"라 한다)의 심의・의결을 거친 사람 중에서 국토교통부장관의 제청으로 대통령이 임명한다.

② 사장외의 상임이사는 사장이 임명한다. 다만, 제27조의2에 따른 감사위원회의 감사위원이 되는 상임이사(이하 "상임감사위원"이라 한다)는 임원추천위원회가 복수로 추천하여 운영위원회의 심의・의결을 거친 사람 중에서 기획재정부장관의 제청으로 대통령이 임명한다.

③ 비상임이사는 임원추천위원회가 복수로 추천하는 경영에 관한 학식과 경험이 풍부한 사람(국공립학교의 교원이 아닌 공무원을 제외한다) 중에서 운영위원회의 심의・의결을 거쳐 기획재정부장관이 임명한다.

제9조(임원의 임기)

① 사장의 임기는 3년으로 하고, 이사의 임기는 2년으로 한다.

② 임원은 1년을 단위로 연임될 수 있다. 이 경우 공공기관의 운영에 관한 법률 제28조 제2항 각 호의 구분에 따른 사항을 고려하여 그 연임 여부를 임명권자가 결정한다.

③ 제2항에 따라 임원이 연임되는 때에는 임원추천위원회의 추천을 거치지 아니한다.

④ 제2항에 따라 사장이 연임되는 때에는 제12조 제4항에 따라 계약을 다시 체결하여야 한다. 이 경우 제12조 제3항에 따른 임원추천위원회와 협의를 거치지 아니한다.

⑤ 임기가 만료된 임원은 후임자가 임명될 때까지 직무를 수행한다.

제12조(경영계약 등)

① 이사회는 사장의 임명과 관련하여 사장이 임기 중 달성하여야 할 구체적 경영목표와 성과급 등에 관한 사항이 포함된 계약안을 작성하여 임원추천위원회에 통보하여야 한다.

② 사장은 제1항의 계약안을 정하는 이사회에 참여할 수 없다.

③ 임원추천위원회는 제1항에 따라 통보받은 계약안에 대하여 사장 후보자로 추천하려는 사람과 계약 내용과 조건 등을 협의하고, 그 결과를 국토교통부장관에게 통보하여야 한다. 이 경우 임원추천위원회는 사장 후보자와의 협의를 위하여 필요하면 계약안의 내용이나 조건을 일부 변경할 수 있다.

④ 사장으로 임명되는 사람은 제3항에 따라 협의된 계약안에 따라 국토교통부장관과 계약을 체결한다. 이 경우 계약의 내용이나 조건은 국토교통부장관이 사장으로 임명되는 사람과 협의를 통해 제1항과 제3항에 따른 계약안과 달리 정할 수 있다.

⑤ 제4항에 따라 계약을 체결한 후 불가피한 사정이 발생할 때에는 계약의 내용이나 조건은 국토교통부장관과 사장이 서로 협의하여 변경할 수 있다.

⑥ 사장은 상임이사와 성과계약을 체결하고, 그 이행실적을 평가할 수 있으며, 이행실적을 평가한 결과 그 실적이 저조한 경우 상임이사를 해임할 수 있다.

64 다음 중 한국토지주택공사의 정관에 대한 설명으로 옳지 않은 것은?

① 사장은 임원추천위원회의 추천 등을 거쳐 대통령이 임명한다.
② 시청에 근무 중인 공무원은 한국토지주택공사의 비상임이사로 임명될 수 없다.
③ 감사위원회의 감사위원이 되는 상임이사는 기획재정부장관의 제청을 거쳐 대통령이 임명한다.
④ 임기가 만료된 임원의 자리는 후임자의 임명 시까지 공석으로 둔다.
⑤ 임원추천위원회는 사장 후보자와의 계약 내용 협의 결과를 국토교통부장관에게 통보하여야 한다.

65 다음 〈보기〉의 설명 중 옳지 않은 것을 모두 고르면?

〈보기〉

ㄱ. 사장은 성과계약에 기반하여 상임이사를 해임할 수 있다.
ㄴ. 비상임이사의 연임에 대한 결정권은 국토교통부장관에게 있다.
ㄷ. 사장은 후임 사장의 성과급의 결정에 참여할 수 없다.
ㄹ. 사장으로 임명된 자는 임명권자인 대통령과 계약을 체결하며, 협의를 통해 계약내용을 변경할 수 있다.

① ㄱ, ㄴ
② ㄱ, ㄷ
③ ㄴ, ㄷ
④ ㄴ, ㄹ
⑤ ㄷ, ㄹ

66 다음 중 빈칸에 들어갈 접속어를 바르게 연결한 것은?

전세는 투자가치와 사용가치를 모두 지닌 주택의 사용가치만을 영유한다. ___㉠___ 전세 세입자는 계약 기간 동안 계약된 주택에 거주하면서 전세금을 무이자로 대출하는 형식으로 사용가치를 지불한다. 반대로 집주인은 전세금과 매매가의 차액만을 투자함으로써 해당 주택의 자본 차익을 얻는다. ___㉡___ 매매가가 5억 원인 아파트의 경우 전세 세입자는 전세가인 3억 원으로 주거를 해결하고, 계약이 종료되면 전세금을 돌려받는다. 집주인은 2억 원으로 주택의 소유권을 획득하고, 5억 원인 아파트의 자본 차익을 얻는다. 일반적으로 이사를 하게 되거나 일시적으로 2주택이 된 경우에 실제 거주하지 않는 주택을 세입자에게 임대한다. ___㉢___ 주택 가격의 상승을 기대하고 일부러 매매가와 전세가의 차액만으로 투자하기도 하는데, 이러한 투자 행위를 갭(Gap)투자라 한다.

	㉠	㉡	㉢
①	따라서	다시 말해	그리고
②	따라서	예를 들어	그리고
③	따라서	예를 들어	그러나
④	그러나	이를 통해	그러나
⑤	그러나	이를 통해	그러므로

67 다음 글에 나타난 '수열 에너지'에 대한 추론으로 올바르지 않은 것은?

LH 한국토지주택공사	보도자료	배포일	2020. 07. 30(목)
		담당부서	공공주택설비처 설비계획부
		담당자	배○○ 부장

LH, 도시·주택에 수열 에너지 적용 위한 연구 착수

LH는 '제로에너지도시 및 제로에너지 주택 실현을 위한 수열 에너지 적용 방안 연구' 착수 보고회를 개최했다. 수열 에너지는 여름에는 대기보다 차갑고 겨울에는 대기보다 따뜻한 물의 특성을 이용해 건축물의 냉난방에 활용하는 친환경 에너지로, 에너지 절감 및 온실가스 감축 효과가 있어 최근 정부의 그린뉴딜 대표사업으로 선정되는 등 많은 주목을 받고 있다.

〈수열 에너지 활용 과정〉

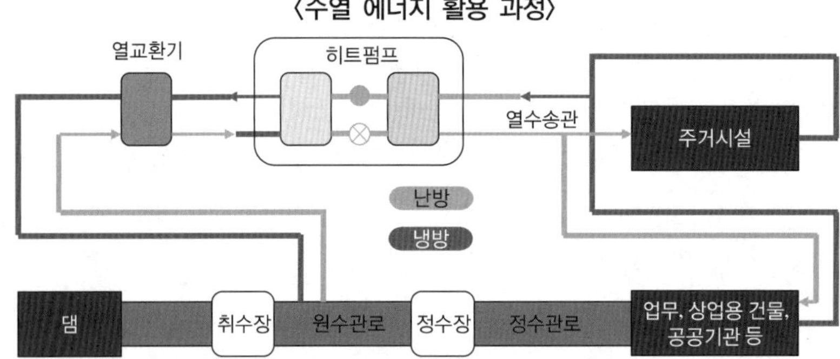

국내의 대표적 사례로 K타워에 적용돼 에너지 절감 효과가 입증됐으며, 올해 수열 에너지 활성화 방안으로 강원 수열 에너지 융·복합 클러스터 조성 및 부산 에코델타시티 수열 공급 계획이 발표되는 등 곳곳에서 수열 에너지 관련 사업을 추진 중이다.

LH는 이번 연구를 통해 3기 신도시 등 신규 택지와 임대주택 등 공동주택에 수열 에너지를 적용하는 방안에 대해 검토할 예정이다. 특히 업무용 건물이 아닌 주거용 건물에 수열 에너지를 적용하는 방안을 중점적으로 살펴볼 계획이다.

이날 착수 보고회에서는 책임연구원을 맡은 K대 G교수가 효율적인 수열 에너지 적용 방안을 찾기 위한 연구 방향을 발표했으며, 이후 LH 관계자들과 연구 참여진이 서로 의견을 교환하는 시간을 가졌다. 앞으로 LH는 연구 결과를 바탕으로 금호강 인근의 경북 경산 건설 임대주택에서 수열 에너지를 공동주택에 적용하는 시범사업을 추진하고, 3기 신도시 등에도 확대 적용하는 방안을 검토할 계획이다.

LH 공공주택본부장은 "수열 에너지는 지구에서 가장 풍부한 에너지원인 물을 활용해 적은 비용으로 친환경 에너지를 생산할 수 있어 LH 임대주택에 적합한 에너지원이다. 이번 연구를 계기로 제로에너지 도시 주택 실현과 임대주택 입주민의 에너지 복지 향상을 위해 노력하겠다."라고 말했다.

① 수열 에너지 설비는 기존의 냉난방 설비보다 더 많은 설치비용이 발생한다.
② 수열 에너지는 공기보다 에너지를 축적하는 능력이 큰 물의 특성을 이용한 것이다.
③ 3기 신도시에는 업무용 건물보다 주거용 건물에 수열 에너지 설비가 설치될 가능성이 높다.
④ 수열 에너지를 활용한 정부 차원의 사업이 더욱 활성화될 것이다.
⑤ 물을 활용하는 수열 에너지 설비는 적은 비용으로 친환경 에너지를 생산한다는 점에서 주목을 받고 있다.

68 다음은 주거급여제도에 대한 자료이다. 자료를 참고하여 〈보기〉에서 제시된 A씨와 B씨의 상황에 따른 받을 수 있는 지원금의 합으로 옳은 것은?

〈주거급여 기준임대료〉

(단위 : 원)

구분	1급지(서울)	2급지(경기)	3급지(광역)	4급지(그 외)
1인	266,000	225,000	179,000	158,000
2인	302,000	252,000	198,000	174,000
3인	359,000	302,000	236,000	209,000
4인	415,000	351,000	274,000	239,000
5인	429,000	365,000	285,000	249,000

〈생계급여 선정기준〉

(단위 : 원)

가구규모	1인 가구	2인 가구	3인 가구	4인 가구	5인 가구
생계급여수급자 (기준중위소득 30%)	527,158	897,594	1,161,173	1,424,752	1,688,331

※ 타인의 주택 등에 거주하는 임차가구에게는 지역별·가구원수별 기준임대료를 상한으로 수급자의 실제 임차료를 지원합니다.

※ 선정기준

- '소득인정액≤생계급여 선정기준'일 경우 기준임대료(실제임차료) 전액을 지원
- '소득인정액>생계급여 선정기준'일 경우 기준임대료(실제임차료)에서 자기부담분을 제외한 나머지 금액을 지원
- (자기부담분)=[(소득인정액)−(생계급여 선정기준)]×30%

※ 수급자의 실제임차료는 임대차계약서의 보증금과 월차임을 합산하여 산정하며, 보증금은 연 4%를 적용하여 월차임으로 환산합니다.

- (실제임차료)=(보증금)×4%÷12개월+(월차임)

※ 단, 자기부담분과 실제임차료 계산 시 1원 미만은 버림한다.

〈보기〉

- 서울에 거주 중인 2인 가구 A씨
  - 보증금 2,000만 원, 월차임 20만 원
  - 소득인정액 85만 원
- 경기도에 거주 중인 3인 가구 B씨
  - 보증금 2,500만 원, 월차임 15만 원
  - 소득인정액 120만 원

① 483,165원
② 498,835원
③ 499,565원
④ 500,450원
⑤ 515,930원

69 한국토지주택공사의 주요사업에서 도시재생사업을 2017년부터 시행하고 있다. 그중 도시재생뉴딜사업은 쇠퇴하고 있는 구도심 지역 주도로 쾌적한 주거환경을 만들고, 청년창업과 혁신성장의 기반을 조성하여 일자리를 창출하는 사업을 말한다. 다음 도시재생뉴딜사업에 관한 자료를 참고하여 이에 대한 해석으로 옳지 않은 것은?(단, 사업규모에서 내외의 범위는 해당되는 수의 ±10%까지 포함한다)

〈도시재생뉴딜 사업〉

1. 도시재생뉴딜사업 유형

사업유형	사업규모	사업내용
우리동네살리기	소규모 주거 (5만 m^2 이하)	인구유출, 주거지 노후화로 활력을 상실한 지역에 대해 소규모 주택 정비사업, 생활편의시설 공급 등으로 마을공동체 회복
주거지지원형	주거 (5 ~ 10만 m^2 내외)	골목길 정비 등 소규모 주택정비의 기반 마련 후 소규모 주택정비사업, 생활편의시설 공급 등으로 주거지 전반의 여건 개선
일반근린형	준주거, 골목상권 (10 ~ 15만 m^2 내외)	주거지와 골목상권이 혼재된 지역을 대상으로 골목상권 활력 증진을 목표로 주민공동체 거점 조성, 마을가게 운영, 보행환경 개선
중심시가지형	상업, 지역상권 (20만 m^2 내외)	원도심의 공공서비스 저하와 상권쇠퇴가 심각한 지역을 대상으로 공공기능 회복, 역사·문화·관광과의 연계사업 추진하여 상권 활력 증진
경제기반형	산업, 지역경제 (50만 m^2 내외)	국가·도시 차원의 경제적 쇠퇴가 심각한 지역을 대상으로 복합앵커시설 구축 등 新경제거점 형성 및 일자리 창출
도시재생 혁신지구	50만 m^2 이하	도시재생을 촉진하기 위해 공공주도 쇠퇴지역 내 주거·상업·산업 등 기능이 집적된 지역거점을 신속히 조성하는 지구단위 개발사업
도시재생인정사업	10만 m^2 이하	도시재생 전략계획이 수립된 지역 내에서 활성화계획 없이 생활 SOC, 임대주택·상가 공급 등을 추진할 수 있는 점단위 도시재생사업

2. 도시재생뉴딜사업 선정현황

〈2019년 선정 도시재생뉴딜사업〉

시	대상지	사업명	사업유형
서울	금천구	산업·우시장·문화 지역자산 기반의 독산동 재생프로젝트 "독산 3樂"	중심시가지형
	동대문구	글로벌 바이오 산업혁신의 심장	경제기반형
	양천구	활기 넘치는 시장길을 중심으로 한 목3동 마을활력 프로젝트	일반근린형
	동작구	3세대가 100년 사람사는 이야기가 있는 스마트마을 도시재생 뉴딜사업	일반근린형
	관악구	주민이 함께 가꾸는 은천동 희망마을 만들기 사업	우리동네살리기
	동대문구	재기(再起)하라! 고대앞마을	우리동네살리기
	동작구	한강과 역사를 품은 River Hill 본동 도시재생 뉴딜사업	우리동네살리기
	용산구	용산혁신지구 국가시범사업	혁신지구
	영등포구	서울특별시 영등포구 도시재생 인정사업	인정사업

부산	부산진구	바위동산이 숨트는 신선마을	우리동네살리기
	수영구	도시거주민과 방문객을 위한 도시 수영 “도도한 수영”	일반근린형
	영도구	근대조선산업의1번지, 대평동 해양산업의 혁신기지로 전환하다	경제기반형
	사하구	커뮤니티케어 다시 그린(GREEN) 대티까치 고개마을	주거지지원형
	남구	용호 대기족 프로젝트	우리동네실리기
	사상구	경부선 철길따라 행복따라 괘내생태문화마을	우리동네살리기
인천	미추홀구	청년과 어르신의 OPEN PLACE, 비룡공감 2080	일반근린형
	연수구	연경산이 감싸 안은 안골마을	주거지지원형
	옹진군	평화의 섬 연평 치유프로젝트	우리동네살리기
	미추홀구	수봉마을 도시재생 실행계획(우리동네살리기)	우리동네살리기
광주	남구	부도심 상권활성화路 사람중심 행복도시路	중심시가지형
	동구	함께하는 새 도약! 서남동 인쇄문화마을 조성	중심시가지형
	광산구	월곡2동 도시재생뉴딜사업 – 더불어상생(相生)하는	일반근린형
	북구	행복 공간, 버드리 야구 마을	우리동네살리기
세종	세종시	살맛나는 부강, 행복플러스	일반근린형
	세종시	살아왔고 살아있고 살아갈 사람들의 뻔하지만 재미난 뻔펀한 마을	우리동네살리기

① 역사・문화 등에 관련한 사업 추진을 위한 도시재생뉴딜사업 유형의 대상지는 3곳이다.

② 주거지 노후화로 소규모 주거 정비사업을 실시할 곳의 평균 사업규모가 4.2만 m^2일 경우 전체 사업규모는 37.8만 m^2이다.

③ 사업명 ‘청년과 어르신의 OPEN PLACE, 비룡공감 2080’의 사업유형인 대상지는 전체 대상지의 24%이다.

④ 도시재생 혁신지구 사업유형이 있는 시에서 선정된 대상지들의 사업유형은 총 6가지이다.

⑤ 사업규모가 가장 넓을 수 있는 사업유형의 대상지가 있는 시는 2곳이다.

70 다음 중 〈보기〉의 문장이 들어갈 위치로 가장 적절한 것은?

지구온난화가 세계적인 환경문제로 대두되면서 국제사회는 2015년 프랑스 파리에서 열린 제21차 유엔기구변화협약(UNFCCC) 당사국총회(COP21)에서 전 세계 195개 국가의 자발적 온실가스 감축 목표를 제시했다. (가) 이에 따라 정부는 2015년 12월 건설 산업의 풍부한 경험과 전문 인력을 보유한 LH를 '그린리모델링창조센터'로 지정했다. (나) 그린리모델링창조센터는 그린리모델링 대상 건축물을 지원・관리하는 기관으로 공공건축물에 대하여 그린리모델링 사업기획 및 시공 지원, 노후 공공건축물 현황 파악과 현장조사, 지자체 및 공공기관 사업 설명 개최를 수행한다. (다) 또한 민간건축물에 대한 그린리모델링 공사비 대출 알선 및 이자지원과 그린리모델링 사업자 육성 등을 통해 민간과 공공건축물의 그린리모델링 활성화를 목표로 다양한 사업을 진행한다. (라) LH가 실시하고 있는 그린리모델링 사업은 건물 분야의 온실가스 감축을 위한 대표적인 사업으로 에너지 성능 향상이 필요한 노후화된 건축물을 개선해 에너지 효율을 높이고 쾌적한 거주환경을 만드는 리모델링이다. (마) 그린리모델링을 추진하면 주거환경이 개선되는 것은 물론 단열, 창호 등에 기술력을 더해 냉난방 비용이 절감되며 이로 인한 에너지 효율 향상, 건축물의 가치 상승 등 연쇄적인 긍정적 효과를 불러온다.

〈보기〉

2030년 우리나라의 온실가스 감축 목표는 BAU 대비 37%이며, 그중 건물 분야는 32.7%(64.5백만 톤)를 감축을 목표로 하고 있다.

※ BAU(Business As Usual) : 온실가스 감축을 위한 인위적인 조치를 취하지 않을 경우 배출이 예상되는 온실가스의 총량

① (가)
② (나)
③ (다)
④ (라)
⑤ (마)

71 다음은 한국토지주택공사의 무지개 돌봄사원에 관한 보도자료이다. 다음을 읽고 보인 반응으로 옳지 않은 것은?

LH 한국토지주택공사	보도자료	배포일	2020. 06. 29(월)
		담당부서	주거복지지원처
		담당자	한○○ 부장

LH, 60세 이상 무지개 돌봄사원 2,700명 채용

LH는 만 60세 이상 어르신을 대상으로 2020년도 무지개 돌봄사원 2,700명을 채용한다고 밝혔다.
무지개 돌봄사원은 LH 임대주택에서 주택관리 보조, 가사 대행 서비스 등 다양한 생활 서비스를 제공하는 시니어 사원으로, LH는 작년에 4개 직무에 대해 총 2,000명의 무지개 돌봄사원을 채용한 데 이어 이번에는 채용인원을 대폭 확대해 주택관리 보조 직무에서만 총 2,700명의 돌봄사원을 모집하며 코로나19로 인한 고용 위기 극복 및 취약계층의 경제활동을 촉진할 계획이다.
이번에 채용하는 주택관리 보조직은 LH 임대단지 관리사무소에 근무하며 단지 환경정비, 임대관리 보조, 주민공동시설 운영지원 등의 업무를 수행하게 된다. 특히 올해는 건설임대주택뿐만 아니라 매입임대주택에도 돌봄사원 100명이 배치돼 외부 위생 상태·위험요소·주차현황 점검, 주민불편 및 개선사항 파악 등의 업무를 담당하며 입주민들의 주거 만족도 향상을 위해 힘쓸 계획이다.
근무 기간은 오는 9월부터 12월 중순까지 약 4개월이며, 하루 4시간씩 주 5일 근무로 급여는 월 89만 원 수준이다. LH 임대주택 입주민은 1순위로 우선 채용하며, 1순위에서 미달한 권역은 2순위로 일반인을 채용한다.

① 돌봄사원 채용인원이 작년 대비 증가한 데에는 코로나19의 영향도 있겠군.
② 이번에 채용되는 돌봄사원은 LH 본사에서 근무하지 않는군.
③ 작년에는 돌봄사원이 매입임대주택에 배치되지 않았었군.
④ 돌봄사원의 월 급여가 89만 원 수준이라면, 한 달에 100시간 이상 근무하겠군.
⑤ 돌봄사원은 LH 임대주택 입주민으로만 구성될 수도 있겠어.

※ 다음은 한국토지주택공사의 다가구 신혼부부매입임대사업에 대한 자료이다. 다음 자료를 읽고 이어지는 질문에 답하시오. [72~73]

〈신혼부부매입임대(다가구)〉

• 개요

신혼부부의 주거안정을 위해 국가 재정과 주택도시기금을 지원받아 LH에서 매입한 주택을 개·보수 후 주변시세보다 저렴하게 공급하는 공공임대주택

• 매입대상주택

건축법시행령에 의한 단독주택, 다중주택, 다가구주택, 공동주택(아파트, 다세대주택, 연립주택), 오피스텔 등 전용면적 85m^2 이하이고, 방이 2개 이상인 자녀를 양육하기 적합한 주택

– 매입가격, 관리비부담수준, 입지와 주변환경 등 고려하여 선별 매입함

• 입주대상

무주택요건 및 소득·자산기준을 충족하는 신혼부부, 예비신혼부부, 한부모가족

※ 신혼부부 : 혼인기간 7년 이내 또는 예비신혼부부인 무주택 세대

※ 한부모가족 : 만 6세 이하 자녀를 둔 모자 또는 부자가족

• 소득기준

– 신혼부부 매입임대(I 형)

해당세대의 전년도 도시근로자 가구원수별 월평균소득 70%(배우자 소득이 있는 경우 90%)이하인 자

– 신혼부부 매입임대(Ⅱ형)

해당세대의 전년도 도시근로자 가구원수별 월평균소득 100%(배우자 소득이 있는 경우 120%) 이하인 자

• 자산기준 : 보유 부동산(건물+토지), 자동차의 가액이 기준금액 이하인 자

(총자산) 28,000만 원 이하(2019년도 기준)

(자동차) 2,499만 원 이하(2019년도 기준)

• 임대료

시세 대비 30 ~ 80%

• 거주기간

신혼부부(6 ~ 10년)

72 **다음 중 다가구 신혼부부매입임대사업에 대한 설명으로 옳은 것은?**

① 전용면적 90m^{2}의 다중주택은 신혼부부매입임대 사업의 매입대상주택에 해당한다.
② 입주자로 선정되면 최대 12년까지 거주가 가능하다.
③ 혼인기간이 9년인 만 14세의 자녀를 둔 모자가족은 입주대상에 해당하지 않는다.
④ 매입대상주택 선정 시, 관리비는 고려되지 않는다.
⑤ 입주대상자 선정은 입주신청자의 부동산 가액 기준만을 고려해 선정된다.

73 **다음 〈보기〉의 사람 중 입주자격을 충족시키지 못하는 사람을 모두 고른 것은?**

〈보기〉

A : 아내와 사별 후 만 4세의 자녀와 거주 중이며, 월평균소득은 전년도 도시근로자 2인 가구 월평균소득의 80%에 해당한다. 보유한 부동산은 없으며 가액이 1,800만 원인 자가용을 보유하고 있다.
B : 혼인한 지 2년이 경과하였으며 자녀가 없고, 무주택 세대이다. 7,500만 원 상당의 토지를 보유하고 있으며 자동차는 보유하고 있지 않다. 남편과 B의 월평균소득은 각각 전년도 도시근로자 2인 가구 월평균소득의 70%에 해당한다.
C : 혼인한 지 9년이 경과하였으며 만 7세와 14세인 자녀가 있는 무주택 세대이다. 아내는 소득이 없으며, C의 월평균소득은 전년도 도시근로자 4인 가구 월평균소득의 100%에 해당한다.

① A
② C
③ A, B
④ A, C
⑤ B, C

74 다음은 한국토지주택공사의 행복도시 투어 프로그램에 관한 기사이다. 다음 중 LH와 함께하는 행복도시 투어 프로그램에 관한 설명으로 옳은 것은?

LH 한국토지주택공사	보도자료	배포일	2020. 07. 20(월)
		담당부서	경영혁신부
		담당자	한○○ 부장

LH와 함께하는 행복도시 투어

세종시 행정중심복합도시(이하 '행복도시')를 방문하는 관광객들의 선택 폭이 한층 더 넓어질 전망이다. LH는 세종시와 함께 행복도시의 다양한 모습을 볼 수 있는 'LH와 함께하는 행복도시 투어' 프로그램을 시행한다. 이번 프로그램은 행복도시 건설사업을 국민들에게 보다 쉽게 설명하고 지역경제를 활성화하기 위한 것으로, LH가 수요맞춤형 프로그램을 기획하고 세종시가 기존 '세종시티투어' 프로그램 운영 인프라 및 노하우를 공유하는 등 양 기관의 협업을 통해 마련됐다.

투어 테마로는 도시・건축 전공 대학생이나 전문가 집단을 위한 '살아있는 도시건축 교과서 투어', 행복도시 실수요 고객층을 위한 '행복도시 둘러보기', 일반인 및 관광객을 위한 '힐링더하기 투어' 등의 프로그램이 마련돼 있으며, 사전 예약을 통해 20명이 모이면 요일과 무관하게 진행되고 이용요금은 성인 2천 원, 청소년 1천 원(식사비 본인부담)이다. 아울러 LH는 코로나19 확산 방지를 위해 투어 중 마스크 착용과 발열 검사를 철저히 실시하고 미준수하는 경우에는 투어 버스의 탑승을 제한할 방침이다.

자세한 코스 확인 및 사전 예약 접수는 '세종시티투어' 홈페이지를 통해 가능하며, 기타 궁금한 사항은 투어 운영기관인 세종시 관광협회로 문의하면 된다.

① 도시 건설에 관심이 있는 사람만을 위한 프로그램이다.
② 요일과 관계없이 평일과 주말 모두 프로그램에 참여할 수 있다.
③ 프로그램 참여 인원은 최대 20명이므로 이를 초과할 경우 참여할 수 없다.
④ 발열 증상만 없다면 투어 버스 탑승에 있어 제한을 받지 않을 거야.
⑤ 프로그램 참여를 원한다면 홈페이지나 관광협회를 방문하여 예약할 수 있다.

75 다음 ㉠~㉤의 외래어를 순우리말로 순화한 것으로 적절하지 않은 것은?

<table>
<tr><td rowspan="3">LH 한국토지주택공사</td><td rowspan="3">보도자료</td><td>배포일</td><td>2020. 06. 30(화)</td></tr>
<tr><td>담당부서</td><td>세종국가시범도시 사업단</td></tr>
<tr><td>담당자</td><td>김○○ 부장</td></tr>
</table>

LH, 세종 스마트시티 국가시범도시 '첫 삽' 뜬다

LH는 세종 ㉠ 스마트시티 국가시범도시(이하 '세종 시범도시')의 조성 사업을 본격 추진한다고 밝혔다. 행정중심복합도시 5 – 1 생활권에 건설되는 세종 시범도시는 도시문제 해결, 삶의 질 향상, 혁신 산업 생태계 조성을 목표로 2018년 1월 스마트시티 국가시범도시로 지정됐으며, ㉡ 모빌리티, 헬스케어, 교육, 에너지와 환경, ㉢ 거버넌스, 문화와 쇼핑, 일자리 등 스마트 요소를 집적・구현하는 융・복합 신기술에 대한 ㉣ 테스트베드로서의 역할을 담당한다.

LH는 2019년 12월 국내 최초로 직장과 주거의 근접을 위한 용도 혼합, 보행 중심의 차 없는 도시 구조 등의 내용을 담은 혁신적 공간 계획을 수립했으며, 이를 기반으로 도시 내 시민이 우선적으로 시범도시 스마트 혁신 요소를 체험함과 함께 기업이 실증할 수 있는 '스마트 퍼스트타운(가칭)'을 2021년 말까지 조성할 예정이다. 아울러, 세종 시범도시의 혁신성과 효율성을 담보하기 위해 민간이 계획부터 운영단계까지 참여하는 민・관 공동 사업 추진 체계(SPC)를 오는 2021년 설립한다. SPC는 도시 내 스마트서비스 구축・운영 및 선도지구 조성 추진 등의 역할을 수행한다.

한편, 세종 시범도시는 조성 단계뿐만 아니라 건설 과정에서도 5G 통신망 관제 센터, 드론, 건설 자동화 장비 등의 요소를 적용할 예정으로, 스마트 기술 혁신 생태계를 갖추고 글로벌 기술 경쟁력이 확보된 도시로서 자리매김할 것으로 전망된다.

LH 세종특별본부장은 "세종 시범도시 착공을 계기로 시민 행복을 높이고 기업에는 창조적 기회를 제공하는 ㉤ 플랫폼 도시로서의 성공 모델을 창출하고자 한다. LH는 앞으로도 스마트 건설 분야를 선도하고 글로벌 스마트시티의 성공 모델을 구현하는 데 노력할 것이다."고 밝혔다.

① ㉠ 스마트시티(Smart City) → 첨단 도시
② ㉡ 모빌리티(Mobility) → 개인 이동수단
③ ㉢ 거버넌스(Governance) → 민관 협력, 행정, 정책, 관리
④ ㉣ 테스트베드(Test Bed) → 창조적 기업 지원
⑤ ㉤ 플랫폼(Platform) → 기반, 통합 체제, 공간

76 다음 글에 나타난 '주계약자 공동도급' 방식과 관련한 설명으로 옳지 않은 것은?

LH 한국토지주택공사	보도자료	배포일	2020. 06. 25(목)
		담당부서	안전기획실
		담당자	송○○ 부장

LH, 8개 단지 부문 '주계약자 공동도급' 방식으로 발주한다

LH는 2020년 8개 지구, 6,600억 원 규모의 단지 조성 부문에 대해 주계약자 공동도급 방식으로 발주한다고 밝혔다. 주계약자 공동도급 방식은 주계약자인 종합건설업체와 부계약자인 전문건설업체가 원도급·하도급의 수직적 구조로 공사를 수행하는 기존 방식과 달리 수평적 위치에서 공동 입찰·계약 및 역할을 분담하는 제도로, 원도급자의 불공정 하도급 행위 방지와 동시에 전문건설업체의 적정 공사비 확보가 가능해 전반적으로 공사의 품질이 향상된다는 장점이 있다.

LH는 지난 2009년부터 2019년까지 14건의 단지 조성 부문에 대해 주계약자 공동도급 방식으로 발주했으나, 그동안 하자 발생에 대한 책임 구분이 불명확한 점과 부계약자의 공사 연속성 확보를 위한 공사 기간 지연 등 제도에 대한 문제점이 일부 지적됐다. 이에 LH는 구역 분리형 및 공종 선택형 유형 도입 등 발주 방식을 다변화하고 계약자 간 하자 분쟁 발생의 여지를 방지하기 위해 공동수급 표준협정서를 개정하였으며, 2020년에 8개 지구 단지 조성 공사 부문에 대한 발주 계획을 수립했다.

LH는 계획이 수립된 공사 부문에 대해 2020년 내 발주를 추진하고 관련 업계와의 간담회를 통해 개선 사항을 발굴하여 주계약자 공동도급 제도를 지속적으로 보완·활성화할 방침이다.

※ 구역 분리형 : 공종 간섭, 하자 분쟁 최소화를 위해 부계약자 공종을 구역으로 분리

※ 공종 선택형 : 입찰 참가자가 부계약자 공종을 선택할 수 있도록 선택 가능 공종을 1개에서 3개로 확대

① '주계약자 공동도급'은 불공정 하도급 행위를 방지하므로 공정한 시장질서 확립에 기여할 수 있다.

② '주계약자 공동도급'은 종합건설업체와 전문건설업체가 상하 관계를 이루어 공사를 진행한다.

③ '주계약자 공동도급'은 하자에 대한 책임 소재가 분명하지 않아 주계약자와 부계약자 사이에 분쟁이 발생하기도 하였다.

④ '주계약자 공동도급'은 발주 방식의 다양화 등을 통해 문제점이 일부 개선되었다.

⑤ '주계약자 공동도급'은 앞으로도 지속적으로 개선·보완될 것이다.

77 다음은 한국토지주택공사의 기숙사형 청년주택에 관한 기사이다. 다음 기사를 이해한 내용으로 옳지 않은 것은?

LH 한국토지주택공사	보도자료	배포일	2020. 07. 31(금)
		담당부서	주거복지사업처
		담당자	최○○ 부장

LH, 기숙사형 청년주택 입주자 모집

LH는 대학생과 청년을 대상으로 '기숙사형 청년주택' 243호에 대한 입주자 모집을 시작한다. 기숙사형 청년주택은 LH가 기존 주택을 매입해 생활편의시설 등을 설치한 후 임대 운영하는 '학교 밖 소규모 분산형 기숙사'로, 최대 6년까지 거주할 수 있다. 작년에는 8개소 내 약 1,000명의 청년이 입주한 데 이어 올해는 대중교통 이용이 편리하고 대학가 인근에 있는 서울시 소재와 경기도 안산시 소재에서 입주자를 모집할 예정이다.

소재지	공급 호수	소재지	공급 호수
서울시 은평구	44	경기도 단원구	53
서울시 광진구	36	경기도 상록구	21
서울시 동대문구	83	경기도 장안구	6

기숙사형 청년주택은 청년들의 선호를 고려해 침실, 욕실 등이 포함된 원룸형으로 공급하며, 냉장고, 세탁기 등 생활에 필요한 기본 집기 또한 각 호실별로 구비되어 있다. 주거비용은 인근 시세의 40% 수준(보증금 60만 원, 월 임대료 평균 31만 원대)으로 입주자 부담을 최소화했으며, 2년 단위로 임대차 계약을 체결하되 학기 단위로 거주하는 대학생들의 특성을 고려해 계약 기간 도중에도 별도의 위약금 없이 계약해지 및 퇴거가 가능하다.

공고일 현재 무주택자로서 신청인과 부모의 월평균 소득 합계액이 전년도 도시근로자 평균 소득의 100%(3인 기준 5,626,897원) 이하인 대학생(대학원생 포함)과 만 19 ~ 만 39세 청년이면 신청이 가능하며, 신청자의 소득 수준 등을 고려해 입주 우선순위를 구분한다.

신청은 7월 31일부터 8월 4일까지 온라인 청약센터 또는 모바일 앱을 통해 가능하고, 자격심사 등을 거쳐 오는 8월 19일에 1·2순위 선발 결과를 발표하여 8월 31일부터 입주가 시작될 예정이다.

아울러, 이번 모집은 코로나19 확산 여파로 대면접촉이 부담스러운 청년들을 위해 신청 접수부터 서류 제출까지 온라인 서비스를 병행하며, 선발기준 및 주택 평면도 등 기타 자세한 사항은 LH 청약센터에 게시된 입주자 모집 공고문 또는 마이홈 콜센터에 문의하면 된다.

① 올해는 경기도 소재보다 서울 소재의 기숙사형 청년주택을 더 많이 공급하는군.
② 올해 기숙사형 청년주택에 입주한다면 대중교통을 편리하게 이용할 수 있겠군.
③ 기숙사형 청년주택에 입주한다면 냉장고나 세탁기 등의 가전제품은 별도로 구입하지 않아도 되겠군.
④ 올해 기숙사형 청년주택 입주를 신청한다면 발표일까지 최대 20일을 기다려야겠군.
⑤ 코로나19로 인해 올해 기숙사형 청년주택 입주자 모집은 온라인으로만 진행되겠군.

※ 다음은 2020년 5월 발표된 한국토지주택공사의 청년전세임대사업에 대한 자료이다. 다음 자료를 읽고 이어지는 질문에 답하시오. [78~79]

〈청년전세임대〉

• 개요

청년층(대학생・취업준비생・만 19세 ~ 만 39세)의 주거비부담 완화를 위하여 기존주택을 전세계약 체결하여 저렴하게 재임대하는 공공임대주택

• 입주자격

무주택요건 및 소득・자산기준을 충족하는 대학생, 취업준비생, 만 19세 ~ 만 39세

– 대학생 : 본인이 무주택자이고 사업대상지역내 대학에 재학중이거나 입학예정인 타 시・군 출신 대학생

– 취업준비생 : 본인이 무주택자이고 대학 또는 고등・고등기술학교를 졸업하거나 중퇴한 후 2년 이내이며 직장에 재직중이지 않은 자

– 만 19세 ~ 만 39세 : 본인이 무주택자이면서 만 19세 이상 만 39세 이하이고 공급신청지역 이외의 타시・군 출신인 자

• 1순위 : 생계・의료급여 수급자 가구, 보호대상 한부모가족 가구, 수급자 또는 차상위계층에 해당하는 자 중 최저주거기준에 미달하거나 RIR이 30% 이상인 가구, 해당 세대의 월평균 소득이 전년도 도시근로자 가구당 월평균 소득 70% 이하인 장애인 가구, 아동복지 시설 퇴소자
• 2순위 : 전년도 도시근로자 월평균 소득의 50% 이하인 가구, 월평균 소득의 100% 이하 장애인 가구의 청년
• 3순위 : 전년도 도시근로자 월평균 소득 100% 이하인 가구, 월평균 소득 150% 이하 장애인 가구의 청년
• 4순위 : 신청자 본인이 월평균소득 80% 이하인 가구(신청자가 세대원이 있는 세대주인 경우는 100%)

*4순위는 타지역 출신 아니어도 가능

• 임대조건

– 임대보증금 : 1・2순위 : 100만 원, 3・4순위 : 200만 원

– 월임대료 : 전세지원금 중 임대보증금을 제외한 금액에 대한 연 1 ~ 3% 이자 해당액

• 전세금 지원 한도액

구분		수도권	광역시	기타
단독거주	1인 거주	1.2억 원	9천5백만 원	8천5백만 원
공동거주(셰어형)	2인 거주	1.5억 원	1.2억 원	1.0억 원
	3인 거주	2.0억 원	1.5억 원	1.2억 원

※ 지원한도액을 초과하는 전세주택은 초과하는 전세금액을 입주자가 부담할 경우 지원가능, 단, 전세금 총액은 호당 지원한도액의 150% 이내로 제한

• 거주기간

최초 임대기간은 2년으로 하되, 자격요건 충족 시 2회 재계약(2년 단위) 가능

78 다음 중 청년전세임대사업에 대한 설명으로 옳은 것은?

① 사업대상지역에 소재한 대학에 합격 후 입학 전인 만 20세는 입주자격요건을 충족하지 못한다.
② 서울에서 단독거주를 하는 A가 지원받을 수 있는 전세금은 최대 1.2억 원이다.
③ 2017년 9월에 고등학교를 중퇴한 B는 청년전세임대주택의 입주자격요건을 충족한다.
④ 기초생활수급자에 해당하는 대학생 C는 임대보증금 200만 원을 납부하고 청년전세임대주택에 입주할 수 있다.
⑤ 2순위에 해당하는 D는 4순위에 해당하는 E에 비해 최대 4년 더 거주할 수 있다.

79 다음 상황을 보고 〈보기〉의 설명 중 F에 대한 설명으로 옳지 않은 것을 모두 고른 것은?

〈상황〉

- F는 현재 부산에 소재한 대학교에 재학 중인 만 27세, 무주택 세대주이다.
- F의 월평균소득은 2019년 가구당 월평균 소득의 90%이다.
- F는 3인 공동거주 형태의 주거를 선호한다.
- F는 삼척시에서 출생하였다.
- F는 대학 소재지의 공급신청지역에 청년전세임대 신청을 하였다.

〈보기〉

ㄱ. F가 장애등급을 부여받는다면 입주자격 1순위가 된다.
ㄴ. F가 청년전세임대 입주 시 적용받을 임대보증금은 100만 원이다.
ㄷ. F가 전세지원금 한도액을 모두 지원받는다면, F가 납부할 임대료는 연간 1,000만 원 이상이다.

① ㄱ
② ㄷ
③ ㄱ, ㄴ
④ ㄴ, ㄷ
⑤ ㄱ, ㄴ, ㄷ

80 다음 기사를 읽고 이해한 내용으로 옳은 것을 〈보기〉에서 모두 고르면?

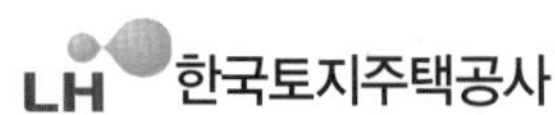	**보도자료**	배포일	2020. 07. 20(월)
		담당부서	공공주택전기처
		담당자	노OO 부장

LH, 장기임대주택에 스마트홈 서비스 전면 적용

LH는 편리하고 안전한 주거 환경 조성을 위해 장기임대주택에 스마트홈 서비스를 전면 적용한다고 밝혔다. LH는 분양주택뿐만 아니라 임대주택 입주민에게도 스마트홈 서비스를 제공하기 위해 2018년부터 시흥은계 A – 2블록 등 8개 지구(5,000세대)에 대해 임대주택 스마트홈 서비스를 시범 적용해 왔으며, 정부의 한국형 뉴딜 정책에 부응해 디지털 산업 활성화에 기여하고, 소외계층 정보 격차를 해소하기 위해 2020년 하반기부터 그 대상을 전체 장기임대주택으로 확대하기로 했다.

스마트홈 서비스의 기반이 될 LH 스마트홈 플랫폼은 2021년 9월 준공을 목표로 현재 개발 중이다. 이 플랫폼에는 음성 인식, AI, 빅데이터 등 최신 정보·통신 기술(ICT)이 접목되며, 통신 규격은 국제표준이 적용돼 입주민들이 어떤 가전제품이나 통신사를 사용하든 원활하게 스마트홈 기기를 제어하게 될 전망이다. 향후 스마트홈 서비스가 전면 적용되면 LH 임대주택 입주민들은 스마트홈 제품(월패드)이나 휴대폰 앱을 통해 난방·조명을 자동 조절하여 에너지를 절감하고, 가스 제어, 문 열림 감지 기능을 통해 보다 안전한 삶을 누리게 된다.

LH 스마트홈 플랫폼은 이외에도 건강·생활·기상 등 맞춤형 건강 정보를 제공하고, 건강 위험 요인이 있는 입주민에게는 보건소와 연계한 전문가 상담을 제공해 건강 관리를 도울 전망이다. 이외에도 독서 기부, 만보 걷기 기부 등 입주민들이 일상생활 속에서 기부 포인트를 쌓을 수 있는 플랫폼을 구축하는 등 다양한 확장 서비스 개발이 진행되고 있다. 임대주택 스마트홈 서비스는 2020년 하반기 발주하는 국민·영구임대, 행복주택 등 건설임대주택부터 적용될 예정이다.

LH 공공주택전기처장은 "스마트홈 서비스 보급이 입주민의 삶의 질 향상에 도움이 될 것으로 기대한다. 더불어 LH는 스마트홈 산업 발전을 위해 건설사, 통신사, 가전사 등이 참여하는 협의체를 운영 중으로, 관련 서비스가 더욱 발전할 수 있도록 앞장서겠다."라고 말했다.

〈보기〉

㉠ LH는 2018년부터 모든 임대주택 입주민에게 스마트홈 서비스를 제공하고 있다.

㉡ 음성 인식, 인공지능(AI), 빅데이터 등 첨단 기술이 적용된 LH 스마트홈 플랫폼은 개발이 완료되었다.

㉢ 어떤 가전제품이나 통신사를 사용하든지 입주민들은 LH 스마트홈 플랫폼을 원활하게 이용할 수 있을 것이다.

㉣ LH는 스마트홈 플랫폼 외에도 입주민이 일상생활 속에서 기부 포인트를 쌓을 수 있는 플랫폼을 개발하고 있다.

㉤ LH는 국민·영구임대, 행복주택 등 건설임대주택에 대한 스마트홈 서비스 도입 시기를 2021년 9월 이후로 예상하고 있다.

① ㉠, ㉡　　② ㉡, ㉣

③ ㉢, ㉣　　④ ㉠, ㉢, ㉤

⑤ ㉡, ㉢, ㉤

합격의공식
시대
에듀

제2회 한국토지주택공사

NCS 직무능력검사

〈문항 및 시험시간〉

평가영역	문항 수	시험시간	모바일 OMR 답안분석
[NCS] 의사소통능력 / 수리능력 / 문제해결능력 [전공] 직업기초능력평가 심화	80문항	80분	

한국토지주택공사 신입사원 필기시험

제2회 직무능력검사

문항 수 : 80문항
시험시간 : 80분

제1영역 직업기초능력평가

01 다음 글의 주제로 가장 적절한 것은?

경제학에서는 한 재화나 서비스 등의 공급이 기업에 집중되는 양상에 따라 시장 구조를 크게 독점시장, 과점시장, 경쟁시장으로 구분하고 있다. 소수의 기업이 공급의 대부분을 차지할수록 독점시장에 가까워지고, 다수의 기업이 공급을 나누어 가질수록 경쟁시장에 가까워진다. 이렇게 시장 구조를 구분하기 위해서 사용하는 지표 중의 하나가 바로 '시장집중률'이다.

시장집중률을 이해하기 위해서는 먼저 '시장점유율'에 대한 이해가 있어야 한다. 시장점유율이란 시장 안에서 특정 기업이 차지하고 있는 비중을 의미하는데, 생산량, 매출액 등을 기준으로 측정할 수 있다. Y기업의 시장점유율을 생산량 기준으로 측정한다면 '(Y기업의 생산량)÷(시장 내 모든 기업의 생산량의 총합)×100'으로 나타낼 수 있다.

시장점유율이 시장 내 한 기업의 비중을 나타내 주는 수치라면, 시장집중률은 시장 내 일정 수의 상위 기업들이 차지하는 비중을 나타내 주는 수치, 즉 일정 수의 상위 기업의 시장점유율을 합한 값이다. 몇 개의 상위 기업을 기준으로 삼느냐는 나라마다 자율적으로 결정하고 있는데, 우리나라에서는 상위 3대 기업의 시장점유율을 합한 값을, 미국에서는 상위 4대 기업의 시장점유율을 합한 값을 시장집중률로 채택하여 사용하고 있다. 이렇게 산출된 시장집중률을 통해 시장 구조를 구분해 볼 수 있는데, 시장집중률이 높으면 그 시장은 공급이 소수의 기업에 집중되어 있는 독점시장으로 구분하고, 시장집중률이 낮으면 공급이 다수의 기업에 의해 분산되어 있는 경쟁시장으로 구분한다. 한국개발연구원에서는 어떤 산업에서의 시장집중률이 80% 이상이면 독점시장, 60% 이상 80% 미만이면 과점시장, 60% 미만이면 경쟁시장으로 구분하고 있다.

시장집중률을 측정하는 기준에는 여러 가지가 있기 때문에 어느 것을 기준으로 삼느냐에 따라 측정 결과에 차이가 생기며 이에 대한 경제학적인 해석도 달라진다. 어느 시장의 시장집중률을 '생산량' 기준으로 측정했을 때 A, B, C기업이 상위 3대 기업이고 시장집중률이 80%로 측정되었다고 하더라도, '매출액' 기준으로 측정했을 때는 D, E, F기업이 상위 3대 기업이 되고 시장집중률이 60%가 될 수도 있다.

이처럼 시장집중률은 시장 구조를 구분하는 데 매우 유용한 지표이며, 이를 통해 시장 내의 공급이 기업에 집중되는 양상을 파악해 볼 수 있다.

① 시장 구조의 변천사
② 시장집중률의 개념과 의의
③ 독점시장과 경쟁시장의 비교
④ 우리나라 시장점유율의 특성
⑤ 시장집중률을 확대하기 위한 방안

02 다음 글의 서술상 특징으로 올바른 것은?

광고는 문화 현상이다. 이 점에 대해서 의심하는 사람은 거의 없다. 그럼에도 불구하고 많은 사람들이 광고를 단순히 경제적인 영역에서 활동하는 상품 판매 도구로만 인식하고 있다. 이와 같이 광고를 경제현상에 집착하여 논의하게 되면 필연적으로 극단적인 옹호론과 비판론으로 양분될 수밖에 없다. 예컨대, 옹호론에서 보면 마케팅적 설득이라는 긍정적 성격이 부각되는 반면, 비판론에서는 이데올로기적 조작이라는 부정적 성격이 두드러지는 이분법적 대립이 초래된다는 것이다.
물론 광고는 숙명적으로 상품의 판촉수단으로서의 굴레를 벗어날 수 없다. 상품광고가 아닌 공익광고나 정치광고 등도 현상학적으로는 상품의 판매를 위한 것이 아니라 할지라도, 본질적으로 상품과 다를 바 없이 이념과 슬로건, 그리고 정치적 후보들을 판매하고 있다.
그런데 현대적 의미에서 상품 소비는 물리적 상품 교환에 그치는 것이 아니라 기호와 상징들로 구성된 의미 교환 행위로 파악된다. 따라서 상품은 경제적 차원에만 머무르는 것이 아니라 문화적 차원에서 논의될 필요가 있다. 현대사회에서 상품은 기본적으로 물질적 속성의 유용성과 문제적 속성의 상징성이 이중적으로 중첩되어 있다. 더구나 최근 상품의 질적인 차별이 없어짐으로써 상징적 속성이 더욱더 중요하게 되었다.
현대 광고에 나타난 상품의 모습은 초기 유용성을 중심으로 물질적 기능이 우상으로 숭배되는 모습에서, 근래 상품의 차이가 사람의 차이가 됨으로써 기호적 상징이 더 중요시되는 토테미즘 양상으로 변화되었다고 한다. 이와 같은 광고의 상품 '채색' 활동 때문에 현대사회의 지배적인 '복음'은 상품의 소유와 소비를 통한 욕구 충족에 있다는 비판을 받는다. 광고는 상품과 상품이 만들어 놓은 세계를 미화함으로써 개인의 삶과 물질적 소유를 보호하기 위한 상품 선택의 자유와 향락을 예찬한다.
이러한 맥락에서 오늘날 광고는 소비자와 상품 사이에서 일어나는 일종의 담론이라고 할 수 있다. 광고 읽기는 단순히 광고를 수용하거나 해독하는 행위에 그치지 않고 '광고에 대한 비판적인 안목을 갖고 비평을 시도하는 것'을 뜻한다고 할 수 있다.

① 대상을 새로운 시각으로 바라보고, 이해할 수 있게 하였다.
② 대상의 의미를 통시적 관점으로 고찰하고 있다.
③ 대상의 문제점을 파악하고 나름의 해결책을 모색하고 있다.
④ 대상에 대한 견해 중 한쪽에 치우쳐 논리를 전개하고 있다.
⑤ 대상에 대한 상반된 시각을 예시를 통해 소개하고 있다.

03 다음 글의 글쓰기 전략으로 가장 적절한 것은?

고객은 제품의 품질에 대해 나름의 욕구를 가지고 있다. 카노는 품질에 대한 고객의 욕구와 만족도를 설명하는 모형을 개발하였다. 카노는 일반적으로 고객이 세 가지 욕구를 가지고 있다고 하였다. 그는 그것을 각각 기본적 욕구, 정상적 욕구, 감동적 욕구라고 지칭했다.

기본적 욕구는 고객이 가지고 있는 가장 낮은 단계의 욕구로, 그들이 구매하는 제품이나 서비스에 당연히 포함되어 있을 것으로 기대되는 특성들이다. 만약 이런 특성들이 제품이나 서비스에 결여되어 있다면, 고객은 예외 없이 크게 불만족스러워 한다. 그러나 기본적 욕구가 충족되었다고 해서 고객이 만족감을 느끼는 것은 아니다. 정상적 욕구는 고객이 직접 요구하는 욕구로, 이 욕구가 충족되지 못하면 고객은 불만족스러워 한다. 그러나 이 욕구가 충족되면 될수록, 고객은 만족을 더 많이 느끼게 된다.

감동적 욕구는 고객이 지니고 있는 가장 높은 단계의 욕구로, 고객이 기대하지는 않는 욕구이다. 감동적 욕구가 충족되면 고객은 큰 감동을 느끼지만, 충족되지 않아도 상관없다고 생각한다. 카노는 이러한 고객의 욕구를 확인하기 위해 설문지 조사법을 제안하였다.

세 가지 욕구와 관련하여 고객이 식당에 가는 상황을 생각해 보자. 의자와 식탁이 당연히 깨끗해야 한다고 생각하는 고객은 의자와 식탁이 깨끗하다고 해서 만족감을 느끼지는 않는다. 그러나 그렇지 않으면 그 고객은 크게 불만족스러워 한다. 한편 식탁의 크기가 적당해야 만족감을 느끼는 고객은 식탁이 좁으면 불만족스러워 한다. 그러나 자신의 요구로 식탁의 크기가 적당해지면 고객의 만족도는 높아진다. 여기에 더해 꼭 필요하지는 않지만, 식탁 위에 장미가 놓여 있으면 좋겠다고 생각하는 고객이 실제로 식탁 위에 장미가 놓여 있는 것을 보면, 단순한 만족 이상의 감동을 느낀다. 그러나 이런 것이 없다고 해서 그 고객이 불만족스러워 하지는 않는다.

제품이나 서비스에 대한 고객의 기대가 항상 고정적이지는 않다. 고객의 기대는 시간이 지남에 따라 바뀐다. 즉, 감동적 욕구를 충족시킨 제품이나 서비스의 특성은 시간이 지나면 정상적 욕구를 충족시키는 특성으로, 시간이 더 지나면 기본적 욕구만을 충족시키는 특성으로 바뀐다. 또한, 고객의 욕구는 일정한 단계를 지닌다. 고객의 기본적 욕구를 충족시키지 못하는 제품은 고객의 정상적 욕구를 절대로 충족시킬 수 없다. 마찬가지로 고객의 정상적 욕구를 충족시키지 못하는 제품은 고객의 감동적 욕구를 충족시킬 수 없다.

① 구체적인 사례를 들어 독자의 이해를 돕고 있다.
② 대상의 변화 과정과 그것의 문제점을 언급하고 있다.
③ 화제와 관련한 질문을 통해 독자의 관심을 환기하고 있다.
④ 개념 사이의 장단점을 비교하여 차이점을 부각하고 있다.
⑤ 이론이 등장하게 된 사회적 배경을 구체적으로 소개하고 있다.

04 (가)와 (나)의 논점을 정확하게 파악하지 못한 것은?

(가) 좌절과 상실을 당하여 상대방에 대해 외향적 공격성을 보이는 원(怨)과 무력한 자아를 되돌아보고 자책하고 한탄하는 내향적 공격성인 탄(嘆)이 한국의 고유한 정서인 한(恨)의 기점이 되고 있다. 이러한 것들은 체념의 정서를 유발할 수 있다. 이른바 한국적 한에서 흔히 볼 수 있는 소극적・퇴영적인 자폐성과 허무주의, 패배주의 등은 이러한 체념적 정서의 부정적 측면이다. 그러나 체념에 부정적인 것만 있는 것은 아니다. 오히려 체념에 철저함으로써 달관의 경지에 나아갈 수 있다. 세상의 근원을 바라볼 수 있는 관조의 눈이 열리게 되는 것이다. 여기서 더욱 중요하게 보아야 하는 것이 한국적 한의 또 다른 내포이다. 그것은 바로 '밝음'에 있다. 한이 세상과 자신에 대한 공격성을 갖는 것이 아니라 오히려 세계와 대상에 대하여 연민을 갖고, 공감할 수 있는 풍부한 감수성을 갖는 경우가 있다. 이를 '정(情)으로서의 한'이라고 할 수 있다. 또한, 한이 간절한 소망과 연결되기도 한다. 결핍의 상황으로 인한 한이 그에 대한 강한 욕구 불만에 대한 반사적 정서로서의 간절한 소원을 드러내는 것이다. 이것이 '원(願)으로서의 한'이다.

(나) 한국 민요가 슬픈 노래라고 하는 것은 민요를 면밀하게 관찰하고 분석하여 내린 결론은 아니다. 겉으로 보아서는 슬프지만 슬픔과 함께 해학을 가지고 있어서 민요에서의 해학은 향유자들이 슬픔에 빠져 들어가지 않도록 차단하는 구실을 하고 있다. 예컨대 "나를 버리고 가시는 님은 십 리도 못 가서 발병 났네."라고 하는 아리랑 사설 같은 것은 이별의 슬픔을 말하면서도 "십 리도 못 가서 발병 났네."라는 해학적 표현을 삽입하여 이별의 슬픔을 차단하며 단순한 슬픔에 머무르지 않는 보다 복잡한 의미 구조를 창조한다. 아무리 비장한 민요라고 하더라도 해학의 계속적인 개입이 거의 예외 없이 이루어진다. 한국 민요의 특징이나 한국적 미의식의 특징을 한마디 말로 규정하겠다는 의도를 버리지 않는다면, 차라리 해학을 드는 편이 무리가 적지 않을까 한다. 오히려 비애 또는 한이라고 하는 것을 대량으로 지니고 있는 것은 일부의 현대시와 일제하의 유행가이다. 김소월의 시도 그 예가 될 수 있고, '황성 옛터', '타향살이' 등의 유행가를 생각한다면 사태는 분명하다. 이런 것들에는 해학을 동반하지 않은 슬픔이 확대되어 있다.

① 한국 문화의 중요한 지표로 (가)는 한을, (나)는 해학을 들고 있다.
② (가)는 한의 긍정적 측면을 강조하였다면, (나)는 한의 부정적 측면을 전제하고 있다.
③ (가)는 한을 한국 문화의 원류적인 것으로, (나)는 시대에 따른 현상으로 보고 있다.
④ (가)는 한의 부정적 측면을 지양할 것을, (나)는 해학의 전통을 재평가할 것을 강조한다.
⑤ (가)는 한이 갖는 내포를 분류하였고, (나)는 민요를 중심으로 해학의 근거를 찾았다.

05 다음 중 빈칸에 들어갈 말로 가장 적절한 것은?

탁월함은 어떻게 습득되는가, 그것을 가르칠 수 있는가? 이 물음에 대하여 아리스토텔레스는 지성의 탁월함은 가르칠 수 있지만, 성품의 탁월함은 비이성적인 것이어서 가르칠 수 없고, 훈련을 통해서 얻을 수 있다고 대답한다.

그는 좋은 성품을 얻는 것을 기술을 습득하는 것에 비유한다. 그에 따르면, 리라(Lyra)를 켬으로써 리라를 켜는 법을 배우며 말을 탐으로써 말을 타는 법을 배운다. 어떤 기술을 얻고자 할 때 처음에는 교사의 지시대로 행동한다. 그리고 반복 연습을 통하여 그 행동이 점점 더 하기 쉽게 되고 마침내 제2의 천성이 된다. 이와 마찬가지로 어린아이는 어떤 상황에서 어떻게 행동해야 진실되고 관대하며 예의를 차리게 되는지 일일이 배워야 한다. 훈련과 반복을 통하여 그런 행위들을 연마하다 보면 그것들을 점점 더 쉽게 하게 되고, 결국에는 스스로 판단할 수 있게 된다.

그는 올바른 훈련이란 강제가 아니고 그 자체가 즐거움이 되어야 한다고 지적한다. 또한, 그렇게 훈련받은 사람은 일을 바르게 처리하는 것을 즐기게 되고, 일을 바르게 처리하고 싶어하게 되며, 올바른 일을 하는 것을 어려워하지 않게 된다. 이처럼 성품의 탁월함이란 사람들이 '하는 것'만이 아니라 사람들이 '하고 싶어 하는 것'과도 관련된다. 그리고 한두 번 관대한 행동을 한 것으로 충분하지 않으며, 늘 관대한 행동을 하고 그런 행동에 감정적으로 끌리는 성향을 갖고 있어야 비로소 관대함에 관하여 성품의 탁월함을 갖고 있다고 할 수 있다.

다음과 같은 예를 통해 아리스토텔레스의 견해를 생각해 보자. 갑돌이는 성품이 곧고 자신감이 충만하다. 그가 한 모임에 참석하였는데, 거기서 다수의 사람들이 옳지 않은 행동을 한다고 생각했을 때, 그는 다수의 행동에 대하여 비판의 목소리를 낼 것이며 그렇게 하는 데에 별 어려움을 느끼지 않을 것이다. 한편, 수줍어하고 우유부단한 병식이도 한 모임에 참석하였는데, 그 역시 다수의 행동이 잘못되었다는 판단을 했다고 하자. 이런 경우에 병식이는 일어나서 다수의 행동이 잘못되었다고 말할 수 있겠지만, 그렇게 하려면 엄청난 의지를 발휘해야 할 것이고 자신과 힘든 싸움도 해야 할 것이다. 그런데도 병식이가 그렇게 행동했다면 우리는 병식이가 용기있게 행동하였다고 칭찬할 것이다. 그러나 아리스토텔레스가 보기에 성품의 탁월함을 가진 사람은 갑돌이다. 왜냐하면 ____________________

우리가 어떠한 사람을 존경할 것인가가 아니라, 우리 아이를 어떤 사람으로 키우고 싶은가라는 질문을 받는다면 우리는 아리스토텔레스의 견해에 가까워질 것이다. 왜냐하면 우리는 우리 아이들을 갑돌이와 같은 사람으로 키우고 싶어 할 것이기 때문이다.

① 그는 내적인 갈등이 없이 옳은 일을 하기 때문이다.
② 그는 옳은 일을 하는 천성을 타고났기 때문이다.
③ 그는 주체적 판단에 따라 옳은 일을 하기 때문이다.
④ 그는 자신이 옳다는 확신을 가지고 옳은 일을 하기 때문이다.
⑤ 그는 다른 사람들의 칭찬을 의식하지 않고 옳은 일을 하기 때문이다.

06 다음은 한국토지주택공사에서 개최한 민간협력 공공주택 사업 활성화 대토론회에 관한 글이다. 다음 (가)~(라) 문단을 논리적인 순서에 맞게 나열한 것은?

(가) 토론회에서는 '민간협력사업 활성화 전략 및 비전'을 주제로 학계, 업계 및 LH로 구성된 패널들의 열띤 토론을 진행하고, 민간참여형 공공주택 사업 및 시공책임형CM 사업의 추진현황, 주요성과를 공유했다.

(나) 또한, 시공책임형CM은 시공사가 설계단계부터 참여하여 시공 노하우를 설계에 미리 반영하고, 발주자와 계약한 공사비 상한 내에서 책임지고 공사를 수행하는 제도로 LH는 2017년부터 14개 블록, 1만 3천 호를 발주하여 주택건설 품질확보 및 참여자 간 협력을 통해 건설 산업 경쟁력을 강화해왔다.

(다) 민간참여형 공공주택은 LH가 토지를 투자하고 민간사업자가 공공주택을 건설 및 분양하여 수익 및 리스크를 상호 배분하는 사업방식으로, 별도의 부채 증가 없이 그간 34개 블록, 2만 9천 호의 공공주택을 공급했다.

(라) 한국토지주택공사(LH)는 22일 경기지역본부에서 건설사, 설계사, 협회, 학계 등 관계전문가가 참석한 가운데 '민간협력 공공주택 사업 활성화를 위한 대토론회'를 개최했다. 이번 대토론회는 민간협력 공공주택 사업의 성공적인 추진을 위해 경쟁력 있는 중소기업에게 참여기회를 확대하고, 이를 통해 상생성장 및 일자리 창출을 도모하기 위해 마련되었다.

(마) LH는 이번 토론회에서 나온 다양한 아이디어와 건의사항을 검토하여 향후 제도 및 업무 개선에 적극적으로 반영할 계획이다.

① (나) – (다) – (마) – (가) – (라)
② (나) – (다) – (가) – (마) – (라)
③ (라) – (가) – (나) – (다) – (마)
④ (라) – (가) – (다) – (나) – (마)
⑤ (라) – (다) – (나) – (가) – (마)

07 다음 중 빈칸에 들어갈 말로 가장 적절한 것은?

힐링(Healing)은 사회적 압박과 스트레스 등으로 손상된 몸과 마음을 치유하는 방법을 포괄적으로 일컫는 말이다. 우리보다 먼저 힐링이 정착된 서구에서는 질병 치유의 대체 요법 또는 영적·심리적 치료 요법 등을 지칭하고 있다. 국내에서도 최근 힐링과 관련된 갖가지 상품이 유행하고 있다. 간단한 인터넷 검색을 통해 수천 가지의 상품을 확인할 수 있을 정도이다. 종교적 명상, 자연 요법, 운동 요법 등 다양한 형태의 힐링 상품이 존재한다. 심지어 고가의 힐링 여행이나 힐링 주택 등의 상품도 나오고 있다. 그러나 ________________ 우선 명상이나 기도 등을 통해 내면에 눈뜨고, 필라테스나 요가를 통해 육체적 건강을 회복하여 자신감을 얻는 것부터 출발할 수 있다.

① 힐링이 먼저 정착된 서구의 힐링 상품들을 참고해야 할 것이다.
② 많은 돈을 들이지 않고서도 쉽게 할 수 있는 일부터 찾는 것이 좋을 것이다.
③ 이러한 상품들의 값이 터무니없이 비싸다고 느껴지지는 않을 것이다.
④ 자신을 진정으로 사랑하는 법을 알아야 할 것이다.
⑤ 혼자만 할 수 있는 힐링 상품을 찾는 것보다는 다른 사람과 함께 하는 힐링 상품을 찾는 것이 좋을 것이다.

08 다음은 한국토지주택공사에서 추진 중인 문화재조사사업에 대한 자료이다. 다음 자료를 읽고 이해한 것으로 옳은 것은?

〈문화재조사사업〉

• 개요

한국토지주택공사는 1993년에 공기업 최초로 문화재 전담팀을 구성하여 사업시행 이전 단계부터 문화재 보존 대책을 수립・시행하여 왔으며, 1997년에는 토지박물관을, 2005년에는 주택도시박물관을 개관하여 관련 유물과 자료를 전시・관리 및 보호 사업을 적극적으로 수행하여 왔습니다. 2009년 역사적인 한국토지주택공사로 거듭나면서 기존의 박물관을 토지주택박물관으로 재개관하고, 문화재 보존과 조화로운 국토개발・도시건설을 위해 노력하고 있습니다.

• 개발단계별 문화재 보호

1) 후보지 조사・선정(사전지표조사) : 문화재 전문가가 현장을 사전 답사하여 사업지구 지표 관찰을 통해 지표상의 지정문화재를 파악한 후 개발로 인한 문화재 주변 경관피해를 사전 검토하고 보호대책을 수립하여 반영합니다. 동시에 육안으로 파악할 수 있는 대규모 매장문화재 지역과 중요한 비지정 문화재를 확인하여, 사업지구에서 제외하거나 공원화하는 등의 대책을 수립하여 반영합니다.
2) 조사 설계(지표조사) : 이 단계는 사업지구가 지정되고 난 후 땅을 굴착하지 않고 사업지구에 대한 토지이용계획을 수립하는 단계로, 문화재 조사 절차상 지표조사를 할 수 있습니다. 문화재청에서 고시한 전문조사기관에 의뢰하여 조사를 실시한 후 주요문화재가 확인되면 사업지구에서 제척 또는 공원지역으로 토지이용계획을 수립하여 문화재를 보호 및 보존합니다.
3) 보상착수(발굴조사) : 지표조사에서 확인된 문화재 지역을 토지보상 혹은 토지소유자의 사용동의를 받아 시굴 및 발굴조사를 실시한 후 전문가 검토 회의를 통하여 유적을 보존하거나 이전하는 등의 대책을 결정합니다.
4) 착공 후, 준공 전(보존조치이행) : 시굴・발굴조사를 통해 보존하기로 결정된 문화재는 훼손되지 않도록 조치를 취한 후 그대로 현장에 보존합니다. 시굴・발굴조사로 이전복원 유적으로 결정된 문화재는 공사착공 및 준공 단계에서 공원지역에 유적공원 조성과 전시관을 건립하여 지역주민들의 중요한 교육자료로 활용합니다.

① 한국토지주택공사는 1993년 공기업 최초로 문화재 전담팀을 구성하면서 함께 토지주택박물관을 개관하였다.
② 한국토지주택공사의 의뢰를 받은 사업지구의 지자체는 지표조사를 통해 사업지구 내 주요문화재를 확인한다.
③ 보상착수 단계 이전까지는 땅을 굴착하지 않으며, 시굴 및 발굴조사는 토지보상 이후 실시한다.
④ 문화재 지역에서 시굴 및 발굴조사를 실시한 경우 공사는 반드시 토지소유자에게 이를 통보해야 한다.
⑤ 시굴・발굴조사를 통해 보존하기로 결정된 문화재는 인근 박물관으로 이송하여 보존한다.

09 K대리는 회의가 끝난 후 〈회의록〉을 정리하여 협력 부서에 업무 협의 메일을 보내려고 한다. 다음 중 K대리가 작성할 메일의 제목으로 적절하지 않은 것은?

〈회의록〉

1. 회의개요

일시	2019. 8. 2. 14:00 ~ 16:30	장소	성수사옥 2층 회의실
작성자	사업팀 K대리	작성일	2019. 8. 2.
참석자	사업팀 : 윤기주 과장, 수급팀 : 이종원 대리, 장비팀 : 강혁진 과장 개발팀 : 박우남 대리, 검수팀 : 한영식 대리		
안건	A경기 VOD 서비스 신속 프로세스 구축 방안 모색		

2. 회의내용

회의내용	1. 서비스 전 장비 오류 점검 – 각 장비에 대한 사전 오류점검을 통해 장비 결함으로 인해 발생하는 오류를 줄인다. 2. 실시간 캡처 및 백업 캡처, 방송국 수신 등 여러 가지 보안 대책을 마련 – 영상에 결함이 있을 시 즉각적으로 대체 영상을 사용할 수 있도록 준비한다. 3. 업로드 서비스 속도 향상 – 스포츠 국가대표 경기 기간 동안 송출 서버 우선순위 배정 및 신속한 영상 암호화 작업을 진행할 수 있도록 지정 서버를 배정한다. 4. 서비스 진행 시 검수팀 상시 모니터링 – 서비스 된 영상은 검수팀에서 즉각적으로 검수하고 오류가 있을 시 신속하게 조치할 수 있도록 사전 준비를 철저히 한다.
결정사항	1. 전체 서버 및 장비점검 일정 조율 2. 방송국 및 백업 캡처 관리자와 사전협의 3. 암호화 툴 속도 업그레이드 가능 여부 파악 및 업그레이드 진행 4. 검수팀 근무 조율 협의
향후일정	8/9(금) 14:00 2층 회의실에서 회의 예정
특이사항	–

① 장비팀 – 전체 서버 및 장비 점검 일정 협의
② 수급팀 – 영상 송출 시 에러코드 관련 지식 점검
③ 개발팀 – 암호화 툴 속도 업그레이드 가능 여부 점검
④ 검수팀 – 상시 모니터링으로 인한 기간 내에 근무 시간 협의
⑤ 사업팀 – 방송국 관리자와 VOD 수신 등에 대한 관련 사전 협의

※ A회사에서 특허 관련 업무를 담당하고 있는 B씨는 주요 약관을 요약하여 정리하고 고객 질문에 응대하는 역할을 한다. 주요 약관을 보고 이어지는 질문에 답하시오. [10~11]

〈주요 약관〉

1. 특허 침해죄
   ① 특허권을 침해한 자는 7년 이하의 징역 또는 1억 원 이하의 벌금에 처한다.
   ② 제1항의 죄는 고소가 있어야 한다.
2. 위증죄
   이 법의 규정에 의하여 선서한 증인·감정인 또는 통역인이 특허심판원에 대하여 허위의 진술·감정 또는 통역을 했을 때는 5년 이하의 징역 또는 1천만 원 이하의 벌금에 처한다.
3. 거짓행위의 죄
   거짓이나 기타 부정한 행위로써 특허청으로부터 특허의 등록이나 특허권의 존속기간 연장등록을 받은 자 또는 특허심판원의 심결을 받은 자는 3년 이하의 징역 또는 2천만 원 이하의 벌금에 처한다.
4. 양벌규정
   법인의 대표자나 법인 또는 개인의 대리인, 사용인, 그 밖의 종업원이 그 법인 또는 개인의 업무에 관하여 특허침해죄, 사위행위의 죄의 어느 하나에 해당하는 위반행위를 하면 그 행위자를 벌하는 외에 그 법인에는 다음 각호의 어느 하나에 해당하는 벌금형을, 그 개인에게는 해당 조문의 벌금형을 과(科)한다. 다만 법인 또는 개인이 그 위반행위를 방지하기 위하여 해당 업무에 관하여 상당한 주의와 감독을 게을리하지 아니한 경우에는 그러하지 아니하다.
   ① 특허 침해죄의 경우 : 3억 원 이하의 벌금
   ② 거짓행위죄의 경우 : 6천만 원 이하의 벌금

10 B씨는 주요 약관을 바탕으로 다음과 같이 작성된 질문에 응대했다. 답변 내용 중 옳지 않은 것은?

Q&A 게시판
Q. 특허권을 침해당한 것 같은데 어떻게 해야 처벌이 가능한가요?
A. ① 특허 침해죄로 처벌하기 위해서는 고소가 있어야 합니다.
Q. 거짓행위로써 특허심판원의 심결을 받은 경우 처벌 규정이 어떻게 되나요?
A. ② 3년 이하의 징역 또는 2천만 원 이하의 벌금에 처해집니다.
Q. 제 발명품을 특허무효사유라고 선서한 감정인의 내용이 허위임이 밝혀졌습니다. 어떻게 처벌이 가능한가요?
A. ③ 감정인의 처벌을 위해서는 고소의 절차를 거쳐야 합니다.
Q. 법인의 대표자로서 특허침해죄 행위로 고소를 당하고, 벌금까지 내야한다고 하는데 벌금이 어느 정도인가요?
A. ④ 양벌규정에 의해 특허 침해죄의 경우 3억 원 이하의 벌금에 처해집니다.
Q. 특허권을 침해한 자에 대한 처벌 규정은 어떻게 되나요?
A. ⑤ 특허권을 침해한 자는 7년 이하의 징역 또는 1억 원 이하의 벌금에 처해집니다.

11 B씨는 다음과 같은 상황이 발생해 주요 약관을 찾아보려고 한다. 다음 상황에 적용되는 약관 조항은?

> 당해 심판에서 선서한 감정인 병은 갑의 발명품이 특허무효사유에 해당한다는 내용의 감정을 하였다. 그 후 당해 감정이 허위임이 밝혀지고 달리 특허무효사유가 없음을 이유로 특허심판원은 갑에 대한 특허권의 부여는 유효라고 심결하였다.

① 특허 침해죄
② 위증죄
③ 사위행위죄
④ 양벌규정
⑤ 특허무효심판

12 다음 글의 내용이 어떤 주장을 비판하는 논거일 때, 적절한 것은?

> '모래언덕'이나 '바람'같은 개념은 매우 모호해 보인다. 작은 모래 무더기가 모래언덕이라고 불리려면 얼마나 높이 쌓여야 하는가? 바람이 되려면 공기는 얼마나 빨리 움직여야 하는가?
> 그러나 지질학자들이 관심이 있는 대부분의 문제 상황에서 이런 개념들은 아무 문제없이 작동한다. 더 높은 수준의 세분화가 요구될 만한 맥락에서는 그때마다 '30m에서 40m 사이의 높이를 가진 모래언덕'이나 '시속 20km와 시속 40km 사이의 바람'처럼 수식어구가 달린 표현이 과학적 용어의 객관적인 사용을 뒷받침한다.
> 물리학 같은 정밀과학에서도 사정은 비슷하다. 물리학의 한 연구 분야인 저온물리학은 저온현상, 즉 초전도 현상을 비롯하여 절대온도 0K인 −273.16℃ 부근의 저온에서 나타나는 흥미로운 현상들을 연구한다. 그렇다면 정확히 몇 도부터 저온인가? 물리학자들은 이 문제를 놓고 다투지 않는다. 때로는 이 말이 헬륨의 끓는점(−268.6℃) 같은 극저온 근방을 가리키는가 하면, 질소의 끓는점(−195.8℃)이 기준이 되기도 한다.
> 과학자들은 모호한 것을 싫어한다. 모호성은 과학의 정밀성을 훼손할 뿐만 아니라 궁극적으로 과학의 객관성을 약화하기 때문이다. 그러나 모호성에 대응하는 길은 모든 측정의 오차를 0으로 만드는 데 있는 것이 아니라 대화를 통해 그 상황에 적절한 합의를 하는 데 있다.

① 과학의 정확성은 측정기술의 정확성에 달려 있다.
② 물리학 같은 정밀과학에서도 오차는 발생하기 마련이다.
③ 과학의 발달은 과학적 용어체계의 변화를 유발할 수 있다.
④ 과학적 언어의 객관성은 그 언어가 사용되는 맥락 속에서 확보된다.
⑤ 과학적 언어의 객관성은 용어의 엄밀하고 보편적인 정의에 의해서만 보장된다.

13 다음 글의 빈칸에 들어갈 말을 〈보기〉에서 골라 순서에 맞게 나열한 것은?

『정의론』을 통해 현대 영미 윤리학계에 정의에 대한 화두를 던진 사회철학자 '롤즈'는 전형적인 절차주의적 정의론자이다. 그는 정의로운 사회 체제에 대한 논의를 주도해온 공리주의가 소수자 및 개인의 권리를 고려하지 못한다는 점에 주목하여 사회계약론적 토대 하에 대안적 정의론을 정립하고자 하였다.
롤즈는 개인이 정의로운 제도하에서 자유롭게 자신들의 욕구를 추구하기 위해서는 ______(가)______ 등이 필요하며 이는 사회의 기본 구조를 통해서 최대한 공정하게 분배되어야 한다고 생각했다. 그리고 이를 실현할 수 있는 사회 체제에 대한 논의가, 자유롭고 평등하며 합리적인 개인들이 모두 동의할 수 있는 원리들을 탐구하는 데에서 출발해야 한다고 보고 '원초적 상황'의 개념을 제시하였다.
'원초적 상황'은 정의로운 사회 체제의 기본 원칙들을 선택하는 합의 당사자들로 구성된 가설적 상황으로, 이들은 향후 헌법과 하위 규범들이 따라야 하는 가장 근본적인 원리들을 합의한다. '원초적 상황'에서 합의 당사자들은 ______(나)______ 등에 대한 정보를 모르는 상태에 놓이게 되는데 이를 '무지의 베일'이라고 한다. 단, 합의 당사자들은 ______(다)______와/과 같은 사회에 대한 일반적 지식을 알고 있으며, 공적으로 합의된 규칙을 준수하고, 합리적인 욕구를 추구할 수 있는 존재로 간주된다. 롤즈는 이러한 '무지의 베일' 상태에서 사회 체제의 기본 원칙들에 만장일치로 합의하는 것이 보장된다고 생각하였다. 또한, 무지의 베일을 벗은 후에 겪을지 모를 피해를 우려하여 합의 당사자들이 자신의 피해를 최소화할 수 있는 내용을 계약에 포함시킬 것으로 보았다.
위와 같은 원초적 상황을 전제로 합의 당사자들은 정의의 원칙들을 선택하게 된다. 제1원칙은 모든 사람이 다른 개인들의 자유와 양립 가능한 한도 내에서 '기본적 자유'에 대한 평등한 권리를 갖는다는 것인데, 이를 '자유의 원칙'이라고 한다. 여기서 롤즈가 말하는 '기본적 자유'는 양심과 사고 표현의 자유, 정치적 자유 등을 포함한다.

〈보기〉

㉠ 자신들의 사회적 계층, 성, 인종, 타고난 재능, 취향
㉡ 자유와 권리, 임금과 재산, 권한과 기회
㉢ 인간의 본성, 제도의 영향력

	(가)	(나)	(다)
①	㉠	㉡	㉢
②	㉠	㉢	㉡
③	㉡	㉠	㉢
④	㉢	㉠	㉡
⑤	㉢	㉡	㉠

14 다음 글에서 언급한 진리론에 대한 비판으로 적절하지 않은 것은?

> 우리는 일상생활이나 학문 활동에서 '진리' 또는 '참'이라는 말을 자주 사용한다. 예를 들어 '그 이론은 진리이다.'라고 말하거나 '그 주장은 참이다.'라고 말한다. 그렇다면 우리는 무엇을 '진리'라고 하는가? 이 문제에 대한 대표적인 이론에는 대응설, 정합설, 실용설이 있다.
>
> 대응설은 어떤 판단이 사실과 일치할 때 그 판단을 진리라고 본다. 감각을 사용하여 확인했을 때 그 말이 사실과 일치하면 참이고, 그렇지 않으면 거짓이라는 것이다. 대응설은 일상생활에서 참과 거짓을 구분할 때 흔히 취하고 있는 관점으로 우리가 판단과 사실의 일치 여부를 알 수 있다고 여긴다. 우리는 특별한 장애가 없는 한 대상을 있는 그대로 정확하게 지각한다고 생각한다. 예를 들어 책상이 네모 모양이라고 할 때 감각을 통해 지각된 '네모 모양'이라는 표상은 책상이 지니고 있는 객관적 성질을 그대로 반영한 것이라고 생각한다. 그래서 '그 책상은 네모이다.'라는 판단이 지각 내용과 일치하면 그 판단은 참이 되고, 그렇지 않으면 거짓이 된다는 것이다.
>
> 정합설은 어떤 판단이 기존의 지식 체계에 부합할 때 그 판단을 진리라고 본다. 진리로 간주하는 지식 체계가 이미 존재하며, 그것에 판단이나 주장이 들어맞으면 참이고 그렇지 않으면 거짓이라는 것이다. 예를 들어 어떤 사람이 '물체의 운동에 관한 그 주장은 뉴턴의 역학의 법칙에 어긋나니까 거짓이다.'라고 말했다면, 그 사람은 뉴턴의 역학의 법칙을 진리로 받아들여 그것을 기준으로 삼아 진위를 판별한 것이다.
>
> 실용설은 어떤 판단이 유용한 결과를 낳을 때 그 판단을 진리라고 본다. 어떤 판단을 실제 행동으로 옮겨 보고 그 결과가 만족스럽거나 유용하다면 그 판단은 참이고 그렇지 않다면 거짓이라는 것이다. 예를 들어 어떤 사람이 '자기 주도적 학습 방법은 창의력을 기른다.'라고 판단하여 그러한 학습 방법을 실제로 적용해 보았다고 하자. 만약 그러한 학습 방법이 실제로 창의력을 기르는 등 만족스러운 결과를 낳았다면 그 판단은 참이 되고, 그렇지 않다면 거짓이 된다.

① 수학이나 논리학에는 경험적으로 확인하기 어렵지만 참인 명제도 있는데, 그 명제가 진리임을 입증하기 힘들다는 문제가 대응설에서는 발생한다.

② 판단의 근거가 될 수 있는 이론 체계가 아직 존재하지 않을 경우에 그 판단의 진위를 판별하기 어렵다는 문제가 정합설에서는 발생한다.

③ 새로운 주장의 진리 여부를 기존의 이론 체계를 기준으로 판단한다면, 기존 이론 체계의 진리 여부는 어떻게 판단할 수 있는지의 문제가 정합설에서는 발생한다.

④ 실용설에서는 감각으로 검증할 수 없는 존재에 대한 관념은 그것의 실체를 확인할 수 없기 때문에 거짓으로 보아야 하는 문제가 발생한다.

⑤ 실제 생활에서의 유용성은 사람이나 상황에 따라 다르기 때문에 어떤 지식의 진리 여부가 사람이나 상황에 따라 달라지는 문제가 실용설에서는 발생한다.

※ 다음 글을 읽고 이어지는 질문에 답하시오. [15~16]

서민들의 생활문화에서 생성되고, 향수되었던 민속음악에는 궁중음악이나 선비 풍류 음악과 다른 특성이 깃들어 있다. 먼저 민속음악은 기쁘고, 노엽고, 슬프고, 즐거운 마음의 변화를 드러내는 것을 주저하지 않는다. 풀어질 수 있는 데까지 풀어져 보고, 직접 음악에 뛰어들어 보는 현실적인 음악성을 추구하며, 흥과 신명은 드러내고 한(恨)을 풀어냄으로써 팍팍한 삶의 고비를 흥겹게 넘게 하는 음악, 이것이 민속음악이 지닌 큰 미덕이라고 할 수 있다.

다음으로 민속음악은 일정한 격식이나 외적인 연주 조건에 얽매이지 않기 때문에 악대의 편성과 공연방식이 매우 개방적이다. 일상에서는 한두 가지 악기로 장단과 가락에 맞추어 노래하거나 춤을 곁들이는 경우가 많고, 또한 음악에서 격식이나 사상을 표출하기보다는 음악에 개인의 생활과 감정을 담기 때문에 표현도 직접적이고 적극적인 경우가 많다. 음악의 농현이나 시김새를 변화있게 사용하여 흥과 한, 신명을 마음껏 표현한다. 음을 떨어내는 농현을 격렬하게 해서 음악을 극적으로 유도하며 음의 진행에 나타나는 '조이고 푸는' 과정을 뚜렷하게 내보인다. 음악의 속도는 느린 것과 빠른 것이 짝을 이루기도 하고, 음악의 진행에 따라 속도가 조절되기도 하지만, 대체로 느리고 엄숙한 이미지를 지닌 궁중음악이나 선비 풍류 음악에 비해 빠르고 발랄하다. 그런가 하면 민속음악에서는 곱고 예쁘게 다듬어내는 음보다 힘있고 역동적으로 표출되는 음이 아름답다고 여긴다. 판소리 명창이 고함치듯 질러대는 높은 소리에 청중들은 기다렸다는 듯이 '얼씨구'라는 추임새로 호응한다. 이러한 특성은 서양 클래식이나 정악의 개념에서 볼 때 이해하기 어려운 부분이다.

민속음악은 또 즉흥적인 신명성을 추구한다. 악보나 작곡자의 뜻이 강하게 반영되는 음악과 달리 우리의 민속음악가들은 어느 정도의 음악적 틀을 지키는 가운데 그때 그때의 흥을 실어 즉흥적인 음악성을 발휘하는 것이다. 그것은 또 청중의 음악적 기대와도 상통한다. 즉 민속음악을 듣는데 귀가 트인 명창들은 판소리 명창들이 매번 똑같이 연주하는 것을 '사진 소리'라 하여 생명력 없는 음악으로 여겼다는 것은 널리 알려진 사실이다. 이 점은 산조에서도 마찬가지고 시나위 연주에서도 마찬가지여서 민속음악은 '배운대로 잘하면 대가가 되는 것'이 아니라 자기가 음악을 자유자재로 이끌어 갈수 있도록 민속음악의 어법에 완전히 달통한 경지에 이르러야 비로소 좋은 연주를 하게 되는 것이다.

또한, 민속음악이 지닌 가장 큰 특징 중 하나는 지역에 따라 음악의 표현요소가 많이 다르다는 것이다. 마치 각 지역의 방언이 다르듯, 민속음악은 서도와 남도, 동부, 경기 지역에 따라 다른 음악언어를 갖는다. 민요와 풍물, 무속음악을 말할 때 반드시 지역을 구분하는 것은 민속음악이 지닌 지역적 특징 때문이다.

15 다음 중 글의 주된 내용 전개 방식으로 적절한 것은?

① 여러 가지 대상들을 비교 분석하고 있다.
② 현상이 나타나게 된 원인을 제시하고 있다.
③ 대상이 가진 특징에 대해 설명하고 있다.
④ 특정 주장에 대해 비판하고 있다.
⑤ 여러 가지 대상들의 차이점을 제시하고 있다.

16 다음 중 민속음악의 특징으로 옳지 않은 것은?

① 기쁘고, 노엽고, 슬프고, 즐거운 마음의 변화를 드러낸다.
② 일정한 격식이나 외적인 연주 조건에 얽매이지 않는다.
③ 음악의 농현이나 시김새를 변화있게 사용하여 흥과 한, 신명을 마음껏 표현한다.
④ 곱고 예쁘게 다듬어내는 음에 청중들이 추임새로 호응한다,
⑤ 서도와 남도, 동부, 경기 지역에 따라 다른 음악 표현요소를 갖는다.

17 다음 중 〈보기〉의 글이 들어갈 위치로 가장 적절한 곳은?

'아무리 퍼내도 쌀이 자꾸자꾸 차오르는 항아리가 있다면 얼마나 좋을까….' 가난한 사람들에게는 이런 소망이 있을 것이다. 신화의 세계에는 그런 쌀독이 얼마든지 있다. 세계 어느 나라 신화를 들추어 보아도 이런 항아리가 등장하지 않는 신화는 없다. (가) 신화에는 사람들의 원망(願望)이 투사(投射)되어 있다. 신화란 신(神)이나 신 같은 존재에 대한 신비롭고 환상적인 이야기, 우주나 민족의 시작에 대한 초인적(超人的)인 내용, 그리고 많은 사람이 믿는, 창작되거나 전해지는 이야기를 의미한다. 다시 말해 모든 신화는 상상력에 바탕을 둔 우주와 자연에 대한 이해이다. (나) 이처럼 신화는 상상력을 발휘하여 얻은 것이지만 그 결과는 우리 인류에게 유익한 생산력으로 나타나고 있다.

그런데 신화는 단순한 상상력으로 이루어지는 것이 아니라 창조적 상상력으로 이루어지는 것이며, 이 상상력은 또 생산적 창조력으로 이어졌다. 오늘날 우리 인류의 삶을 풍족하게 만든 모든 문명의 이기(利器)들은, 그것의 근본을 규명해 보면 신화적 상상력의 결과임을 알 수 있다. (다) 결국, 그것들은 인류가 부단한 노력을 통해 신화를 현실화한 것이다. 또한, 신화는 고대인들의 우주 만물에 대한 이해로 끝나지 않고 현재까지도 끊임없이 창조되고 있고, 나아가 신화 자체가 문학적 상상력의 재료로 사용되는 경우도 있다. 신화적 사유의 근간은 환상성(幻想性)이지만, 이것을 잘못 이해하면 현실성을 무시한 황당무계한 것으로 오해하기 쉽다. (라) 그러나 이 환상성은 곧 상상력이고 이것이 바로 창조력이라는 점을 우리는 이해하지 않으면 안 된다. 그래서 인류 역사에서 풍부한 신화적 유산을 계승한 민족이 찬란한 문화를 이룬 예를 서양에서는 그리스, 동양에서는 중국에서 찾아볼 수 있다. 우리나라에도 규모는 작지만 단군·주몽·박혁거세 신화 등이 있었기에 우리 민족 역시 오늘날 이 작은 한반도에서 나름대로 민족 국가를 형성하여 사는 것이다. 왜냐하면 민족이나 국가에 대한 이야기, 곧 신화가 그 민족과 국가의 정체성을 확보해 주기 때문이다.

신화는 물론 인류의 보편적 속성에 기반을 두어 형성되고 발전되어 왔지만 그 구체적인 내용은 민족마다 다르게 나타난다. 즉, 나라마다 각각 다른 지리·기후·풍습 등의 특성이 반영되어 각 민족 특유의 신화가 만들어지는 것이다. (마) 그래서 고대 그리스의 신화와 중국의 신화는 신화적 발상과 사유에 있어서는 비슷하지만 내용은 전혀 다르게 전개되고 있다. 예를 들어 그리스 신화에서 태양은 침범 불가능한 아폴론 신의 영역이지만 중국 신화에서는 후예가 태양을 쏜 신화에서 볼 수 있듯이 떨어뜨려야 할 대상으로 나타나기도 하는 것이다.

〈보기〉

오늘날 인류 최고의 교통수단이 되고 있는 비행기도 우주와 창공을 마음껏 날아보려는 신화적 사유의 소산이며, 바다를 마음대로 항해해 보고자 했던 인간의 신화적 사유가 만들어낸 것이 여객선이다. 이러한 것들은 바로 『장자(莊子)』에 나오는, 물길을 차고 높이 날아올라 순식간에 먼 거리를 이동한 곤붕(鯤鵬)의 신화가 오늘의 모습으로 나타난 것이라고 볼 수 있다.

① (가)
② (나)
③ (다)
④ (라)
⑤ (마)

18 한국토지주택공사 전략기획본부 직원 A, B, C, D, E, F, G 7명은 신입사원 입사 기념으로 단체로 영화관에 갔다. 다음 〈조건〉에 따라 자리에 앉는다고 할 때, 항상 옳은 것은?(단, 가장 왼쪽부터 첫 번째 자리로 한다)

〈조건〉

- 7명은 한 열에 나란히 앉는다.
- 한 열에는 7개의 좌석이 있다.
- 양 끝자리 옆에는 비상구가 있다.
- D와 F는 나란히 앉는다.
- A와 B 사이에는 한 명이 앉아 있다.
- G는 왼쪽에 사람이 있는 것을 싫어한다.
- C와 G 사이에는 한 명이 앉아 있다.
- G는 비상구와 붙어 있는 자리를 좋아한다.

① E는 D와 F 사이에 앉는다.
② G와 가장 멀리 떨어진 자리에 앉는 사람은 D이다.
③ C의 옆자리에는 A와 B가 앉는다.
④ D는 비상구와 붙어 있는 자리에 앉는다.
⑤ 두 번째 자리에는 B가 앉는다.

19 다음 〈조건〉을 바탕으로 했을 때, 5층에 있는 부서로 올바른 것은?(단, 한 층에 한 부서씩 있다)

〈조건〉

- 기획조정실의 층수에서 경영지원실의 층수를 빼면 3이다.
- 보험급여실은 경영지원실 바로 위층에 있다.
- 급여관리실은 빅데이터운영실보다는 아래층에 있다.
- 빅데이터운영실과 보험급여실 사이에는 두 층이 있다.
- 경영지원실은 가장 아래층이다.

① 빅데이터운영실
② 보험급여실
③ 경영지원실
④ 기획조정실
⑤ 급여관리실

※ K온라인쇼핑몰은 A택배업체를 통해 제품을 배송하고 있다. 다음 자료를 읽고 이어지는 질문에 답하시오. [20~21]

■ A택배업체의 표준 기본운임

구분		극소형	소형	중형	대형
크기 (세 변의 합)		80cm 이하	100cm 이하	120cm 이하	160cm 이하
무게		2kg 이하	5kg 이하	15kg 이하	25kg 이하
요금	동일권역	4,000원	6,000원	7,000원	8,000원
	타 권역	5,000원	7,000원	8,000원	9,000원
	도서산간	8,000원	10,000원	11,000원	12,000원

※ 크기와 무게 중 큰 값을 기준으로 요금을 적용합니다.

■ A택배업체의 할증운임

구분	적용기준	할증운임
파손품	깨지기 쉬운 상품	50%
냉동 및 변질성 상품	부패 또는 변질되기 쉬운 상품 (냉동육, 냉동어, 냉장육, 김치, 한약, 청과물, 농·수·축산물 등)	40%
고가 및 귀중품	30만 원 초과 50만 원 이하	20%
	50만 원 초과 100만 원 이하	30%
	100만 원 초과 200만 원 이하	40%

※ 할증운임은 기본운임에 별도로 합산하여 적용합니다.
※ 동일 상품에 할증률이 중복되는 경우에는 최고 할증률을 적용합니다.

20 K온라인쇼핑몰은 다음과 같은 제품을 새롭게 론칭하여 판매하고자 한다. 다음 중 고객이 부담할 배송비로 올바른 것은?(단, 배송비 고객 부담률은 50%이다)

제품명	최신형 외발 전동휠
포장규격(H×W×D)	400mm×250mm×400mm
무게	12kg
가격	450,000원
비고	정식 수입된 정품, 튼튼한 재질 및 일체형 제작

① 동일권역일 경우 : 3,500원 부담
② 타 권역일 경우 : 4,500원 부담
③ 도서산간일 경우 : 5,500원 부담
④ 타 권역일 경우 : 4,800원 부담
⑤ 동일권역일 경우 : 3,850원 부담

21 다음은 K온라인쇼핑몰에서 가장 인기 있는 두 제품의 판매현황에 관한 자료이다. 이를 토대로 계산한 6월 6일부터 6월 12일까지 K온라인쇼핑몰이 부담한 배송비는 얼마인가?(단, 배송비 고객 부담률은 50%이다)

■ 제품현황

제품명	포장규격(H×W×D)	무게	가격	비고
A	100mm×250mm×150mm	1.5kg	40만 원	유리제품
B	150mm×450mm×300mm	2kg	20만 원	청과물제품

■ 판매현황

(단위 : 개)

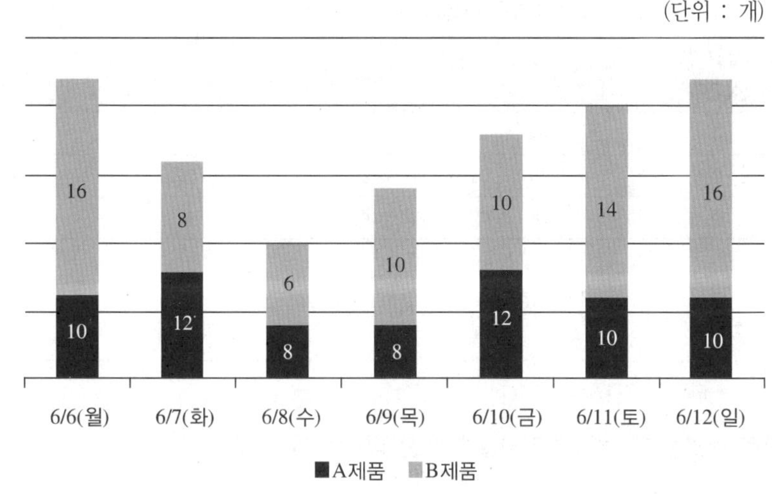

※ 두 제품 모두 동일권역으로만 판매되었다.

① 358,000원
② 394,000원
③ 490,000원
④ 546,000원
⑤ 684,000원

※ 다음은 하수처리시설 평가 기준 및 결과에 관한 자료이다. 자료를 보고 이어지는 질문에 답하시오. [22~23]

〈하수처리시설 평가 기준〉

구분	정상	주의	심각
생물화학적 산소요구량	5 미만	5 이상	15 이상
화학적 산소요구량	20 미만	20 이상	30 이상
부유물질	10 미만	10 이상	20 이상
질소 총량	20 미만	20 이상	40 이상
인 총량	0.2 미만	0.2 이상	1.0 이상

〈A ~ C처리시설의 평가 결과〉

구분	생물화학적 산소요구량	화학적 산소요구량	부유물질	질소 총량	인 총량
A처리시설	4	10	15	10	0.1
B처리시설	9	25	25	22	0.5
C처리시설	18	33	15	41	1.2

※ '정상' 지표 4개 이상 : 우수
※ '주의' 지표 2개 이상 또는 '심각' 지표 2개 이하 : 보통
※ '심각' 지표 3개 이상 : 개선필요

22 다음 평가 기준으로 보았을 때, 하수처리시설에 대한 평가로 옳은 것은?

① A처리시설 – 우수, B처리시설 – 보통
② A처리시설 – 보통, C처리시설 – 보통
③ B처리시설 – 개선필요, C처리시설 – 개선필요
④ B처리시설 – 보통, C처리시설 – 보통
⑤ B처리시설 – 우수, C처리시설 – 개선필요

23 다음 글을 읽고 B처리시설의 문제점과 개선방향을 올바르게 지적한 것은?

> B처리시설은 C처리시설에 비해 좋은 평가를 받았지만, '정상' 지표는 없었다. 그렇기 때문에 관련된 시설 분야에 대한 조사와 개선이 필요하다. 지적사항으로 '심각' 지표를 가장 우선으로 개선하고, 최종적으로 '우수' 단계로 개선해야 한다.

① 생물화학적 산소요구량은 4로 '정상' 지표이기 때문에 개선할 필요가 없다.
② 화학적 산소요구량은 25로 '주의' 지표이기 때문에 가장 먼저 개선해야 한다.
③ 질소 총량과 인 총량을 개선한다면, 평가결과 '우수' 지표를 받을 수 있다.
④ 부유물질은 가장 먼저 개선해야 하는 '심각' 지표이다.
⑤ '우수' 단계로 개선하기 위해서 부유물질을 포함한 3가지 지표를 '정상' 지표로 개선해야 한다.

※ 다음은 한국토지주택공사의 민원처리 절차를 도식화한 것이다. 다음을 보고 이어지는 질문에 답하시오. [24~25]

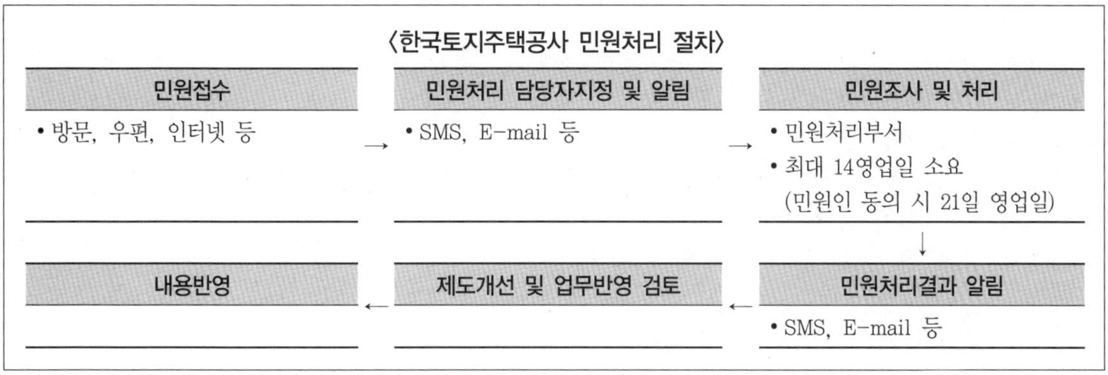

〈한국토지주택공사 민원처리 절차〉

민원접수		민원처리 담당자지정 및 알림		민원조사 및 처리
• 방문, 우편, 인터넷 등	→	• SMS, E-mail 등	→	• 민원처리부서 • 최대 14영업일 소요 (민원인 동의 시 21일 영업일)
				↓
내용반영	←	제도개선 및 업무반영 검토	←	민원처리결과 알림
				• SMS, E-mail 등

24 한국토지주택공사 홈페이지를 통해 민원을 접수한 고객이 다음과 같은 문자메시지를 받았다면, 민원은 늦어도 며칠까지 해결되겠는가?(단, 6월 6일은 공휴일이다)

〈민원접수 결과 알림〉

안녕하세요. 한국토지주택공사입니다. 고객님께서 문의하신 내용은 2019년 5월 20일(월) 오전 11시에 처리부서인 A과의 B에게 전달되었습니다. 세부 사항은 아래 연락처로 연락주시기 바랍니다.
(직통) 070-1234-1234

① 6월 4일
② 6월 5일
③ 6월 6일
④ 6월 7일
⑤ 6월 10일

25 A사원은 한국토지주택공사의 고객지원팀에서 홈페이지를 통해 접수된 민원처리 업무를 맡고 있다. 다음 중 A사원의 업무 절차를 올바르게 나열한 것은?(단, 민원처리 실무를 맡은 사람은 B사원이고, B사원은 민원처리에 시일이 걸려 고객의 동의하에 민원처리 기간을 연장하였다)

ㄱ. 내용에 따른 실무부서 확인 및 담당 지정
ㄴ. 민원 처리상태 변경 SMS, E-mail 발송
ㄷ. 고객 민원 확인
ㄹ. 민원 처리 결과 확인
ㅁ. 민원 접수 및 지정 현황 SMS, E-mail 발송
ㅂ. 민원 처리 결과 SMS, E-mail 발송

① ㄱ－ㄷ－ㅁ－ㄹ－ㄴ－ㅂ
② ㄱ－ㄷ－ㄴ－ㅁ－ㄹ－ㅂ
③ ㄷ－ㄱ－ㅁ－ㄴ－ㄹ－ㅂ
④ ㄷ－ㄱ－ㄴ－ㄹ－ㅁ－ㅂ
⑤ ㄷ－ㅁ－ㄴ－ㄱ－ㄹ－ㅂ

※ 하반기에 연수를 마친 A, B, C, D, E 5명은 다음 <조건>에 따라 세계 각국에 있는 해외사업본부로 배치될 예정이다. 다음을 읽고 이어지는 질문에 답하시오. [26~27]

〈조건〉

- A, B, C, D, E는 인도네시아, 미국 서부, 미국 남부, 칠레, 노르웨이에 있는 서로 다른 해외사업본부로 배치된다.
- C와 D 중 한 명은 미국 서부에 배치된다.
- B는 칠레에 배치되지 않는다.
- E는 노르웨이로 배치된다.
- 미국 서부에는 회계직이 배치된다.
- C가 인도네시아에 배치되면 A는 칠레에 배치된다.
- A가 미국 남부에 배치되면 B는 인도네시아에 배치된다.
- A, D, E는 회계직이고, B, C는 기술직이다.

26 D가 배치될 해외사업본부는 어디인가?

① 인도네시아
② 미국 서부
③ 미국 남부
④ 칠레
⑤ 알 수 없음

27 다음 〈조건〉을 바탕으로 할 때, ㉠~㉣의 설명 중 옳은 것을 모두 고른 것은?

〈조건〉

㉠ C가 인도네시아에 배치되면 B는 미국 남부에 배치된다.
㉡ A가 미국 남부에 배치되면 C는 인도네시아에 배치된다.
㉢ A는 반드시 칠레에 배치된다.
㉣ 노르웨이에는 회계직이 배치된다.

① ㉠, ㉡
② ㉠, ㉣
③ ㉡, ㉢
④ ㉡, ㉣
⑤ ㉢, ㉣

※ 서울에 사는 A, B, C, D, E 5명의 고향은 각각 대전, 대구, 부산, 광주, 춘천 중 한 곳으로 설날을 맞아 열차 1, 2, 3을 타고 고향에 내려가고자 한다. 열차와 탑승 정보가 다음과 같을 때, 이어지는 질문에 답하시오(단, 고향이 같은 사람은 없다). [28~30]

- 열차 2는 대전, 춘천을 경유하여 부산까지 가는 열차이다.
- A의 고향은 부산이다.
- E는 어떤 열차를 타도 고향에 갈 수 있다.
- 열차 1에는 D를 포함한 세 사람이 탄다.
- C와 D가 함께 탈 수 있는 열차는 없다.
- B가 탈 수 있는 열차는 열차 2뿐이다.
- 열차 2와 열차 3이 지나는 지역은 대전을 제외하고 중복되지 않는다.

28 E의 고향은 어디인가?

① 대전
② 대구
③ 부산
④ 춘천
⑤ 광주

29 열차 2를 탈 수 있는 사람을 모두 고르면?

① A, B, E
② A, C, E
③ A, D, E
④ B, C, E
⑤ B, D, E

30 열차 1이 광주를 경유한다고 할 때, 열차 3에 타는 사람과 목적지는 어디인가?

① A – 부산
② C – 대구
③ D – 대전
④ D – 대구
⑤ E – 대전

※ 다음은 1998년 월드컵 조별예선 H조 아르헨티나, 크로아티아, 자메이카, 일본의 결과이다. 갑은 1998년도에 있었던 월드컵 시절 스포츠 신문에 실린 '아르헨티나, 자메이카를 5 : 0으로 대파'라는 기사 제목과 함께 밑에 실린 경기결과표를 보고 나머지 5개의 경기를 유추할 수 있었다. 다음 표를 보고 이어지는 질문에 답하시오. [31~32]

〈H조 경기결과〉

구분	경기	승	무	패	득	실
아르헨티나	3	3	0	0	7	0
크로아티아	3	2	0	1	4	2
자메이카	3	1	0	2	3	9
일본	3	0	0	3	1	4

31 다음 중 갑이 유추한 결과로 옳은 것은?

① 일본은 크로아티아에게 1 : 2로 패하였다.
② 일본은 크로아티아에게 0 : 1로 패하였다.
③ 자메이카는 일본에게 1 : 0으로 승리하였다.
④ 자메이카는 일본에게 3 : 2로 승리하였다.
⑤ 크로아티아는 자메이카에게 2 : 1로 승리하였다.

32 만약 일본이 자메이카와 1 : 1로 비겨서 승패가 두 나라 모두 1무 2패라고 가정할 때, 자메이카의 총 득실점을 순서대로 바르게 구한 것은?(단, 다른 나라의 득실점은 그대로이다)

① 득점 3, 실점 6
② 득점 2, 실점 7
③ 득점 2, 실점 8
④ 득점 3, 실점 7
⑤ 득점 3, 실점 8

※ 공개 오디션 프로그램에서 현재 살아남은 인원은 남자 보컬 2명, 여자 보컬 2명, 악기(기타) 3명, 댄스 4명, 그룹 4팀으로, 팀별 미션을 앞두고 있다. 다음 〈조건〉을 만족하도록 팀을 구성할 때, 이어지는 질문에 답하시오. [33~34]

〈조건〉

- 팀은 총 5팀이며, 팀별 미션 조장은 남자 보컬 1명, 여자 보컬 1명, 기타 1명, 댄스 2명이 맡을 수 있다.
- 팀은 반드시 두 영역 이상의 사람이 속해야 하며, 한 팀에 같은 영역을 소화하는 지원자가 들어갈 수는 없다.

33 다음 중 항상 옳은 것은?

① 댄스와 기타가 한 팀이 되는 경우는 없다.
② 그룹이 속한 팀에 댄스가 속하지 않는 경우는 없다.
③ 남자 보컬이 속한 팀에는 항상 댄스가 들어가 있다.
④ 여자 보컬이 그룹과 한 팀이 되는 경우가 있다.
⑤ 기타는 보컬과 반드시 한 팀으로 구성된다.

34 기타 한 명이 개인 사정으로 인하여 중도 하차하게 되었을 때, 다음 중 옳지 않은 것은?

① 남자 보컬과 그룹이 한 팀에서 만날 수 있다.
② 기타 중 한 명 이상은 반드시 댄스와 같은 팀에 들어가야만 한다.
③ 댄스와 그룹이 만나는 팀은 세 팀 이상이다.
④ 여자 보컬은 댄스와 항상 같은 팀이 된다.
⑤ 한 팀에 최대로 구성될 수 있는 인원은 4명이다.

35 다음은 한국토지주택공사 영업부에서 작년 분기별 영업 실적을 나타낸 그래프이다. 다음 중 작년 전체 실적에서 1·2분기와 3·4분기가 각각 차지하는 비중을 바르게 나열한 것은?(단, 비중은 소수점 이하 둘째 자리에서 반올림한다)

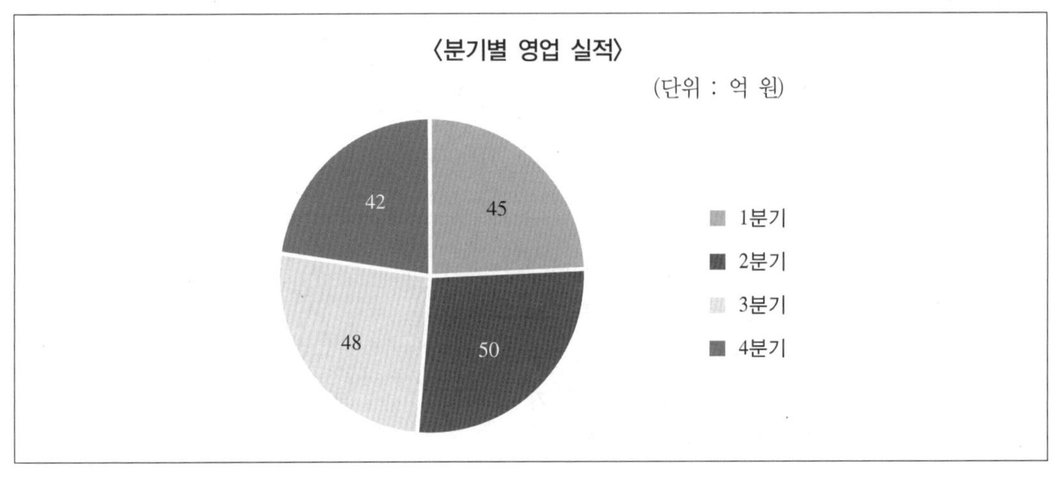

	1·2분기	3·4분기
①	48.6%	51.4%
②	50.1%	46.8%
③	51.4%	48.6%
④	46.8%	50.1%
⑤	50.0%	50.0%

36 다음은 계급별 징집병 급여에 관한 자료이다. 자료에 대한 설명으로 옳은 것은?

〈계급별 징집병 급여 추이〉

(단위 : 천 원)

계급	2015년	2016년	2017년	2018년
병장	97.5	103.4	107.5	129.0
상병	88.0	93.3	97.0	116.4
일병	79.5	84.3	87.7	105.2
이병	73.5	77.9	81.0	97.2
인상률(%)	0	6.0	4.0	20.0

※ 인상률은 전년 대비 급여 인상률을 나타낸 비율

① 징집병 급여의 인상률은 매년 감소하는 추세이다.
② 2018년 일병의 급여는 158,000원이다.
③ 2017년 상병의 급여는 97,000원으로 전년 대비 6% 인상되었다.
④ 징집병 급여는 2018년 가장 높은 인상률을 보였다.
⑤ 2015년 대비 2018년 병장 급여의 인상률은 20%이다.

37 다음은 산업별 경기전망지수를 나타낸 자료이다. 다음 A～D에 들어갈 산업을 올바르게 짝지은 것은?

〈산업별 경기전망지수〉

(단위 : 점)

구분	2014년	2015년	2016년	2017년	2018년
A산업	45.8	48.9	52.2	52.5	54.4
B산업	37.2	39.8	38.7	41.9	46.3
도소매업	38.7	41.4	38.3	41.7	46.2
C산업	36.1	40.6	44.0	37.1	39.7
D산업	39.3	41.1	40.2	44.9	48.7

㉠ 2014년부터 2018년까지 보건업의 경기전망지수가 40점 이상인 해는 2개이다.
㉡ 2016년 조선업과 제조업의 경기전망지수는 전년 대비 증가하였다.
㉢ 전년 대비 2015년 해운업의 경기전망지수의 증가율은 5개의 산업 중 가장 낮다.
㉣ 제조업은 매년 5개의 산업 중 경기전망지수가 가장 높다.

	A	B	C	D
①	조선업	보건업	제조업	해운업
②	제조업	조선업	보건업	해운업
③	조선업	제조업	보건업	해운업
④	제조업	보건업	조선업	해운업
⑤	보건업	제조업	조선업	해운업

38 L양은 콘택트렌즈를 구매하려 한다. 다음 자료를 참고하여 가격을 비교할 때, 1년 동안 가장 적은 비용으로 사용할 수 있는 렌즈는 무엇인가?(단, 1년 동안 똑같은 제품만을 사용하며, 1년은 52주이다)

렌즈	가격	착용기한	서비스
A	30,000원	1달	-
B	45,000원	2달	1+1
C	20,000원	1달	1+2(3월, 7월, 11월에만)
D	5,000원	1주	-
E	65,000원	2달	1+2

① A렌즈
② B렌즈
③ C렌즈
④ D렌즈
⑤ E렌즈

39 다음은 2019년 1월의 성별 · 국적별 크루즈 이용객 현황 자료이다. 자료에 대한 설명으로 옳은 것은?(단, 비율은 소수점 이하 첫째 자리에서 반올림한다)

〈성별 · 국적별 크루즈 이용객 현황〉

(단위 : 명)

구분		여성	남성	합계
아시아주	일본	2	2	4
	중국	65	18	83
	대만	7	2	9
	홍콩	9	7	16
	태국	22	51	73
	말레이시아	9	8	17
	필리핀	98	682	780
	인도네시아	10	89	99
	싱가포르	14	6	20
	미얀마	–	–	–
	베트남	3	2	5
	인도	18	362	380
	스리랑카	–	4	4
	이스라엘	20	21	41
	터키	1	1	2
	아시아주 기타	8	7	15
	아시아주 소계	286	1,262	1,548
미주	미국	831	757	1,588
	캐나다	177	151	328
	멕시코	182	144	326
	브라질	18	16	34
	미주 기타	90	79	169
	미주 소계	1,298	1,147	2,445
합계		1,584	2,409	3,993

① 여성 크루즈 이용객이 가장 많은 국적의 전체 크루즈 이용객 중 남성 이용객의 비율이 50%를 초과한다.
② 브라질 국적의 남성 크루즈 이용객의 수는 인도네시아 국적의 남성 이용객 수 대비 20% 이상이다.
③ 아시아주 기타 및 미주 기타 국적을 제외하고, 여성 크루즈 이용객 대비 남성 크루즈 이용객의 비율이 가장 높은 국적은 필리핀이다.
④ 아시아주 전체 크루즈 이용객의 수는 미주 전체 크루즈 이용객의 수의 60% 이상이다.
⑤ 멕시코보다 여성 크루즈 이용객의 수와 남성 크루즈 이용객의 수가 모두 많은 국적은 2개이다.

40 남성 신인 아이돌 그룹 5명 나이의 합은 105세이다. 5명 중 3명이 5명의 평균 나이와 같고, 가장 큰 형의 나이는 24세이다. 막내의 나이는 몇 세인가?

① 18세　　② 19세
③ 20세　　④ 21세
⑤ 22세

41 Z학교는 3학년 학생을 대상으로 체육시험을 실시하였다. 3학년 학생 수는 200명이며, 전체 평균점수는 59.6점이었다. 남학생 수는 3학년 학생 수의 51%이고, 남학생의 평균점수는 여학생 평균점수의 3배보다 2점이 높을 때, 남학생과 여학생의 평균은 각각 얼마인가?

	남학생	여학생
①	80점	26점
②	83점	27점
③	86점	28점
④	89점	29점
⑤	92점	30점

42 갑과 을의 현재 나이의 비는 3 : 1이고, 11년 후 나이의 비는 10 : 7이 된다고 한다. 갑과 을의 현재 나이는 몇 세인가?

	갑	을
①	9세	3세
②	6세	2세
③	3세	9세
④	2세	6세
⑤	1세	3세

※ 다음은 O사에서 제품별 밀 소비량을 조사한 그래프이다. 그래프를 참고하여 이어지는 질문에 답하시오. [43~44]

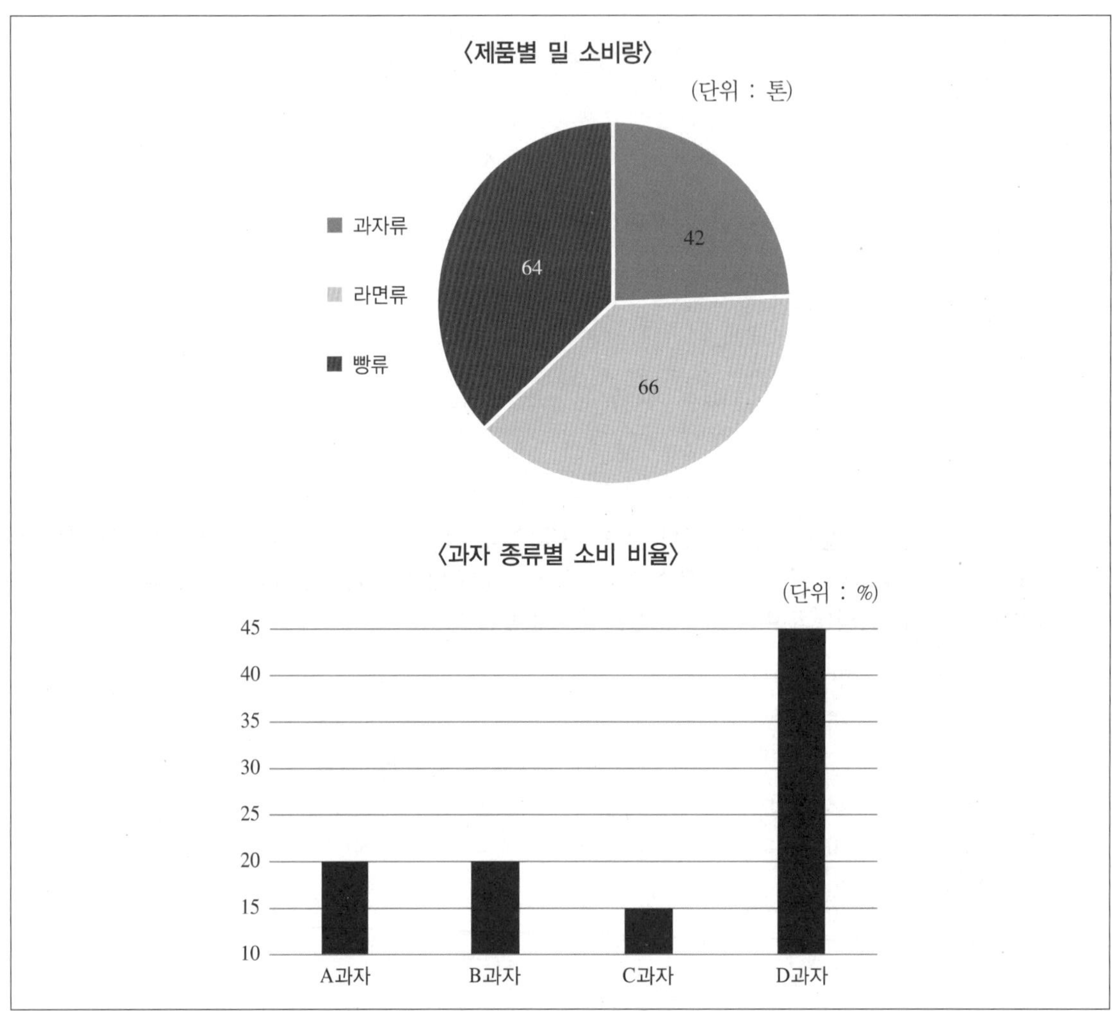

43 O사가 과자류에 밀 사용량을 늘리기로 결정하였다. 라면류와 빵류에 소비되는 밀 소비량의 각각 10%씩을 과자류에 사용한다면, 과자류에는 총 몇 톤의 밀을 사용하게 되는가?

① 45톤
② 50톤
③ 55톤
④ 60톤
⑤ 65톤

44 A ~ D과자 중 가장 많이 밀을 소비하는 과자와 가장 적게 소비하는 과자의 밀 소비량 차이는 몇 톤인가?(단, 제품별 밀 소비량 그래프를 기준으로 한다)

① 10.2톤
② 11.5톤
③ 12.6톤
④ 13톤
⑤ 14.4톤

45 첫째와 둘째, 둘째와 셋째의 터울이 각각 3세인 A, B, C 삼형제가 있다. 3년 후면 막내 C의 나이는 3년 후 첫째 A 나이의 $\frac{2}{3}$가 된다고 한다. 이때, A, B, C의 현재 나이를 모두 더하면 얼마인가?

① 33
② 36
③ 39
④ 45
⑤ 48

46 전 직원이 400명인 어느 회사에서 휴가 규정을 개정하기로 하였다. 첫 번째 안과 두 번째 안에 대하여 찬반 투표한 결과를 보니, 두 번째 안의 찬성표 수에서 반대표 수를 뺀 값은 첫 번째 안의 반대표 수에서 찬성표 수를 뺀 값의 두 배이다. 또한, 두 번째 안의 찬성표 수는 첫 번째 안의 반대표 수의 $\frac{12}{11}$이다. 두 가지 안에 대한 찬반 투표에서 무효표가 없다고 할 때, 두 번째 안에 대한 찬성자는 첫 번째 안에 대한 찬성자보다 몇 명 더 많은가?(단, 전 직원이 두 가지 안에 대한 투표에 모두 참여하였다)

① 20명
② 40명
③ 60명
④ 80명
⑤ 100명

47 다음은 고등학생 5,000명을 대상으로 학교생활 및 교우관계에 대해 만족도를 조사한 자료이다. 자료에 대한 〈보기〉의 설명 중 옳지 않은 것을 모두 고른 것은?(단, 복수응답은 없고, 인원수는 소수점 이하 자리에서 버림한다)

〈학교생활 만족도 현황〉

(단위 : 명, %)

구분		인원	매우 만족	약간 만족	보통	약간 불만족	매우 불만족
성별	남성	2,500	15.6	31.2	40.6	9.8	2.8
	여성	2,500	10.9	31.6	43.4	12.6	1.5
지역	A	670	12.6	20.3	45.0	17.5	4.6
	B	820	12.2	37.8	38.3	10.5	1.2
	C	750	12.7	31.6	45.5	9.1	1.1
	D	620	11.9	29.6	41.0	14.2	3.2
	E	670	15.1	30.0	45.8	6.6	2.5
	F	500	13.0	30.5	42.3	12.2	2.0
	G	970	14.3	32.6	38.4	12.7	2.0

〈교우관계 만족도 현황〉

(단위 : 명, %)

구분		인원	매우 만족	약간 만족	보통	약간 불만족	매우 불만족
성별	남성	2,500	35.5	42.6	20.0	1.8	0.1
	여성	2,500	31.5	43.6	22.7	2.0	0.2
지역	A	670	27.5	43.3	25.7	3.5	–
	B	820	34.5	37.6	23.1	4.6	0.2
	C	750	28.8	46.3	23.6	1.1	0.2
	D	620	31.1	44.8	21.5	2.5	0.1
	E	670	33.1	45.2	20.6	1.1	–
	F	500	37.4	41.3	19.8	1.5	–
	G	970	37.4	41.1	19.6	1.6	0.3

〈보기〉

ㄱ. 학교생활 만족도에서 '매우 만족'을 택한 학생이 교우관계 만족도에서도 동일한 선택지를 택했다고 할 때, 교우관계에서 '매우 만족'을 택하고 학교생활에서 다른 선택지를 택한 학생 수는 500명 미만이다.

ㄴ. B지역에서 교우관계를 '보통'을 택한 학생 비율은 F지역의 '약간 만족'을 택한 학생 비율보다 낮지만 인원은 많다.

ㄷ. A, D, E지역의 교우관계에 '약간 불만족, 매우 불만족'을 택한 인원이 전체 인원에서 차지하는 비중은 2% 이하이다.

ㄹ. 학교생활 만족도는 모든 지역에서 '약간 불만족' 비율은 '매우 불만족' 비율의 4배 이상이다.

① ㄱ, ㄴ
② ㄱ, ㄴ, ㄷ
③ ㄱ, ㄴ, ㄹ
④ ㄴ, ㄷ, ㄹ
⑤ ㄱ, ㄴ, ㄷ, ㄹ

48 다음은 2019년 1월 전년 대비 지역별 · 용도지역별 지가변동률에 대한 자료이다. 다음 자료에 대한 설명으로 옳은 것은?(단, 소수점 이하 둘째 자리에서 반올림한다)

〈2019년 1월 전년 동월 대비 지역별 · 용도지역별 지가변동률〉

(단위 : %)

용도지역별 / 지역별	평균	주거지역	상업지역	공업지역	보전관리지역	농림지역
전국	3.14	3.53	3.01	1.88	2.06	2.39
서울특별시	3.88	3.95	3.34	5.3	–	–
부산광역시	3.79	4.38	5.28	−0.18	–	–
대구광역시	3.87	5.00	3.65	−0.97	–	1.4
인천광역시	3.39	3.64	3.37	3.35	2.78	2.82
광주광역시	4.29	4.59	3.00	1.60	1.92	6.45
대전광역시	2.38	2.84	1.68	1.09	1.28	–
울산광역시	1.01	1.46	1.16	−0.22	2.42	1.08
세종특별자치시	4.55	3.83	3.39	4.44	6.26	2.44
경기도	3.23	3.47	2.38	2.36	2.1	3.04
강원도	2.54	2.97	2.13	1.84	1.23	2.49
충청북도	2.08	1.64	1.64	2.06	1.53	1.80
충청남도	1.34	1.88	1.06	0.64	0.87	1.38
전라북도	2.23	2.21	1.83	−0.42	2.88	2.75
전라남도	3.61	4.02	3.14	3.12	3.52	3.57
경상북도	2.06	2.15	1.73	0.21	2.05	2.24
경상남도	0.80	0.22	0.67	−1.61	1.77	1.45
제주특별자치도	2.21	1.67	1.67	0.09	1.61	–

① 전년 동월 대비 공업지역 지가가 감소한 지역의 농림지역 지가는 전년 동월 대비 증가하였다.
② 전라북도의 상업지역 지가변동률은 충청북도의 주거지역 지가변동률보다 1.3배 이상이다.
③ 대구광역시의 공업지역 지가변동률과 경상남도의 보전관리지역 지가변동률의 차이는 1.59%p이다.
④ 전국 평균 지가변동률보다 평균 지가변동률이 높은 지역은 주거지역 지가변동률도 전국 평균보다 높다.
⑤ 보전관리지역 지가변동률 대비 농림지역 지가변동률의 비율은 경기도보다 강원도가 높다.

49 다음은 E사의 모집단위별 지원자 수 및 합격자 수를 나타낸 자료이다. 자료에 대한 설명 중 옳지 않은 것은?

〈모집단위별 지원자 수 및 합격자 수〉

(단위 : 명)

모집단위	남성		여성		합계	
	합격자 수	지원자 수	합격자 수	지원자 수	모집정원	지원자 수
A집단	512	825	89	108	601	933
B집단	353	560	17	25	370	585
C집단	138	417	131	375	269	792
합계	1,003	1,802	237	508	1,240	2,310

※ [경쟁률(%)]$=\frac{\text{(지원자 수)}}{\text{(모집정원)}}\times 100$

※ 경쟁률은 소수점 이하 첫째 자리에서 반올림한다.

① 세 개의 모집단위 중 총 지원자 수가 가장 많은 집단은 A집단이다.
② 세 개의 모집단위 중 합격자 수가 가장 적은 집단은 C집단이다.
③ E사의 남성 합격자 수는 여성 합격자 수의 5배 이상이다.
④ B집단의 경쟁률은 158%이다.
⑤ C집단에서는 남성의 경쟁률이 여성의 경쟁률보다 높다.

50 다음은 2018년 하반기 8개국 수출수지에 관한 국제통계 자료이다. 이에 대한 설명으로 옳지 않은 것은?

〈2018년 하반기 8개국 수출수지〉

(단위 : 백만USD)

구분	한국	그리스	노르웨이	뉴질랜드	대만	독일	러시아	미국
7월	40,882	2,490	7,040	2,825	24,092	106,308	22,462	125,208
8월	40,125	2,145	7,109	2,445	24,629	107,910	23,196	116,218
9월	40,846	2,656	7,067	2,534	22,553	118,736	25,432	122,933
10월	41,983	2,596	8,005	2,809	26,736	111,981	24,904	125,142
11월	45,309	2,409	8,257	2,754	25,330	116,569	26,648	128,722
12월	45,069	2,426	8,472	3,088	25,696	102,742	31,128	123,557

① 한국의 수출수지 중 전월 대비 수출수지 증가량이 가장 많았던 달은 11월이다.
② 뉴질랜드의 수출수지는 8월 이후 지속해서 증가하였다.
③ 그리스의 12월 수출수지 증가율은 전월 대비 약 0.7%이다.
④ 10월부터 12월 사이 한국의 수출수지 변화 추이와 같은 양상을 보이는 나라는 2개국이다.
⑤ 7월 대비 12월 수출수지가 감소한 나라는 그리스, 독일, 미국이다.

51 다음은 한국토지주택공사에 관한 SWOT 분석 결과이다. SWOT 분석 결과를 바탕으로 한 적절한 전략을 〈보기〉에서 모두 고른 것은?

강점(Strength)	약점(Weakness)
• 공공기관으로서의 신뢰성 • 국토의 종합적 이용·개발	• 국토개발로 인한 환경파괴 • 정부 통제 및 보수적 조직문화
기회(Opportunity)	**위협(Threat)**
• 정부의 해외 개발 사업 추진 • 환경친화적 디지털 신도시에 대한 관심 확대	• 환경보호 단체, 시민 단체와의 충돌 • 건설 경기 위축 및 침체

〈보기〉

ㄱ. 공공기관으로서의 높은 신뢰도를 바탕으로 정부의 해외 개발 사업에 적극적으로 참여한다.
ㄴ. 침체된 건설 경기를 회복하기 위해 비교적 개발이 진행되지 않은 산림, 해안지역 등의 개발을 추진한다.
ㄷ. 환경파괴를 최소화하면서도 국토를 효율적으로 이용할 수 있는 환경친화적 신도시를 개발한다.
ㄹ. 환경보호 단체나 시민 단체에 대한 규제 강화를 통해 공공기관으로서의 역할을 수행한다.

① ㄱ, ㄴ
② ㄱ, ㄷ
③ ㄴ, ㄷ
④ ㄴ, ㄹ
⑤ ㄷ, ㄹ

52 한국토지주택공사의 구내식당에서는 지난달 한 포대당 12,500원의 쌀을 구매하는 데 3,750,000원을 사용하였다. 이번 달에도 같은 양의 쌀을 주문하였으나, 최근 쌀값이 올라 한 포대당 14,000원의 금액을 지불하였다. 이번 달의 쌀 구매비용은 지난달보다 얼마나 더 증가하였는가?

① 450,000원
② 480,000원
③ 520,000원
④ 536,000원
⑤ 555,000원

※ 다음은 LH 한국토지주택공사 집단에너지사업에 대한 자료이다. 자료를 보고 이어지는 질문에 답하시오. [53~54]

• 집단에너지란?
1개소 이상의 에너지 생산시설(열병합발전소, 열전용 보일러, 자원회수시설 등)에서 생산된 에너지(열 또는 열과 전기)를 주거, 상업지역 또는 산업단지 내의 다수 사용자에게 일괄적으로 공급・판매하는 사업

〈2019년 열요금 정보〉

구분	기본요금	사용요금
주택용	계약면적(m^2)당 52.40원	• 단일요금 : Mcal당 67.14원 • 계절별 차등요금 – 춘추절기 : Mcal당 65.78원 – 하절기 : Mcal당 59.20원 – 동절기 : Mcal당 69.10원
업무용	계약용량 1Mcal/h당 396.79원	• 단일요금 : Mcal당 87.17원
공공용	계약용량 1Mcal/h당 361.98원	• 단일요금 : Mcal당 76.14원

〈2020년 변경된 열요금 정보〉

구분	기본요금	사용요금
주택용	계약면적(m^2)당 52.40원	• 단일요금 : Mcal당 65.23원 • 계절별 차등요금 – 춘추절기 : Mcal당 63.91원 – 하절기 : Mcal당 57.51원 – 동절기 : Mcal당 67.13원
업무용	계약용량 1Mcal/h당 396.79원	• 단일요금 : Mcal당 84.69원
공공용	계약용량 1Mcal/h당 361.98원	• 단일요금 : Mcal당 73.97원

※ 계절별 차등요금제도
– 춘추절기 : 3 ~ 5월, 9 ~ 11월
– 하절기 : 6 ~ 8월
– 동절기 : 12월 ~ 익년 2월

※ 열요금은 (기본요금)+(사용요금)으로 한다.

53 A씨는 본인 소유 주택의 열요금을 계산하려 한다. A씨의 정보가 다음과 같을 때, A씨가 지불해야 하는 열요금은?(단, 지불해야 하는 열요금은 10원 단위 이하 절사한다)

〈정보〉

• A씨의 주택은 34평형(112m^2)이다.
• A씨는 2020년 1월 1,500Mcal를 사용하였다.
• A씨는 2020년 1월에 사용한 요금을 납부하려 한다.

① 105,800원
② 106,500원
③ 107,200원
④ 108,400원
⑤ 109,600원

54 B씨는 자신이 관리하는 건물의 열요금을 계산하였으나, 요금이 맞지 않아 다시 살펴보던 중 2020년 변경된 요금이 아닌 2019년 요금을 계산하였고, 계약용량도 잘못 본 것을 알았다. B씨의 정보를 참고할 때, B씨가 지불해야 하는 요금으로 옳은 것은?

〈정보〉

- 2020년 4월의 요금을 2019년의 요금으로 계산하였다.
- 처음 계산할 때 기본요금 계약용량을 1,000Mcal/h 적게 계산하였다.
- 처음 계산한 요금은 745,470원이었다.
- 건물은 업무용으로 200평(661m^2)이다.
- 4월에 4,000Mcal를 사용하였다.

① 1,112,020원
② 1,120,300원
③ 1,132,320원
④ 1,132,340원
⑤ 1,232,540원

55 부동산 취득세의 표준세율이 다음과 같을 때, 실매입비가 10억 원인 85m^2 규모의 주택 취득세와 실매입비가 9억 원인 92m^2 규모의 주택 취득세의 총액은?(단, 취득세 총액은 취득세, 농어촌특별세, 지방교육세를 포함한다)

〈취득세율〉

구분		취득세	농어촌특별세	지방교육세
6억 원 이하 주택	85m^2 이하	1%	비과세	0.1%
	85m^2 초과	1%	0.2%	0.1%
6억 원 초과 9억 원 이하 주택	85m^2 이하	2%	비과세	0.2%
	85m^2 초과	2%	0.2%	0.2%
9억 원 초과 주택	85m^2 이하	3%	비과세	0.3%
	85m^2 초과	3%	0.2%	0.3%

① 1,650만 원
② 2,250만 원
③ 2,750만 원
④ 3,150만 원
⑤ 5,460만 원

※ 다음은 LH한국토지주택공사의 도시재생뉴딜사업에 관한 자료이다. 다음 자료를 보고, 이어지는 질문에 답하시오. [56~57]

〈도시재생뉴딜사업〉

쇠퇴하고 있는 구도심을 지역 주도로 살려 쾌적한 주거환경을 만들고, 청년창업과 혁신성장의 기반을 조성하여 일자리를 창출하는 사업

• 사업 유형

사업 유형	사업 내용
우리동네살리기	인구 유출, 주거지 노후화로 활력을 상실한 지역에 대해 소규모 주택 정비사업 및 생활편의시설 공급 등으로 마을공동체 회복
주거지지원형	골목길 정비 등 소규모 주택정비의 기반을 마련하고, 소규모주택 정비사업 및 생활편의시설 공급 등으로 주거지 전반의 여건 개선
일반근린형	주거지와 골목상권이 혼재된 지역을 대상으로 주민 공동체 활성화와 골목상권 활력 증진을 목표로 주민 공동체 거점 조성, 마을가게 운영, 보행환경 개선 등을 지원하는 사업
중심시가지형	원도심의 공공서비스 저하와 상권의 쇠퇴가 심각한 지역을 대상으로 공공기능 회복과 역사·문화·관광과의 연계를 통한 상권의 활력 증진 등을 지원하는 사업
경제기반형	국가·도시 차원의 경제적 쇠퇴가 심각한 지역을 대상으로 복합앵커시설 구축 등 新 경제거점을 형성하고 일자리를 창출하는 사업

• 사업 유형별 특징

구분	주거재생형		일반근린형	중심시가지형	경제기반형
	우리동네 살리기	주거지지원형			
사업추진·지원근거	국가균형발전 특별법	도시재생 활성화 및 지원에 관한 특별법			
활성화 계획 수립	필요 시 수립	수립 필요			
사업 규모 (권장면적)	소규모 주거 (5만m^2 이하)	주거 (5만 ~ 10만m^2 내외)	준주거, 골목상권 (10만 ~ 15만m^2 내외)	상업, 지역 상권 (20만m^2 내외)	산업, 지역경제 (50만m^2 내외)
대상 지역	소규모 저층 주거밀집지역	저층 주거밀집지역	골목상권과 주거지	상업, 창업, 역사, 관광, 문화예술 등	역세권, 항만, 산업단지 등
국비 지원 한도 / 집행 기간	50억 원 / 3년	100억 원 / 4년		150억 원 / 5년	250억 원 / 6년
기반시설 도입	주차장, 공동 이용시설 등 생활편의시설	골목길 정비, 주차장, 공동 이용시설 등 생활편의시설	소규모 공공·복지·편의시설	중규모 공공·복지·편의시설	중규모 이상 공공·복지·편의시설

56 다음 〈보기〉의 사례에 해당하는 사업 유형이 잘못 연결된 것은?

〈보기〉

ㄱ. 서울 중랑구 : 공동체 거점 조성, 지역 비즈니스 아이템 발굴(도시농업 등), 주거환경 개선 등을 통한 공동체 회복 및 상권 활성화
ㄴ. 대구 중구 : 복합 커뮤니티센터 조성을 통한 마을공동체 강화, 남산 주거문화 복합 공간 조성 등 정주 여건 개선
ㄷ. 서울 양천구 : 주택개량, 생활 SOC 확충, 청년 주택 커뮤니티를 조성하고, CCTV 사각지대 제로화 등 스마트 도시재생 시행
ㄹ. 경상남도 밀양 : 아리랑을 테마로 하여 무형문화재 전수교육관, 어울림센터 등 문화혁신거점 및 상업 가로 조성
ㅁ. 대전 동구 : 대전역 쪽방촌 정비와 연계한 공공 생활 복합시설, 상권 활성화를 위한 한의약 특화 거리 및 상생 상가 조성

① ㄱ – 일반근린형
② ㄴ – 우리동네살리기형
③ ㄷ – 주거지지원형
④ ㄹ – 경제기반형
⑤ ㅁ – 중심시가지형

57 다음 기사에서 이야기하고 있는 문경시의 도시재생뉴딜사업 유형으로 가장 적절한 것은?

경상북도 문경시에 위치한 쌍용양회 문경공장은 한국전쟁 이후 우리나라 경제개발로 인한 시멘트 수요 증가에 따라 건립된 내륙형 시멘트 공장이다. 국내 시멘트 수요의 절반을 담당할 정도로 주목을 받았으나, 시설 노후화와 생산성 저하, 수요 감소 등으로 1980년 6월 폐업하게 되었고, 이로 인해 주변 지역까지 점차 쇠퇴하고 있는 실정이다.
경상북도와 문경시는 쌍용양회 문경공장의 장소 특수성을 활용하여 문경컬쳐팩토리, 청년예술가 스튜디오 등 차별화된 산업거점을 육성하는 도시재생뉴딜사업을 적극적으로 추진할 계획이다. 약 50만m^2 규모의 문경시 도시재생뉴딜사업은 쇠퇴해가는 도시에 활력을 불어넣어 도시를 재창조하는 사업으로, 2021년부터 본격적으로 추진될 예정이다.

① 우리동네살리기
② 주거지지원형
③ 일반근린형
④ 중심시가지형
⑤ 경제기반형

※ 다음 자료를 보고, 이어지는 질문에 답하시오. [58~59]

〈공공주택 특별법 시행령〉

제2조(공공임대주택)

① 공공주택 특별법에서 '대통령령으로 정하는 주택'이란 다음 각호의 주택을 말한다.

1. 영구임대주택 : 국가나 지방자치단체의 재정을 지원받아 최저소득 계층의 주거안정을 위하여 50년 이상 또는 영구적인 임대를 목적으로 공급하는 공공임대주택
2. 국민임대주택 : 국가나 지방자치단체의 재정이나 주택도시기금법에 따른 주택도시기금의 자금을 지원받아 저소득 서민의 주거안정을 위하여 30년 이상 장기간 임대를 목적으로 공급하는 공공임대주택
3. 행복주택 : 국가나 지방자치단체의 재정이나 주택도시기금의 자금을 지원받아 대학생, 사회초년생, 신혼부부 등 젊은 층의 주거안정을 목적으로 공급하는 공공임대주택

3의2. 통합공공임대주택 : 국가나 지방자치단체의 재정이나 주택도시기금의 자금을 지원받아 최저소득 계층, 저소득 서민, 젊은 층 및 장애인·국가유공자 등 사회 취약계층 등의 주거안정을 목적으로 공급하는 공공임대주택

4. 장기전세주택 : 국가나 지방자치단체의 재정이나 주택도시기금의 자금을 지원받아 전세계약의 방식으로 공급하는 공공임대주택
5. 분양전환공공임대주택 : 일정 기간 임대 후 분양전환할 목적으로 공급하는 공공임대주택
6. 기존주택등매입임대주택 : 국가나 지방자치단체의 재정이나 주택도시기금의 자금을 지원받아 제37조 제1항 각호의 어느 하나에 해당하는 주택 또는 건축물을 ㉠ 매입하여 국민기초생활 보장법에 따른 수급자 등 저소득층과 청년 및 신혼부부 등에게 공급하는 공공임대주택
7. 기존주택전세임대주택 : 국가나 지방자치단체의 재정이나 주택도시기금의 자금을 지원받아 기존주택을 임차하여 국민기초생활 보장법에 따른 수급자 등 저소득층과 청년 및 신혼부부 등에게 전대(轉貸)하는 공공임대주택

② 제1항 각호에 따른 임대주택의 입주자격에 관한 세부 기준은 국토교통부령으로 정한다.

제3조(공공주택의 건설 비율)

① 공공주택지구의 공공주택 비율은 다음 각호의 구분에 따른다. 이 경우 제1호 및 제2호의 주택을 합한 주택이 공공주택지구 전체 주택 호수의 100분의 50 이상이 되어야 한다.

1. 공공임대주택 : 전체 주택 호수의 100분의 35 이상
2. 공공분양주택 : 전체 주택 호수의 100분의 25 이하

② 국토교통부장관은 제1항 각호에 따른 비율의 범위에서 공공주택의 세부 유형별 주택 비율을 정하여 고시할 수 있다.

제5조(토지 등의 우선 공급) 임대주택건설용지를 공급하려는 자(법 제4조 제1항 각호에 해당하는 경우로 한정한다)는 공급가격 등 국토교통부장관이 정하는 기준에 따라 공공주택사업자에게 수의계약의 방법으로 ㉡ 매각하거나 임대할 수 있다.

58 다음 중 밑줄 친 ㉠과 ㉡의 관계와 다른 것은?

① 정착 – 표류
② 속성 – 만성
③ 회송 – 환송
④ 전입 – 전출
⑤ 증산 – 감산

59 다음 중 공공임대주택의 각 유형에 대한 설명이 잘못 연결된 것은?

① 행복주택 – 지방자치단체의 재정을 지원받아 사회초년생 등 젊은 층에 공급하는 공공임대주택
② 국민임대주택 – 주택도시기금의 자금을 지원받아 저소득 서민에게 30년 이상 장기간 임대를 목적으로 공급하는 공공임대주택
③ 장기전세주택 – 국가의 재정을 지원받아 전세계약의 방식으로 공급하는 공공임대주택
④ 영구임대주택 – 주택도시기금의 자금을 지원받아 최저소득 계층에게 50년 이상 또는 영구적인 임대를 목적으로 공급하는 공공임대주택
⑤ 통합공공임대주택 – 국가의 재정을 지원받아 장애인, 국가유공자 등 사회 취약계층에게 공급하는 공공임대주택

60 연간소득이 8,000만 원인 A씨의 현재 주택 대출에 대한 연간 원리금 상환액이 1,560만 원이고, 그 외 기타 대출에 대한 연간 이자 상환액이 1,240만 원이라면, A씨의 최대 DTI(총부채상환비율)는 얼마인가?

① 30%
② 35%
③ 40%
④ 45%
⑤ 50%

61 한국토지주택공사에서 외국인 투자기업의 경영환경과 외국인의 생활여건을 개선하여 외국인 투자를 촉진하고 지역 간의 균형 발전을 위해 경제자유구역을 유치하고 있다. 다음 투자유치 실적에 대한 자료를 참고하여 이에 대한 설명으로 옳은 것은?(단, 1평은 3.3m^{2}이며, 비율은 소수점 이하 둘째 자리에서 반올림한다)

〈투자유치 실적 현황〉

지역 및 프로그램		유치 면적(천 m^2)	사업개요	추진경위
인천 청라	테마파크형 골프장	1,492	세계수준의 골프장 및 빌리지 조성	- 2007년 2월 사업협약 체결 - 2012년 5월 개장
	외국인학교	46	美 Dalton 프로그램 도입으로 세계적 수준의 외국 초·중·고 유치	- 2009년 12월 사업협약 체결 - 2011년 9월 개교
	하나드림타운	248	하나금융그룹 본사 및 통합IT센터 등 조성	- 2014년 7월 사업협약 체결 - 2015년 6월 착공 - 2017년 4월 통합IT센터 준공, 운영 중
	국제금융단지	159	국제업무, 판매 및 주거 등 복합단지 조성	- 2015년 8월 사업협약 체결 - 2016년 8월 착공(공동주택)
인천 영종	항공엔진정비센터	67	항공엔진 분해·조립·부품수리·성능시험 센터 건립	- 2011년 6월 사업협약 체결 - 2014년 6월 착공 - 2016년 준공, 운영 중
	항공운항훈련센터	33	항공조종사 및 승무원 훈련센터 건립	- 2011년 12월 사업협약 체결 - 2014년 10월 착공 - 2016년 준공, 운영 중
부산 명지	글로벌캠퍼스	54	독일 대학(FAU) 등 글로벌캠퍼스 유치	- 2015년 12월 부산시에 토지매각
	데상트 R&D센터	17	데상트코리아 R&D센터 건립	- 2016년 8월 사업협약 체결 - 2017년 4월 착공
	명지복합시설	120	업무, 주거, 컨벤션, 호텔 복합개발로 지구 랜드마크 건설	- 2017년 4월 사업협약 체결 - 2017년 8월 착공

※ 외자금액 : 1,732억 원(FDI, 외국인직접투자 신고액 : 1,705억 원)

① 경제자유구역의 투자유치 프로그램은 총 9개이며, 전체 유치 면적은 2,156천 m^{2}이다.
② 2016년도에 사업협약을 체결한 프로그램이 있는 지역의 총 유치 면적이 세 지역에서 가장 넓다.
③ 경제자유구역 유치 프로그램에 투자한 외자금액에서 FDI로 신고한 금액은 약 95.4%를 차지한다.
④ 인천광역시에서 개교한 학교는 협약체결 시기가 가장 빠르고, 유치 면적은 13천 평 미만이다.
⑤ 2016년도에 준공된 프로그램은 2개이며, 두 프로그램의 지역, 협약체결 및 착공 연도가 같다.

62 ㉠~㉤을 우리말 어법에 맞고 중복되는 표현이 없도록 수정하려고 할 때, 〈보기〉에서 적절하게 고친 것을 모두 고르면?

LH 한국토지주택공사	보도자료	배포일	2020. 07. 24(금)
		담당부서	안전기획실
		담당자	이○○ 부장

LH, 'VR 안전 교육 확산 위한 상생 · 협력 협약' 체결

LH는 산업안전보건공단, 한국동서발전, 한국수자원공사(이하 상생 · 협력 기관)와 함께 'VR 교육 확산을 위한 상생 · 협력 업무협약'을 체결했다. 이번 협약은 상생 · 협력 ㉠ 기관간 상호 협업 체계를 구축함으로써 VR 안전 교육의 정착과 활성화에 기여하고 건설 재해를 예방하는 등 사회적 가치를 실현하기 위해 마련됐다.

최근 VR 분야에 대한 대중의 관심과 수요는 ㉡ 갑작스럽게 급증하는 반면, 안전 보건에 대한 VR 콘텐츠의 공급은 ㉢ 부족할뿐만 아니라 공급 주체에 따라 VR 콘텐츠의 개발 방식과 장비 등이 통일되지 않아 ㉣ 상호 호환이 되지 않는 문제점이 있었다. 이를 해결하기 위해 개최된 이번 협약식에서는 각 기관이 개발한 VR 콘텐츠를 무상 지원하기로 하고, 호환성 확보를 위해 개발 및 운영 방법을 통합하기로 했다. 또한, VR 콘텐츠 개발에 필요한 현장 지원 및 기술 자문 등 자원을 공유하고, 중 · 장기적으로는 △ 상생 · 협업 공공 기관 확대, △ 평가 회의 공동 개최, △ VR 콘텐츠 대내외 공동 홍보 등을 통해 현장 근로자들의 안전 의식 제고와 함께 사망 사고 없는 일터를 조성하기로 협약했다.

LH 안전기획실장은 "이번 협약을 통해 VR 안전 교육 콘텐츠가 보다 빠르게 확산될 수 있을 것으로 ㉤ 예상되어진다."며, "LH는 앞으로도 안전한 건설 환경 조성을 목표로 다른 기관과 협력 가능한 분야를 지속적으로 발굴할 것"이라고 밝혔다.

〈보기〉

ⓐ ㉠은 '기관 간'으로 띄어 쓴다.
ⓑ ㉡은 '갑작스럽게'를 삭제하거나 '급증'을 '증가'로 고친다.
ⓒ ㉢은 '부족할 뿐만'으로 띄어 쓴다.
ⓓ ㉣은 '상호'를 삭제한다.
ⓔ ㉤은 '예상된다' 또는 '예상한다'로 고친다.

① ⓐ, ⓑ, ⓒ
② ⓐ, ⓓ, ⓔ
③ ⓑ, ⓒ, ⓔ
④ ⓑ, ⓒ, ⓓ, ⓔ
⑤ ⓐ, ⓑ, ⓒ, ⓓ, ⓔ

63 다음 중 밑줄 친 ㉠의 궁극적인 수립 목적으로 가장 적절한 것은?

LH 한국토지주택공사	보도자료	배포일	2020. 07. 27(월)
		담당부서	미래혁신실
		담당자	유○○ 단장

LH, 공공성 강화를 통한 사회적 가치 창출 본격화

LH는 고유 사업의 공공성을 강화함으로써 국민들이 체감할 수 있는 사회적 가치를 창출하기 위해 '㉠ 2020년 사회적 가치 추진 계획'을 수립했다. LH는 지난 2018년 공공기관 최초로 사회적 가치 영향 평가 제도를 도입하고, 실질적인 성과 측정이 가능한 표준 모델을 마련하는 등 공공 부문에 사회적 가치 추진 기반을 마련하기 위해 노력해왔으며, 2018년 대통령 직속 일자리위원회 일자리 유공기관 선정, 2019년 국가품질경영대회 사회적 가치 창출 부문 대통령 표창 수상에 이어 3년 연속 정부경영평가 A 등급을 달성함으로써 공공 부문의 대표적인 사회적 가치 창출 우수 기관으로 역량을 인정받은 바 있다.

올해는 사회적가치기본법상 13개 사회적 가치 세부 요소에 LH 고유 사업의 특성을 반영해 'LH의 사회적 가치 요소'를 정의하고, 이에 따라 '주거 안정, 균형 발전, 일자리 창출 및 상생 국민 신뢰'의 구체적 성과를 창출하기 위해 2020년 사회적 가치 추진 계획을 수립했다. 세부적으로 살펴보면 선진국 수준의 공공주택 공급, 생애주기별 주거 지원망 구축, 입주자 특성에 최적화된 주거 공간, 사회서비스 제공 등을 통해 국민의 주거기본권을 실현, 4.2조 원의 주거 편익 사회 성과를 창출할 계획이다.

국가 균형 발전을 선도하기 위한 노력도 강화한다. 주변 지역과 상생하는 3기 신도시를 조성하고, 맞춤형 지역 개발, 도시 재생 사업으로 지역 경제 활성화를 추진할 예정이다. 또한 창업 공간 1,108개 제공, 1.2만 개 일자리 창출 및 1,214개 사회적 경제 기업 육성, 중소기업 맞춤형 기업 성장 지원 등 공정경제 기반을 구축, 1.7조 원의 사회성과를 창출하기 위한 실천 과제 역시 마련했다. 아울러 국민 신뢰도 제고를 위해 LH의 경영 및 사업 영역 전반에 걸쳐 국민과의 소통을 확대하고, IoT 기반 재난 관리 종합 체계 구축, 주거 약자 무장애 공간 확장 등을 통해 안전한 근로 및 주거 환경을 조성한다는 계획이다.

LH 관계자는 "LH의 경영과 사업에 사회적 가치가 내재화되도록 다각도로 노력해 왔다."며, "앞으로도 LH 본연의 목표인 국민 주거 안정과 지역 균형 발전이라는 사회적 가치 실현에 충실하면서, 상생 협력, 공동체 활성화 등 다양한 사회적 가치 창출에 적극 힘쓰겠다."고 밝혔다.

① 국민 주거 안정과 지역 균형 발전 등의 사회적 가치 창출 및 실현
② 고유 사업의 공공성 강화를 통한 사회적 공기업으로서의 이미지 개선·확대
③ 사업 영역 전반에 걸친 국민과의 소통 확대로 국민의 신뢰도 향상
④ 일자리 창출, 사회적 경제 기업 육성, 중소기업 성장 지원 등을 통한 공정경제 토대 확충
⑤ 맞춤형 지역개발, 도시 재생 사업 등을 통한 지역 경제 활성화

64 한국토지주택공사의 주택 분양에 당첨된 A씨는 자금을 마련하기 위해 주택담보대출의 대출금액 한도를 알아보고 있다. 다음 자료와 A씨의 상황을 보고, A씨의 DTI와 LTV 기준 최대 금액 대출 가능 여부로 옳은 것은?(단, $\frac{0.02}{12} \fallingdotseq 0.0016$, $1.0016^{240} \fallingdotseq 1.5$로 계산한다)

〈대출정보〉

	구분	조정대상지역	투기과열지구
가계 대출	LTV	9억 원 이하분 50%, 9억 원 초과분 30%	9억 원 이하분 40%, 9억 원 초과분 20%, 15억 원 초과분 0%
	DTI	50%	40%

※ $\text{DTI}=\frac{\text{(주택담보대출 연간 원리금 상환액)+(기타 이자 상환액)}}{\text{(연간소득)}}\times 100$

※ (원리금균등 월상환액)$=\frac{(1+r)^n \times r \times a}{(1+r)^n-1}$ (r : 월이율, n : 상환 개월 수, a : 원금)

〈A씨 상황〉

- 연간 소득 : 6천만 원
- 주택 위치 : 조정대상지역
- 주택 가격 : 10억 원
- 대출 상환방식 및 기간 : 원리금균등상환, 20년
- 연 이자율 : 2%
- 기타부채 금액 : 없음

	DTI	대출 가능 여부
①	48.08%	가능
②	48.08%	불가능
③	46.08%	가능
④	46.08%	불가능
⑤	50.08%	가능

※ 다음은 한국토지주택공사의 토지업무규정의 일부이다. 다음 규정을 보고 이어지는 질문에 답하시오. [65~66]

제13조(적격조사)
① 토지를 매입할 때에는 매각신청서를 접수하여 관련 서류에 의하여 권리관계와 그 밖에 필요한 사항을 확인하고 현장을 답사하여 적격 여부를 조사한다.
② 제10조에 따른 매입제한 등 각종 제한사항은 현장 확인, 관련 서류에 의한 확인 또는 필요한 경우 관련 기관에 조회하여 조사한다.
③ 제1항에 따른 조사사항, 조사방법과 그 밖에 필요한 사항은 시행세칙으로 정한다.

제14조(전략적 비축매입을 위한 구역지정 등)
① 사장은 전략적 비축매입을 하려는 경우 미리 그 매입대상 구역을 지정하여야 한다.
② 지역본부장(사업본부장을 포함한다)은 제1항에 따라 지정된 구역안의 토지와 그 토지에 있는 정착물에 대하여는 그 소유자에게 매도의사 확인을 위하여 매입기준 등을 미리 제시하여야 한다.
③ 제1항 및 제2항에 따른 구역의 지정 및 매입기준의 설정 등 그 밖에 필요한 사항은 시행세칙으로 정한다.

제15조(측량 및 감정평가)
① 지역본부장은 매입대상토지의 측량 및 감정평가를 의뢰한다. 다만, 경계 및 현황측량의 필요가 없다고 판단하는 경우는 측량을 의뢰하지 아니할 수 있다.
② 제1항의 측량에 필요한 사항은 시행세칙으로 정한다.

제16조(매입가격)
① 토지의 매입가격은 감정평가액을 기준으로 하여 신청인과 협의하여 결정함을 원칙으로 한다.
② 매입가격결정에 필요한 사항은 시행세칙으로 정한다.

제16조의2(입찰방식 등에 의한 매입)
① 사업담당부서장이 요청하거나 토지의 원활한 비축을 도모하기 위하여 필요한 때에는 토지를 입찰(유찰로 인한 수의 계약 포함)에 의하여 매입할 수 있다.
② 입찰의 참여결정, 방법 등에 관한 사항은 사장이 따로 정한다.

제18조(소유권이전등기) 매매계약을 체결한 때에는 즉시 신청인으로부터 소유권 이전등기에 필요한 일체의 서류를 받아 소유권이전등기절차를 밟는다.

제19조(대금지급)
① 공사는 토지매입대금을 계약보증금과 잔금으로 나누어 현금 또는 공사채로 지급한다.
② 계약보증금은 매입대금의 100분의 10 이내의 범위에서 매매계약 체결 시에 지급한다.
③ 잔금은 토지의 소유권이전등기 후에 지급한다. 다만, 공공매입에 있어서 제3자의 권리가 없는 경우에는 소유권이전등기에 필요한 일체의 서류를 받음과 동시에 지급할 수 있다.

제20조(수수료 등의 부담)
① 매매계약을 체결한 토지에 대한 경계 및 현황측량 수수료, 감정평가보수는 공사가 부담한다.
② 토지조사 등에 필요한 모든 비용과 소유권이전등기절차에 필요한 매입부대비는 공사가 부담한다.
③ 그 밖에 수수료 등의 부담에 필요한 사항에 대하여는 시행세칙으로 정한다.

제21조(부채상환용 토지매입의 특례)
① 부채상환용 토지매입의 경우에는 해당토지의 매입여부를 매입요청일로부터 1개월 이내에 결정하여야 하며 매입을 결정한 때에는 매입요청일로부터 3개월 이내에 해당 토지를 매입하여야 한다.
② 제1항에 따라 토지를 매입한 후에 공사는 매입 여부 및 매입 결과를 지체없이 국토교통부장관에게 보고하여야 한다.
③ 제1항에 따라 매입한 토지의 대금을 지급할 때에는 미리 해당 금융기관에 통보하여야 한다.
④ 부채상환용 토지매입은 매입 및 매각에 대한 절차, 방법, 가격결정 등 정부정책으로 정한 기준이 있는 경우에는 그에 따른다.

65 다음 중 토지업무규정에 대해 옳은 설명은?

① 토지 매입 시 조사방법은 담당자의 의견을 따른다.
② 토지 매입 시에는 감정평가액을 매입가격으로 하여 매입한다.
③ 토지매입대금은 계약보증금과 잔금으로 구분하여 현금으로 지급하여야 한다.
④ 공사가 부채상환용 토지를 매입할 경우, 매입요청일로부터 1개월 이내에 해당 토지를 매입하여야 한다.
⑤ 공사는 부채상환용 토지의 매입대금 지급 시에는 사전에 금융기관에 통보하여야 한다.

66 다음 〈보기〉에서 빈칸에 들어갈 수치로 알맞게 짝지어진 것은?(단, 1개월은 30일로 계산한다)

〈보기〉

- 공사가 A지역 토지를 2억 5,000만 원에 매입하기로 계약하였다면, 공사는 신청인에게 계약보증금으로 최대 __(ㄱ)__만 원을 매매계약 체결할 때 지급한다.
- 부채상환용 토지를 매입요청일로부터 20일 후인 6월 17일에 매입을 결정하였다면, __(ㄴ)__월 __(ㄷ)__일 기준으로 3개월 이내에 토지를 매입해야 한다.

	(ㄱ)	(ㄴ)	(ㄷ)
①	2,500	5	17
②	2,000	5	17
③	2,500	5	28
④	2,000	5	28
⑤	2,500	5	20

67 다음은 LH한국토지주택공사의 신혼부부 전세임대에 관한 기사이다. 다음 중 기사를 잘못 이해한 사람은?

LH 한국토지주택공사	보도자료	배포일	2020. 07. 08(수)
		담당부서	주거복지사업처
		담당자	최○○ 부장

LH, 신혼부부 전세임대Ⅰ · Ⅱ유형 지원자격 추가 완화

LH는 신혼부부의 주거안정을 위한 신혼부부 전세임대Ⅰ · Ⅱ유형의 지원 자격을 추가로 완화해 입주자를 모집한다고 밝혔다. 전세임대주택은 입주대상자가 거주를 희망하는 주택을 물색하면 LH가 해당 주택 소유자와 전세 계약을 체결한 뒤 대상자에게 저렴한 가격으로 재임대하는 주택이다.
LH는 지난 6월 신혼부부 전세임대Ⅰ유형의 자격을 완화해 입주자를 모집[월평균 소득 70%(배우자 소득 있는 경우 90%), 혼인 기간 10년 이내, 자녀 나이 만 13세 이하]한 데 이어, 이번에는 Ⅰ · Ⅱ유형 모두 지난 공고보다 소득 기준을 완화하고, 자녀 나이 요건 또한 기존 만 13세 이하에서 만 18세 이하로 확대했다. 지원한도액은 신혼Ⅰ은 수도권 1억 2,000만 원, 광역시(세종시 포함) 9,500만 원, 기타 도 지역 8,500만 원이며, 신혼Ⅱ는 수도권 2억 4,000만 원, 광역시 1억 6,000만 원, 기타 도 지역 1억 3,000만 원까지 지원한다. 전세보증금이 지원한도액을 초과하는 주택의 경우, 초과분을 입주대상자가 부담하고 임차권은 LH에 귀속되는 조건으로 지원 가능하다. 기타 자세한 사항은 LH청약센터에 게시된 공고를 참조하거나 LH콜센터로 문의하면 된다.

① 갑 : LH는 전세보증금을 지원할 뿐, 전세 계약은 주택 임차인이 직접 주택 임대인과 체결해야 하는군.
② 을 : LH가 Ⅰ · Ⅱ 유형의 지원 자격을 완화함에 따라 Ⅰ유형의 자격이 Ⅱ유형보다 1차례 더 완화되었군.
③ 병 : 만 18세 이하의 자녀를 둔 부부라면 Ⅰ · Ⅱ 유형의 자녀 나이 요건을 모두 만족하는군.
④ 정 : 이번 공고에서는 Ⅰ유형의 경우 월평균 소득 기준이 지난 공고에서의 70%보다 더 높겠군.
⑤ 무 : 전세보증금이 지원한도액을 초과하더라도 LH의 신혼부부 전세임대에 지원할 수 있겠군.

68 다음은 한국토지주택공사의 '경남 그린뉴딜 아이디어톤 대회'에 관한 보도자료이다. 다음 보도자료를 읽고 알 수 있는 내용으로 옳지 않은 것은?

LH 한국토지주택공사	보도자료	배포일	2020. 07. 27(월)
		담당부서	공공지원건축사업단
		담당자	이OO 부장

LH, 경남도와 '경남 그린뉴딜 아이디어톤 대회' 개최

LH는 경상남도와 함께 '경상남도 그린뉴딜 아이디어톤 대회'를 개최한다. '아이디어톤(Ideathon)'은 아이디어와 마라톤의 합성어로, 집중 토론을 통해 아이디어를 구체화해 결과물을 만들어내는 경연방식이다. 이번 대회에서 참가자가 창의적인 그린뉴딜 아이디어를 제안하면, 무박 2일(30시간) 동안 전문가 멘토들과 함께 실현 가능한 사업계획으로 발전시켜 나가게 된다.

LH는 이번 대회를 위해 그린리모델링, 제로에너지, 도시재생 등 관련 분야 멘토들을 지원하고, 폐조선소에서 창업 공간으로 탈바꿈한 '통영리스타트플랫폼'을 아이디어톤 장소로 제공하기로 했다.

LH뿐만 아니라 창원대학교도 특별협력기관으로 대회에 참여해 전문가 멘토 지원 및 청년 참여 활성화를 돕는다. LH와 창원대학교의 참여로 대회 규모가 커지면서, 주최 측은 기존 7월 30일(목)부터 진행한 이번 대회의 공모 기간을 8월 5일(수)까지로 연장했다. 시상 규모 또한 경남도지사상 외에 LH 사장상과 창원대학교 총장상 등이 신설되고 총상금이 800만 원으로 확대됐다.

공모주제는 '경남을 바꾸는 그린뉴딜'로 그린뉴딜 관련 아이디어를 가지고 있는 대한민국 국민 누구나 신청 가능하며, 서류심사를 통해 20팀을 선정한다. 이후 8월 10 ~ 14일간의 전문가 멘토링과 22 ~ 23일간의 무박 2일 아이디어톤을 거쳐 최종 수상작이 결정될 예정이다.

① 아이디어톤의 정의
② 아이디어톤 대회 진행 장소
③ 아이디어톤 대회 지원 자격
④ 아이디어톤 대회 기존 공모 기간
⑤ 아이디어톤 대회 진행 방식

※ 다음은 한국토지주택공사의 다가구 청년매입임대사업에 대한 자료이다. 다음 자료를 읽고 이어지는 질문에 답하시오. [69~70]

〈청년매입임대(다가구)〉

• 개요

청년(19 ~ 39세), 대학생, 취업준비생 등 젊은 계층의 주거안정을 위해 국가 재정과 주택도시기금을 지원받아 LH 공사에서 매입한 주택을 개 · 보수 또는 리모델링(재건축) 후 주변시세보다 저렴하게 공급하는 공공임대주택

• 매입대상주택

건축법시행령에 의한 단독주택, 다중주택, 다가구주택, 공동주택(아파트, 다세대주택, 연립주택), 오피스텔 등 전용면적 85m^2 이하이고 청년층의 수요가 많으며 교통이 편리한 지역의 주택

※ 매입가격, 관리비부담수준, 입지와 주변환경 등 고려하여 선별 매입함

• 입주대상

혼인중이 아닌 무주택자요건 및 소득 · 자산기준을 충족하는 청년

구분		1순위			2순위	3순위	4순위	
		장애인 가구	아동복지 시설 퇴소자	생계 · 의료 수급자, 한부모 가족, 주거지원 시급가구, 고령자 가구			단독 세대주 또는 세대원	세대원이 있는 세대주
소득	범위	해당세대	해당세대 (부모제외)	–	본인과 부모	본인과 부모	본인	해당세대
	기준	70%	70%	–	50% (장애인 가구 100%)	100% (장애인 가구 150%)	80%	100%
총자산	범위	해당세대	해당세대 (부모제외)	–	해당세대	본인	본인	해당세대
	기준	19,600만 원	19,600만 원	–	19,600만 원	7,500만 원	23,200 만 원	23,200 만 원
자동차	범위	해당세대	해당세대 (부모제외)	–	해당세대	본인	본인	해당세대
	기준	2,499만 원	2,499만 원	–	2,499만 원	무소유	2,499 만 원	2,499 만 원
주택 소유 여부	범위	본인	본인	본인	본인	본인	본인	
	기준	무주택	무주택	무주택	무주택	무주택	무주택	
타지역 출신 여부	범위	부모	–	부모	부모	부모	–	
	기준	타지역	–	타지역	타지역	타지역	–	

※ 2019년도의 총자산 및 자동차 기준금액 표기함

• 임대료

시세 대비 30 ~ 50%

• 거주기간

청년(6년)

69 **다음 중 다가구 청년매입임대사업에 대한 설명으로 옳지 않은 것은?**

① 본인이 유주택자인 경우에는 사업의 수혜대상자가 될 수 없다.
② LH 공사가 신축 건물을 매입하여 주변시세보다 저렴하게 공급하는 공공임대주택도 포함한다.
③ 타지역 출신의 경우에도 청년매입임대 사업대상자가 될 수 있다.
④ 청년매입임대주택의 경우, 시세의 절반 이하인 임대료를 납부하며 거주할 수 있다.
⑤ 청년매입임대를 신청하더라도 전용면적이 $90m^2$인 아파트에 입주할 수는 없다.

70 **A는 단독세대주이며 대학에 재학 중이다. 또한, A는 규정상 청년매입임대사업의 소득요건을 충족하며, 무주택자일 때, 다음 〈보기〉의 설명 중 A에 대한 설명으로 옳은 것을 모두 고르면?**

〈보기〉

ㄱ. A가 사고로 인해 장애등급을 부여받게 되더라도 입주 우선순위가 바뀌지는 않는다.
ㄴ. A와 부모님의 자산의 총합이 2억 원을 초과해도, A는 청년매입임대사업의 대상자가 될 수 없다.
ㄷ. A가 자동차를 2대 이상 소유하고 있더라도 청년매입임대사업의 대상자가 될 수 있다.

① ㄱ　　② ㄷ
③ ㄱ, ㄴ　　④ ㄴ, ㄷ
⑤ ㄱ, ㄴ, ㄷ

※ 다음은 한국토지주택공사의 주거급여제도에 대한 자료이다. 다음 자료를 읽고 이어지는 질문에 답하시오. [71~72]

〈주거급여〉

• 개요

기초생활보장제도가 '맞춤형 급여'로 개편되면서 그 안에 있던 주거급여 또한 함께 개편되어, 대상자의 소득·주거형태·주거비 부담수준 등을 종합적으로 고려해 저소득층의 주거비를 지원하는 제도입니다.

• 주거급여 지원대상

부양의무자의 소득·재산 유무와 상관없이, 신청가구의 소득과 재산만을 종합적으로 반영한 소득인정액이 기준 중위소득의 45%(4인기준 약 214만 원) 이하 가구일 경우 주거급여 신청이 가능합니다.

– (소득인정액이란?) '소득평가액'과 '재산의 소득환산액'을 합산한 금액입니다.

*수급(권)자 명의의 자동차는 평가기준 가액을 소득인정액 월 100% 반영하나, 장애인이 사용하는 자동차는 제외

– 2020년 기준 주거급여 수급자 선정기준

가구원수	1인 가구	2인 가구	3인 가구	4인 가구	5인 가구	6인 가구	7인 가구
소득인정액(원/월)	790,737	1,346,391	1,741,760	2,137,128	2,532,497	2,927,866	3,325,372

• 주거급여 신청절차

– 신청주체

수급권자 가구의 가구원 및 그 친척, 기타 관계인이 신청 가능합니다.

– 신청방법

신청자의 주민등록 주소지 읍·면·동 주민센터에서 가능하며, 복지로 홈페이지를 통한 인터넷 신청도 가능합니다.

– 신청 시 제출서류

1. 사회보장급여 제공(변경) 신청서 및 신청인의 신분증
2. 소득·재산신고서
3. 금융정보 등 제공동의서
4. 임대차(전대차) 계약서 및 사용대차 확인서
5. 통장사본

※ 필요한 서식은 읍·면·동 주민센터에 비치되어 있으며, 필요서류를 추가로 요청할 수 있습니다.
※ 대리 신청 시 위임장, 수급(권)자의 신분증 사본 및 대리인 신분증을 지참해야 합니다.
※ 사용대차 확인서를 제출하는 경우, 일부 가구를 제외하고 급여지급이 제한됩니다.
※ 온라인 신청 시 보장가구의 공인인증서가 필요합니다.

• 주거급여 지원절차

신청자가 주거급여 신청을 하게 되면 소득 및 재산조사와 주택조사를 거쳐 지원여부를 결정하게 됩니다.

1. 신청·접수(읍·면·동)
2. 소득·재산 등 조사(시·군·구)
3. 주택조사(LH)
4. 보장결정 및 지급(시·군·구)

71 다음 중 주거급여제도에 대한 설명으로 옳은 것은?

① 장애인과 비장애인의 소득인정 방식은 동일하다.
② 주거급여는 인터넷을 통해서만 신청이 가능하다.
③ 수급권자 본인만 신청이 가능하다.
④ 주거급여 신청기관과 지급결정 기관은 동일하다.
⑤ 수급자격 판단 시, 부양의무자의 소득 수준은 고려되지 않는다.

72 다음 〈보기〉의 설명 중 주거급여제도에 대하여 잘못된 설명을 모두 고른 것은?

〈보기〉

ㄱ. 아내와 두 명의 자녀와 거주 중인 A의 소득인정액이 202만 원인 경우, A의 배우자는 주거급여 신청이 가능하다.
ㄴ. 주거급여 신청 시 제출해야할 서류는 최소 4가지이다.
ㄷ. 혼자 살며 장애등급을 부여받은 B의 소득인정액이 130만 원인 경우, B는 주거급여 수급이 가능하다.

① ㄱ
② ㄷ
③ ㄱ, ㄴ
④ ㄱ, ㄷ
⑤ ㄴ, ㄷ

73 다음 밑줄 친 단어와 바꿔 사용할 수 있는 것은?

한국토지주택공사의 그린리모델링창조센터가 시행하고 있는 국민 체감형 그린리모델링 사업에는 민간이자지원사업과 그린리모델링 공공지원사업이 있다. 먼저 민간이자지원사업은 건축주가 초기 공사비 걱정 없이 냉·난방비를 줄이기 위해 에너지 성능 개선 공사(단열보완, 창호 성능 개선 등)에 민간금융을 활용할 경우 정부가 이자 일부를 지원하는 사업이다. 한국토지주택공사는 이를 위해 그린리모델링 사업자 모집 및 관리, 그린리모델링 에너지시뮬레이션 개발, 우수사례 공모전 개최 등의 사업을 추진한다.
다음으로 그린리모델링 공공지원사업은 녹색건축에 대한 국민적 인식을 향상시키고 녹색 건축물 조성을 활성화해 민간에 확산을 유도하기 위한 것으로 현재는 기존 공공 건축물부터 그린리모델링을 지원하고 있다. 또 그린리모델링창조센터는 효율적 운영을 위한 사업계획 수립·결산, 예산의 운영 및 관리, 로드맵 수립과 법령 개정 등의 제도적·정책적 개발에도 <u>이바지하고</u> 있다. 이외에도 그린리모델링 사업에 대한 국민들의 인식 확대와 인지도 향상을 위한 홍보활동에서도 적극적으로 나서고 있다.

① 일하고
② 따르고
③ 바치고
④ 힘쓰고
⑤ 용쓰고

74 다음은 한국토지주택공사의 집중호우 긴급 점검회의와 관련된 글이다. 다음 글을 효과적으로 전달하기 위해 〈보기〉의 ㉠, ㉡을 활용하고자 할 때, (가)~(라) 문단 중 ㉠, ㉡에 해당하는 문단이 바르게 연결된 것은?

> (가) LH는 최근 7~8월 집중호우로 서울·인천·경기 등에서 피해가 발생하고, 당분간 장마가 지속될 것으로 예상됨에 따라 지역본부장이 참석하는 긴급 점검회의를 개최했다.
> (나) LH는 지난 해 2019년 7월부터 오는 9월까지 풍수해 우려를 대비해 방재근무조를 편성했으며, 호우특보가 내려지면 전국 임대주택 및 건설 현장에서 24시간 대응 체계를 유지하는 등 선제적인 재난관리 시스템을 운영하고 있다.
> (다) LH는 긴급회의를 통해 전국 14개 지역본부의 취약시설 대응 현황과 피해 상황을 점검하고 공사 현장에서의 토사 유실이나 법면 붕괴, 임대주택 침수 예방을 위해 사전 안전조치대책 등을 확인했다.
> (라) 특히 토사 유실이나 침수 등 2차 피해가 발생하지 않도록 대비상황을 집중적으로 점검했으며, 호우피해가 심각한 지역에 대해서는 지자체 요청 시 제공할 수 있는 이재민 긴급주거지원을 비롯해 구호키트 및 구호 봉사활동 등 지원방안에 대해 논의했다.

〈보기〉

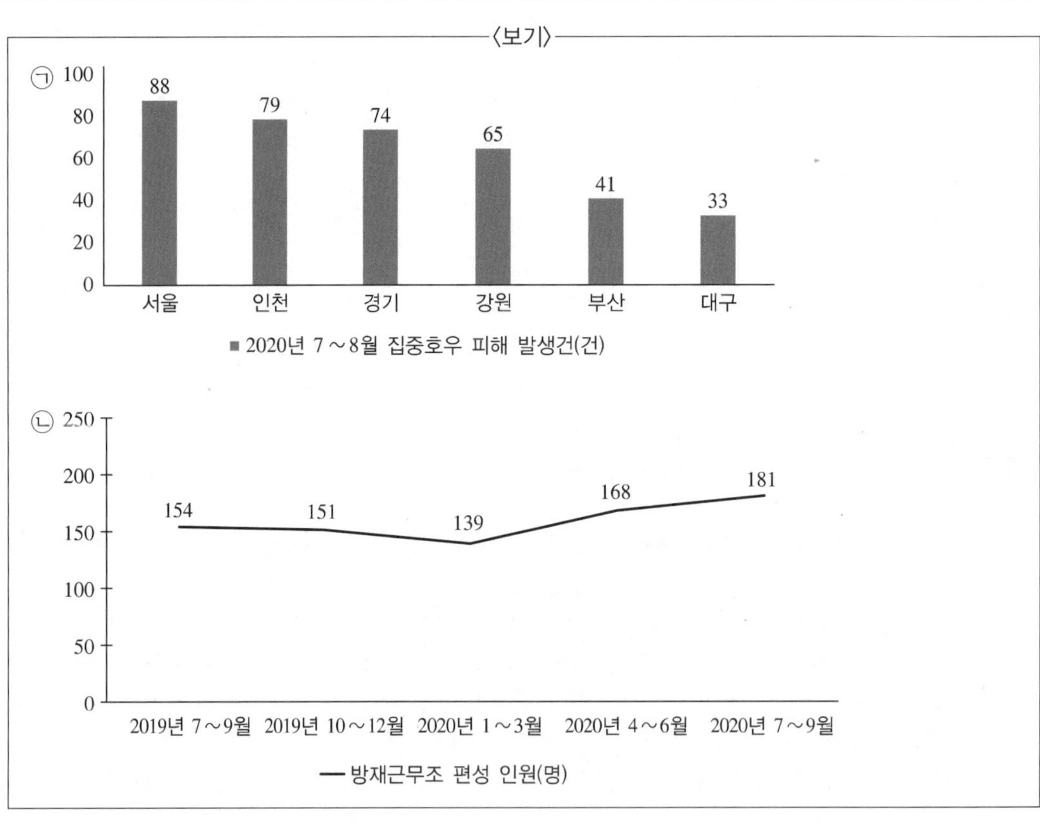

	㉠	㉡		㉠	㉡
①	(가)	(나)	②	(가)	(다)
③	(가)	(라)	④	(나)	(가)
⑤	(나)	(다)			

75 다음 밑줄 친 ㉠~㉤을 우리말 어법에 맞고 뜻이 분명하게 드러나도록 수정하고자 할 때 수정 방안으로 적절하지 않은 것은?

LH 한국토지주택공사	보도자료	배포일	2020. 07. 09(목)
		담당부서	미래혁신실
		담당자	주○○ 부장

'LH 국민공감위원회' 2기 위원회 출범

LH는 공동주택 입주민, 사회 혁신가, 마을 활동가, 의료·복지 분야 전문가 등 다양한 위원으로 구성된 국민공감위원회 2기를 발족하고 첫 회의를 개최했다. LH 국민공감위원회는 공사의 경영과 사업 전반에 공공성을 강화하고 국민 만족도를 ㉠ <u>재고(再考)하고자</u> 구성된 시민 참여 자문기구로, 지난 2018년 6월 1기 ㉡ <u>위원회가 출범한</u> 바 있다.

이번 2기 위원회는 보다 다양한 국민의 의견을 수렴하고 소통을 강화하기 위해 다양한 계층의 국민·전문가 23명과 LH 임직원 11명으로 구성됐다. 위원회는 약 1년 6개월 동안 혁신 분과와 사회적 가치 분과로 나뉘어, 국민 생활과 관련 있는 LH의 주요 사업 계획의 수립 단계부터 이행 및 평가 전 과정에서 ㉢ <u>국민 눈높이의 경영 제언을 제공할</u> 예정이다. LH 사장의 주재로 개최된 이날 위촉식 행사에서는 지난 1기 위원회에 이어 공동위원장으로 연임된 한국사회가치연대기금 이사장을 포함한 총 23명의 ㉣ <u>외부 위원에 대한 위촉장을 수여했다</u>.

위촉식 이후 개최된 2기 위원회 제1차 회의에서는 LH 국민공감 혁신 계획안과 사회적 가치 추진 계획안에 대한 보고와 위원들의 점검 및 토의가 진행됐다. 공동위원장은 "사회적 가치 실현을 선도하는 공공기관 LH와 함께 구체적인 실천 방안을 만들어 낼 수 있기를 희망한다."고 기대를 밝혔으며, LH 사장(공동위원장)은 "LH는 국민의 ㉤ <u>공기업으로써</u> 국민의 요구를 세심하게 읽어내는 지혜와 소통 능력이 중요하다."며, "LH 국민공감위원회 위원들과 함께 국민이 체감할 수 있는 변화를 만들어 혁신을 선도하는 기업, 국민에게 사랑받는 기업으로 도약하겠다."고 말했다.

① ㉠은 문맥에 어울리지 않으므로 '제고(提高)하고자' 또는 '높이고자'로 수정한다.
② ㉡은 주어와 서술어 관계를 고려하여 '위원회를 출범시킨'으로 수정한다.
③ ㉢은 지나친 한자어의 나열로 인해 뜻이 불분명하므로 '국민 눈높이에 맞는 경영 방안 의견을 제시할'로 수정한다.
④ ㉣은 조사의 사용이 적절하지 않으므로 '외부 위원에게 위촉장을 수여했다.'로 수정한다.
⑤ ㉤은 조사의 의미가 문맥에 맞지 않으므로 '공기업으로서'로 수정한다.

76 다음 중 한국토지주택공사의 공공분양사업에 대한 설명으로 옳은 것은?

〈공공분양〉

주택구입대금을 납부하고 소유권을 취득하는 주택

• 공급대상

무주택세대구성원으로서 소득 · 자산기준을 충족한 자(괄호 안은 구성비)

- 신혼부부(30%) : 혼인기간이 7년 이내인 신혼부부 또는 예비신혼부부
- 생애최초(20%) : 생애 최초로 주택을 구입하는 분
- 일반(20%) : 해당 주택건설지역에 거주하는 자
- 기관추천(15%) : 국가유공자(30%), 장애인 등 해당 기관의 추천을 받은 자(70%)
- 다자녀가구(10%) : 미성년 자녀 3명 이상을 둔 분
- 노부모부양(5%) : 만 65세 직계존속을 3년 이상 부양하고 계신 분

• 소득기준

전년도 도시 근로자 가구원수 별 가구당 월평균소득 기준 이하인 자

- 노부모부양, 다자녀가구, 신혼부부(맞벌이 부부에 한함)의 경우 월평균 소득 120% 기준 적용
- 생애최초, 신혼부부(배우자 소득이 없는 경우), 일반공급(공공주택 중 전용면적 $60m^2$ 이하)의 경우 월평균 소득 100% 기준 적용
- 2020년도 적용 소득기준

공급유형	구분	3인 이하	4인	5인	6인
$60m^2$ 이하 일반공급, 생애최초, 신혼부부(배우자소득이 없는 경우)	도시근로자 가구당 월평균소득액의 100%	5,554,983	6,226,342	6,938,354	7,594,083
노부모부양, 다자녀, 신혼부부 (배우자가 소득이 있는 경우) *근로소득 또는 사업소득을 말함	도시근로자 가구당 월평균소득액의 120%	6,665,980	7,471,610	8,326,025	9,112,900

• 자산기준

보유 부동산(건물+토지), 자동차 가액이 기준금액 이하인 자

- 부동산 : 215,500천 원 이하(2020년도 적용 기준)
- 자동차 : 27,640천 원 이하(2020년도 적용 기준)

※ 기관추천 및 전용면적 $60m^2$ 초과 일반공급은 미적용

• 기타사항

- 전매제한 : 투기수요 차단을 위해 최대 10년의 전매제한 기간 적용
- 거주의무 : 전체면적의 50% 이상 GB 해제 또는 30만m^2 이상인 수도권 공공택지에서 공급하는 공공분양주택의 경우 최대 5년의 범위에서 거주의무 적용

① 혼인기간이 7년 이상인 신혼부부라도 공공분양 공급대상이 될 수 있다.

② 공공분양주택 건설지역 거주자는 공공분양의 공급대상에서 제외되었다.

③ 가액이 31,000천 원인 보유중인 자동차를 2019년에 처분한 사람은 2020년 자산기준을 충족시키지 못한다.

④ 공공분양 사업의 공급대상 주택 중 30%는 국가유공자에게 할당되어 있다.

⑤ 공공분양의 전매제한 기간은 8년이다.

77 다음은 한국토지주택공사가 추진하는 '국토교육 동아리'에 관한 기사이다. 다음 기사를 읽고 알 수 있는 내용이 아닌 것은?

LH 한국토지주택공사	보도자료	배포일	2020. 07. 07(화)
		담당부서	공간정보처
		담당자	호○○ 부장

LH, 청소년 대상 '국토교육 동아리' 공모

LH는 청소년의 국토교육을 지원하기 위해 전국 중·고등학생을 대상으로 '국토교육 동아리'를 공모한다. 지난 2012년에 시작하여 매년 진행한 국토교육 동아리 지원 사업은 청소년들이 국토의 가치와 소중함을 일깨울 수 있도록 돕는 자율적인 교육 사업으로, 올해는 총 20개 동아리를 선정해 활동비 100만 원을 지원한다.
신청 자격은 전국의 중·고등학교 교사 1 ~ 2인과 학생 5인 이내로 이루어진 국토교육 동아리로, 7월 7일(화)부터 7월 17일(금)까지 지원서 등을 작성해 신청하면 된다. 이후 7월 18일부터 11일간 진행되는 심사를 통해 7월 29일(수) 지원 대상 동아리를 발표할 예정이다.
올해는 코로나19 확산에 따라 거리두기 등 방역지침 준수를 위해 전년 대비 동아리 구성 인원과 운영 기간을 축소했으며, 외부 체험이나 탐방보다는 LH와 국토연구원 전문가들이 동아리 활동주제별 멘토링을 제공하는 등 다른 방법으로 국토·교통 분야 관련 탐구를 지원할 계획이다. 공모내용 및 신청 방법 등 기타 자세한 내용은 국토사랑포털에 게시된 공고문에서 확인할 수 있다.

① 국토교육 동아리 지원 제한 학교
② 국토교육 동아리 사업이 진행된 횟수
③ 국토교육 동아리에 지원되는 활동비
④ 국토교육 동아리의 최대 인원
⑤ 국토교육 동아리 심사 기간

78 다음 글을 읽은 독자가 알 수 있는 내용으로 옳지 않은 것은?

LH는 임대주택 단지에서 차량을 공유하는 공공 카셰어링(Car Sharing) 서비스를 제공하고 있다. 'LH 행복카'로 불리는 이 서비스는 차량을 공유해 자동차 구입과 유지 부담을 덜고, 임대주택 입주민의 이동 편의를 돕기 위해 시작됐다. LH 행복카는 임대주택 단지를 공유경제 플랫폼으로 사용하는 서비스로 지난 2013년 50여 개 단지에 처음 도입하였으며, 현재는 수도권을 중심으로 총 118개 단지에서 운영 중이다. 입주민 전용 방식으로 제공되고 있으며, 도심에 위치한 행복주택은 개방형으로 운영하여 차별화된 서비스를 제공하고 있다. LH 행복카는 시세 대비 80% 수준으로 요금도 저렴하다. 입주민들도 차량과 관련된 가계비용이 절감되고, 차가 없더라도 급한 일이 생겼을 때 내 차처럼 이용할 수 있는 점을 가장 큰 장점으로 꼽는 등 만족도가 높다. 또한, 2018년 9월부터는 저렴한 요금으로 사용 가능한 친환경 전기차를 23개 단지에 배치하여 입주민에게 폭넓은 선택권을 제공하고 있다. 앞으로도 입주민 수요에 기반한 마케팅을 통해 지방 권역으로 서비스 범위를 확대하고 발전시켜 나갈 계획이다. 행복카 서비스 소개, 요금안내, 회원가입 방법 등 자세한 사항은 행복카 홈페이지에서 확인할 수 있다.

① LH의 공공 카셰어링 서비스 이용 대상
② LH의 공공 카셰어링 서비스 제공 목적
③ LH의 공공 카셰어링 서비스 이용 요금
④ LH의 공공 카셰어링 서비스 장점
⑤ LH의 공공 카셰어링 서비스 운영 현황

79 다음 빈칸에 들어갈 내용으로 가장 적절한 것은?

> LH의 빅데이터 센터는 내・외부 데이터를 활용해 빅데이터 기반의 경영지원 및 현안 해결을 지원한다. 데이터 분석의 안정적인 정착을 위해 공사 내부 데이터 활용 강화부터 국민들을 위한 공공데이터 개방까지 4차 산업혁명 시대의 혁신 성장의 기틀을 마련하는 것을 목표로 두고 있다. 이를 위해 LH는 데이터 관리체계 수립, 전문 조직 구성, 전문가 육성, 데이터 거버넌스 수립 등 중장기 관점의 발전 방향을 수립할 예정이다.
> 빅데이터 센터의 DW(Data Warehouse)는 운영 시스템에 존재하는 데이터를 대형 유통점과 같이 한곳에 모아두고, 각 대리점(Data Mart)에 분석 영역별로 데이터를 제공한다. 제공된 데이터는 BI(Business Intelligence)툴 등의 분석 도구를 통해서 소비자(사용자)가 직접 분석해 활용할 수 있다.
> 빅데이터 프로젝트의 성공은 참여하는 전문가들의 수준에 달려 있다. 빅데이터 아키텍처, 정확한 분석, 체계화된 데이터 구조, 사용자의 요구에 쉽게 변화할 수 있는 유연성, 분석 결과 활용 등 고려해야 할 것들이 매우 많기 때문이다. 따라서 ____________________ LH의 빅데이터 센터는 이 점을 보완하기 위해 조직 내 분석 전문가 양성 및 업무 전문가에 대한 분석 교육 체계를 수립해 내부 분석 전문가 육성에 주력할 계획이다.

① 외부 빅데이터 관련 전문가의 영입 없이는 프로젝트 성공을 기대할 수 없다.
② 빅데이터 센터를 총괄하는 담당자가 필요하다.
③ 내부 전문가 없이 만족할 만한 성과를 얻을 수 없다.
④ 원하는 성과를 얻기 위해서는 다양한 분야의 전문가가 필요하다.
⑤ 내・외부 전문가에 대한 아낌없는 투자가 필요하다.

80 다음 중 밑줄 친 부분의 맞춤법이 옳지 않은 것은?

① 공공임대 입주자가 방 한 <u>칸</u>을 떼어내 다른 이에게 재임대하는 행위는 불법이다.
② 급등하고 있는 <u>사글세</u>가 무주택 서민들의 허리를 휘게 한다.
③ 전세자금 대출 사업을 통해 더 이상 전세자금을 <u>빌러</u> 다니지 않을 수 있게 되었다.
④ 점포 겸용 단독주택용지에서는 저층에 상가를 짓고 <u>위층</u>에 주택을 지을 수 있다.
⑤ 단층 주택은 내부 <u>천장</u>이 높지 않아 햇볕이 적게 들어온다.

www.sdedu.co.kr

제3회 한국토지주택공사

NCS 직무능력검사

www.sdedu.co.kr

〈문항 및 시험시간〉

평가영역	문항 수	시험시간	모바일 OMR 답안분석
[NCS] 의사소통능력 / 수리능력 / 문제해결능력 [전공] 직업기초능력평가 심화	80문항	80분	

한국토지주택공사 신입사원 필기시험	
제3회 직무능력검사	문항 수 : 80문항 시험시간 : 80분

제 1 영역 직업기초능력평가

※ 다음 기사를 읽고 이어지는 질문에 답하시오. [1~3]

많은 사람이 리더가 되고 싶어 한다. 그러나 하고 싶다고 누구나 리더가 되는 것은 아니다. 리더가 되려면 리더십을 갖춰야 한다.

(가) 모든 것을 직접 체험하여 지식을 얻고 정보를 습득하면 좋겠지만, 현실적으로 불가능한 만큼 타인의 경험이 담긴 책을 통해 보다 다양한 지식과 정보를 간접적으로 얻는 노력이 있어야 한다. 물론, 지식과 정보를 습득하는 것 못지않게, 지식과 정보를 어떻게 활용할 것이며, 지식과 정보의 옥석(玉石)을 구별할 수 있는 안목과 혜안을 독서를 통해 길러야 한다. 글로벌 시대에 걸맞은 리더가 되려면 외국어 구사능력도 반드시 갖춰야 한다.

(나) 리더십이 없는 리더가 조직의 수장이 되면 조직은 망할 수밖에 없다. 그래서 리더가 되고자 한다면 리더십을 키우는 연습과 훈련은 필수이다. 우선, 리더가 되기 위해서는 명확한 목표를 설정해야 한다. 다름 아닌 꿈이 있어야 한다는 것이다. 사랑도, 희망도, 삶의 목표도 꿈을 꾸면서 시작된다. 더 중요하고 분명한 것은 꿈을 가진 사람이, 꿈을 꾸지 않은 사람보다 더 열심히 더 즐겁게 인생을 살아간다는 사실이다. 꿈은 오늘을 새롭게 하고, 미래를 아름답게 만드는 활력소이다. 반기문 전 유엔사무총장이나 빌 클린턴 미국 전 대통령의 공통점은 학창시절 우수학생으로 뽑혀 케네디 대통령을 만나면서 외교관과 정치가의 꿈을 꾸었다는 것이다. 명확한 목표를 설정하고, 그것을 이루기 위해 최선을 다했기 때문에 두 사람은 꿈을 현실화시킨 리더로 평가받고 있다.

(다) 누구든지 나약해질 수 있고, 절망의 나락으로 떨어질 수 있다. 그런 위기와 시련에 직면했을 때 어떤 생각을 하고 사고하며, 어떤 마음으로 접근하느냐에 따라 인생의 항로가 바뀔 수 있다. 부정의 시각으로 생각하는 사람은 생각의 끝에서 절망을 선택할 것이며, 긍정의 시각으로 생각한 사람은 생각의 끝에서 희망으로 방향을 유턴하게 될 것이다. 세상은 긍정적이고 낙천적 사고의 소유자들에 의해 변화와 발전을 거듭해왔음을 직시해야 한다. 세계적인 커피체인점 스타벅스의 하워드 슐츠 회장이 리더는 항상 낙관적이어야 한다며 긍정적 사고를 강조한 것도 같은 맥락이다. 진정한 리더가 되고 싶다면, 앞에서 강조한 것을 선택과 집중의 관점에서 하나하나 실천해야 한다.

(라) 또한, 리더가 되기 위해서는 원만한 대인관계를 구축해야 한다. 혼자 살 수 없는 세상에서 얽히고설키는 관계(關係)라는 말처럼 중요한 것도 없을 것이다. 그래서 사람과 사람을 이어주고, 소통시켜주는 원만한 대인관계야말로 성공을 향한 더없이 소중한 밑거름이다. 미국인들로부터 가장 성공한 사람으로 추앙받는 벤자민 프랭클린도 "아무에게도 적이 되지 말라."며 대인관계의 중요성을 역설했다. 나와 관계없는 백만 명의 사람보다 나와 관계를 맺은 한 사람을 더 소중하고 귀하게 여길 때 원만한 대인관계를 형성할 수 있고, 성공을 향한 발걸음도 한결 가벼워질 것이다. 리더에게 독서는 필수요소이다. 지식이 힘이고, 정보가 경쟁력인 지식정보화시대를 슬기롭게 헤쳐 나가기 위해서는 다독(多讀)이 필요하다.

(마) 특히, 영어는 단순한 외국어가 아니라 지구촌 사회와 의사소통을 가능하게 해주는 하나의 약속이 되고 있다. 모국어 하나로 살아갈 수도 있지만, 결국 우물 안 개구리로 전락할 수밖에 없다. 외국어를 구사하지 못하면 일류가 될 수 없고, 일류가 될 수 없다는 것은 결국 성공할 기회가 그만큼 희박해진다는 것을 의미한다. 네덜란드, 덴마크, 스위스, 오스트리아 등 유럽의 나라들이 규모에 비해 강소국의 반열에 올라설 수 있게 된 것도 국민의 외국어 구사 능력이 출중하기 때문이라는 것은 시사하는 바가 매우 크다. 덧붙여, 리더가 되고자 하는 사람은 긍정적이고 낙천적인 유연한 사고를 지녀야 한다.

01 다음 기사를 읽고 직원들이 느낀 바로 적절하지 않은 것은?

① 김 대리 : 리더십이 없는 리더가 조직의 수장이 되면 조직은 망할 수밖에 없지.
② 유 과장 : 리더가 되기 위해서는 꿈을 가지는 것이 중요해.
③ 강 차장 : 원만한 대인관계의 구축 또한 리더의 중요한 덕목 중 하나야.
④ 곽 사원 : 리더가 되기 위해선 위기와 시련을 마주했을 때 낙관적으로 볼 수 있는 긍정적인 자세가 중요해.
⑤ 정 부장 : 글로벌 시대에 맞는 외국어 구사능력도 중요하지만, 우리 고유의 전통을 지키는 것이 우선이야.

02 다음 기사의 내용에서 확인할 수 있는 '리더의 덕목'과 무관한 것은?

① 리더십 함양
② 독서를 통한 지식의 확충
③ 낙관적 사고
④ 주변 사람들에게 아낌없이 베풀기
⑤ 외국어 구사능력

03 다음 중 첫 문장의 다음에 올 순서로 가장 적절한 것은?

① (나) – (라) – (가) – (마) – (다)
② (나) – (가) – (다) – (라) – (마)
③ (다) – (나) – (가) – (라) – (마)
④ (가) – (다) – (마) – (라) – (나)
⑤ (가) – (나) – (라) – (마) – (다)

04 다음은 한국토지주택공사의 중소기업 동반성장프로그램인 구매조건부 신제품 개발사업에 관한 자료이다. 다음 자료의 밑줄 친 ㉠～㉤ 중 쓰임이 적절하지 않은 단어를 모두 고른 것은?

〈구매조건부 신제품 개발사업〉

• 개요

한국토지주택공사와 정부가 ㉠ 공통으로 투자자금을 조성한 후 한국토지주택공사가 과제를 ㉡ 발굴·제안하고, 정부는 중소기업을 선정·지원하는 사업

• 참여근거

– 중소기업 기술혁신 촉진법 제9조, 제10조, 제14조

– 대중소기업 상생협력 촉진법 제9조

– LH 성과공유제 관리지침

• 참여대상

중소기업기본법 제2의 제1항에 해당하는 중소기업

• 공모분야

도시 및 주택건설 관련 원가 ㉢ 연축 및 품질향상을 위하여 필요한 제품(기술)

• 지원내용

구분	내용	개발기간	지원 금액	지원금 비중
기업제안	중소기업이 LH에 과제를 제안하여 ㉣ 채택되면 중기부에서 최종 선정하고, 중소기업이 개발 진행	최대 2년	5억 원 내외	75% 이내
수요조사	LH 직원이 과제를 제안하여 채택되면 개발을 실행할 중소기업을 LH에서 중기부에 ㉤ 추발하여 중기부에서 최종 선정			

① ㉠, ㉡
② ㉠, ㉢, ㉤
③ ㉡, ㉢, ㉣
④ ㉡, ㉢, ㉣, ㉤
⑤ ㉠, ㉢, ㉣, ㉤

05 다음 글의 서술상 특징으로 올바른 것은?

> 우리가 어떤 개체의 행동이나 상태 변화를 설명하고 예측하고자 할 때는 물리적 태세, 목적론적 태세, 지향적 태세라는 전략을 활용할 수 있다. 소금을 물에 넣고, 물속의 소금에 어떤 변화가 일어날지 예측하기 위해서는 소금과 물 그리고 그것을 지배하는 물리적 법칙을 적용해야 한다. 이는 대상의 물리적 구성 요소와 그것을 지배하는 법칙을 통해 그 변화를 예측한 것이다. 이와 같은 전략을 '물리적 태세'라 한다.
> '목적론적 태세'는 개체의 설계 목적이나 기능을 파악하여 그 행동을 설명하고 예측하는 전략이다. 가령 컴퓨터의 〈F8〉 키가 어떤 기능을 하는지 알기만 하면 〈F8〉 키를 누를 때 컴퓨터가 어떤 반응을 보일지 예측할 수 있다. 즉, 〈F8〉 키를 누르면 컴퓨터가 맞춤법을 검사할 것이라고 충분히 예측할 수 있다. 마지막으로 '지향적 태세'는 지향성의 개념을 사용하여 개체의 행동을 설명하고 예측하는 전략이다. 여기서 '지향성'이란 어떤 대상을 향한 개체의 의식, 신념, 욕망 등을 가리킨다.
> 가령 쥐의 왼쪽에 고양이가 나타났을 경우를 가정해 보자. 쥐의 행동을 예측하기 위해서는 어떤 전략을 사용해야 할까? 물리적 태세를 취해 쥐의 물리적 구성 요소나 쥐의 행동 양식을 지배하는 물리적 법칙을 파악할 수는 없다. 또한, 쥐가 어떤 기능이나 목적을 수행하도록 설계된 개체로 보기도 어려우므로 목적론적 태세도 취할 수 없다. 따라서 우리는 쥐가 살고자 하는 지향성을 지닌 개체라고 전제하고, 그 행동을 예측하는 것이 타당할 것이다. 즉, 쥐는 생존 욕구 때문에 '왼쪽에 고양이가 있으니, 그쪽으로 가면 잡아먹힐 위험이 있다. 그러니 왼쪽으로는 가지 말아야지.'라는 믿음을 가질 것이다. 우리는 쥐가 고양이가 있는 왼쪽으로 가는 행동을 하지 않을 것으로 예측할 수 있다. 그런데 예측 과정에서 선행되어야 하는 것은 쥐가 살아남기 위해 합리적으로 행동하는 개체라는 점을 인식해야 한다는 것이다. 따라서 지향적 태세를 취한다는 것은 예측 대상이 합리적으로 행동하는 개체임을 가정하는 것이다.
> 유기체는 생존과 번성의 욕구를 성취하기 위한 지향성을 지닌다. 그리고 환경에 성공적으로 적응하기 위해 정보를 수집하고, 축적된 정보에 새로운 정보를 결합하여 가장 합리적이라고 판단되는 행동을 선택한다. 이처럼 대부분의 유기체는 외부 세계와의 관계 속에서 지향성을 지니며 진화해 왔다. 지향적 태세는 우리가 대상을 바라보는 새로운 자세와 관점을 제공했다는 점에서 의의를 찾을 수 있다.

① 구체적 사례를 통해 추상적인 개념을 설명하고 있다.
② 다양한 관점을 소개하면서 이를 서로 절충하고 있다.
③ 전문가의 견해를 토대로 현상의 원인을 분석하고 있다.
④ 기존 이론의 문제점을 밝히고 새로운 이론을 제시하고 있다.
⑤ 시대적 흐름에 따른 핵심 개념의 변화 과정을 규명하고 있다.

06 다음 중 빈칸에 들어갈 말로 가장 적절한 것은?

> 우리는 도시의 세계에 살고 있다. 2010년에 인류 역사상 처음으로 세계 전체에서 도시 인구가 농촌 인구를 넘어섰다. 이제 우리는 도시가 없는 세계를 상상하기 힘들며, 세계 최초의 도시들을 탄생시킨 근본적인 변화가 무엇이었는지를 상상하기도 쉽지 않다.
> 인류는 약 1만 년 전부터 5천 년 전까지 도시가 아닌 작은 농촌 마을에서 살았다. 이 시기 농촌 마을의 인구는 대부분 약 2천 명 정도였다. 약 5천 년 전부터 이라크 남부, 이집트, 파키스탄, 인도 북서부에서 1만 명 정도의 사람이 모여 사는 도시가 출현하였다. 이런 세계 최초의 도시들을 탄생시킨 원인은 무엇인가? 이 질문에 대해서 몇몇 사람들은 약 1만 년 전부터 5천 년 전 사이에 일어난 농업의 발전에 의해서 농촌의 인구가 점차적으로 증가해 도시가 되었다고 말한다. 과연 농촌의 인구는 점차적으로 증가했는가? 고고학적 연구는 그렇지 않다고 말해주는 듯하다. 농업 기술의 발전으로 마을이 점차적으로 거대화 되었다면, 거주 인구가 2천 명과 1만 명 사이인 마을들이 빈번하게 발견되어야 한다. 그러나 2천 명이 넘는 인구를 수용한 마을은 거의 발견되지 않았다. 이 점은 약 5천 년 전 즈음 마을의 거주 인구가 비약적으로 증가했다는 것을 보여준다.
> 무엇 때문에 이런 거주 인구의 비약적인 변화가 가능했는가? 이 질문에 대한 답은 사회적 제도의 발명에서 찾을 수 있다. ______________________________ 따라서 거주 인구가 비약적으로 증가하기 위해서는 사람들을 조직하고, 이웃들 간의 분쟁을 해소하는 것과 같은 문제들을 해결하는 사회적 제도의 발명이 필수적이다. 이런 이유에서 도시의 발생은 사회적 제도의 발명에 영향을 받았다고 생각할 수 있다. 그리고 이런 사회적 제도의 출현은 이후 인류 역사의 모습을 형성하는 데 결정적인 역할을 한 사건이었다.

① 거주 인구가 2천 명이 넘지 않는 마을은 도시라고 할 수 없다.

② 농업 기술의 발전에 의해서 마을이 점차적으로 거대화되었다면, 약 1만 년 전 농촌 마을의 거주 인구는 2천 명 정도여야 한다.

③ 행정조직, 정치제도, 계급과 같은 사회적 제도 없이 사람들이 함께 모여 살 수 있는 인구 규모의 최대치는 2천 명 정도밖에 되지 않는다.

④ 2천 명 정도의 인구가 사는 농촌 마을도 행정조직과 같은 사회적 제도를 가지고 있었다.

⑤ 도시인의 삶이 정치제도, 계급과 같은 사회적 제도에 의해 제한되었다는 사실은 수많은 역사적 자료에 의해 검증된다.

07 다음 글을 읽고, 뒤르켐이 헤겔에게 비판할 수 있는 주장으로 적절한 것은?

> 시민 사회라는 용어는 17세기에 등장했지만 19세기 초에 이를 국가와 구분하여 개념적으로 정교화한 인물이 헤겔이다. 그가 활동하던 시기에 유럽의 후진국인 프러시아에는 절대주의 시대의 잔재가 아직 남아 있었다. 산업 자본주의도 미성숙했던 때여서 산업화를 추진하고 자본가들을 육성하며 심각한 빈부 격차나 계급 갈등 등의 사회문제를 해결해야 하는 시대적 과제가 있었다. 그는 사익의 극대화가 국부를 증대해준다는 점에서 공리주의를 긍정했으나 그것이 시민 사회 내에서 개인들의 무한한 사익 추구가 일으키는 빈부 격차나 계급 갈등을 해결할 수는 없다고 보았다. 그는 시민 사회가 개인들의 사적 욕구를 추구하며 살아가는 생활 영역이자 그 욕구를 사회적 의존 관계 속에서 추구하게 하는 공동체적 윤리성의 영역이어야 한다고 생각했다. 특히 시민 사회 내에서 사익 조정과 공익 실현에 기여하는 직업 단체와 복지 및 치안 문제를 해결하는 복지 행정 조직의 역할을 설정하면서, 이 두 기구가 시민 사회를 이상적인 국가로 이끌 연결 고리가 될 것으로 기대했다. 하지만 빈곤과 계급 갈등은 시민 사회 내에서 근원적으로 해결될 수 없는 것이었다. 따라서 그는 국가를 사회 문제를 해결하고 공적 질서를 확립할 최종 주체로 설정하면서 시민 사회가 국가에 협력해야 한다고 생각했다.
>
> 한편 1789년 프랑스 혁명 이후 프랑스 사회는 혁명을 이끌었던 계몽주의자들의 기대와는 다른 모습을 보이고 있었다. 사회는 사익을 추구하는 파편화된 개인들의 각축장이 되어 있었고 빈부 격차와 계급 갈등은 격화된 상태였다. 이러한 혼란을 극복하기 위해 노동자 단체와 고용주 단체 모두를 불법으로 규정한 르샤폴리에 법이 1791년부터 약 90년 간 시행되었으나, 이 법은 분출되는 사익의 추구를 억제하지도 못하면서 오히려 프랑스 시민 사회를 극도로 위축시켰다.
>
> 뒤르켐은 이러한 상황을 아노미, 곧 무규범 상태로 파악하고 최대 다수의 최대 행복을 표방하는 공리주의가 사실은 개인의 이기심을 전제로 하고 있기에 아노미를 조장할 뿐이라고 생각했다. 그는 사익을 조정하고 공익과 공동체적 연대를 실현할 도덕적 개인주의의 규범에 주목하면서, 이를 수행할 주체로서 직업 단체의 역할을 강조하였다. 뒤르켐은 직업 단체가 정치적 중간 집단으로서 구성원의 이해관계를 국가에 전달하는 한편 국가를 견제해야 한다고 보았던 것이다.

① 직업 단체는 정치적 중간집단의 역할로 빈곤과 계급 갈등을 근원적으로 해결하지 못해요.
② 직업 단체와 복지행정조직이 시민 사회를 이상적인 국가로 이끌어줄 열쇠에요.
③ 국가가 주체이기는 하지만 공동체적 연대의 실현을 수행할 중간 집단으로서의 주체가 필요해요.
④ 국가는 최종 주체로 설정한다면 사익을 조정할 수 있고, 공적 질서를 확립할 수 있어요.
⑤ 공리주의는 개인의 이기심을 전제로 하고 있기 때문에 아노미를 조장할 뿐이에요.

※ 다음 글을 읽고 이어지는 질문에 답하시오. [8~10]

가격의 변화가 인간의 주관성에 좌우되지 않고 객관적인 근거를 갖는다는 가설이 정통 경제 이론의 핵심이다. 이러한 정통 경제 이론의 입장에서 증권시장을 설명하는 기본 모델은 주가가 기업의 내재적 가치를 반영한다는 가설로부터 출발한다. 기본 모델에서는 기업이 존재하는 동안 이익을 창출할 수 있는 역량, 즉 기업의 내재적 가치를 자본의 가격으로 본다. 기업가는 이 내재적 가치를 보고 투자를 결정한다. 그런데 투자를 통해 거두어들일 수 있는 총 이익, 즉 기본 가치를 측정하는 일은 매우 어렵다. 따라서 이익의 크기를 예측할 때 신뢰할 만한 계산과 정확한 판단이 중요하다.

증권시장은 바로 이 기본 가치에 대해 믿을 만한 예측을 제시할 수 있기 때문에 사회적 유용성을 갖는다. 증권시장은 주가를 통해 경제계에 필요한 정보를 제공하며 자본의 효율적인 배분을 가능하게 한다. 즉, 투자를 유익한 방향으로 유도해 자본이라는 소중한 자원을 낭비하지 않도록 만들어 경제 전체의 효율성까지 높여 준다. 이런 측면에서 볼 때 증권시장은 실물경제의 충실한 반영일 뿐 어떤 자율성도 갖지 않는다.

이러한 기본 모델의 관점은 대단히 논리적이지만 증권시장을 효율적으로 운영하는 방법에 대한 적절한 분석까지 제공하지는 못한다. 증권시장에서 주식의 가격과 그 기업의 기본 가치가 현격하게 차이가 나는 '투기적 거품 현상'이 발생하는 것을 볼 수 있는데, 이러한 현상은 기본 모델로는 설명할 수 없다. 실제로 증권시장에 종사하는 관계자들은 기본 모델이 이러한 가격 변화를 설명해 주지 못하기 때문에 무엇보다 증권시장 자체에 관심을 기울이고 증권시장을 절대적인 기준으로 삼는다.

여기에서 우리는 자기참조 모델을 생각해 볼 수 있다. 자기참조 모델의 중심 내용은 '사람들은 기업의 미래 가치를 읽을 목적으로 실물경제보다 증권시장에 주목하며 증권시장의 여론 변화를 예측하는 데 초점을 맞춘다.'는 것이다. 기본 모델에서 가격은 증권시장 밖의 객관적인 기준인 기본 가치를 근거로 하여 결정되지만, 자기참조 모델에서 가격은 증권시장에 참여한 사람들의 여론에 의해 결정된다. 따라서 투자자들은 증권시장 밖의 객관적인 기준을 분석하기보다는 다른 사람들의 생각을 꿰뚫어 보려고 안간힘을 다할 뿐이다. 기본 가치를 분석했을 때는 주가가 상승할 객관적인 근거가 없어도 투자자들은 증권시장의 여론에 따라 주식을 사는 것이 합리적이라고 생각한다. 이러한 이상한 합리성을 '모방'이라고 한다. 이런 모방 때문에 주가가 변덕스러운 등락을 보이기 쉽다. 그런데 하나의 의견이 투자자 전체의 관심을 꾸준히 끌 수 있는 기준적 해석으로 부각되면 이 '모방'도 안정을 유지할 수 있다. 모방을 통해서 합리적이라 인정되는 다수의 비전인 '묵계'가 제시되어 객관적 기준의 결여라는 단점을 극복한다.

따라서 사람들은 묵계를 통해 미래를 예측하고, 증권시장은 이러한 묵계를 조성하고 유지해 가면서 단순한 실물경제의 반영이 아닌 경제를 자율적으로 평가할 힘을 가질 수 있다.

08 **다음 중 글의 논지 전개상 특징으로 가장 적절한 것은?**

① 기업과 증권시장의 관계를 분석하고 있다.
② 증권시장의 개념을 단계적으로 규명하고 있다.
③ 사례 분석을 통해 정통 경제 이론의 한계를 지적하고 있다.
④ 주가 변화의 원리를 중심으로 다른 관점을 대비하고 있다.
⑤ 증권시장의 기능을 설명한 후 구체적 사례에 적용하고 있다.

09 **다음 중 글의 내용과 일치하지 않는 것은?**

① 증권시장은 객관적인 기준이 인간의 주관성보다 합리적임을 입증한다.
② 정통 경제 이론에서는 가격의 변화가 객관적인 근거를 갖는다고 본다.
③ 기본 모델의 관점은 주가가 자본의 효율적인 배분을 가능하게 한다고 본다.
④ 증권시장의 여론을 모방하려는 경향으로 인해 주가가 변덕스러운 등락을 보이기도 한다.
⑤ 기본 모델은 주가를 예측하기 위해 기업의 내재적 가치에 주목하지만, 자기참조 모델은 증권시장의 여론에 주목한다.

10 **윗글을 바탕으로 할 때, 빈칸에 들어갈 내용으로 가장 적절한 것은?**

자기참조 모델에 따르면 증권시장은 ____________________

① 합리성과 효율성이라는 경제의 원리가 구현되는 공간이다.
② 기본 가치에 대해 객관적인 평가를 제공하는 금융시장이다.
③ 객관적인 미래 예측 정보를 적극적으로 활용하는 금융시장이다.
④ 기업의 주가와 기업의 내재적 가치를 일치시켜 나가는 공간이다.
⑤ 투자자들이 묵계를 통해 자본의 가격을 산출해 내는 제도적 장치이다.

11 이 부장은 신입사원을 대상으로 OJT를 진행하고 있다. 이번 주에는 문서 종류에 따른 작성법에 대해 교육하려고 자료를 준비하였다. 자료의 내용 중 수정해야 할 내용은 무엇인가?

구분	작성법
공문서	• 회사 외부로 전달되는 문서이기 때문에 누가, 언제, 어디서, 무엇을, 어떻게(혹은 왜)가 드러나도록 작성함 • 날짜는 연도와 월일을 반드시 함께 기입함 • 한 장에 담아내는 것이 원칙 … ① • 마지막엔 반드시 '끝.'자로 마무리 • 내용이 복잡할 경우 '-다음-' 또는 '-아래-'와 같은 항목을 만들어 구분함 • 장기간 보관되므로 정확하게 기술함
설명서	• 명령문보다 평서형으로 작성함 • 상품이나 제품에 대해 설명하는 글이므로 정확하게 기술함 • 정확한 내용 전달을 위해 간결하게 작성함 … ② • 전문용어는 이해하기 어렵기 때문에 가급적 사용하지 않음 … ③ • 복잡한 내용은 도표를 통해 시각화함 • 동일한 문장 반복을 피하고 다양한 표현을 이용함 … ④
기획서	• 기획서의 목적을 달성할 수 있는 핵심 사항이 정확하게 기입되었는지 확인함 • 상대가 채택하게끔 설득력을 갖춰야 하므로, 상대가 요구하는 것이 무엇인지 고려하여 작성함 • 내용이 한눈에 파악되도록 체계적으로 목차를 구성함 • 핵심 내용의 표현에 신경을 써야 함 • 효과적인 내용 전달을 위해 내용에 적합한 표나 그래프를 활용하여 시각화함 • 충분히 검토를 한 후 제출함 • 인용한 자료의 출처가 정확한지 확인함
보고서	• 업무 진행 과정에서 쓰는 보고서인 경우, 진행 과정에 대한 핵심 내용을 구체적으로 제시함 • 내용의 중복을 피하고, 핵심 사항만을 산뜻하고 간결하게 작성함 • 복잡한 내용일 때는 도표나 그림을 활용함 • 개인의 능력을 평가하는 기본 요소이므로 제출하기 전에 반드시 최종 점검함 • 참고자료는 정확하게 제시함 • 마지막엔 반드시 '끝.'자로 마무리 … ⑤ • 내용에 대한 예상 질문을 사전에 추출해 보고 그에 대한 답을 미리 준비함

※ **제시된 기사를 읽고 이어지는 질문에 답하시오. [12~13]**

> 한국토지주택공사(LH)는 지난 1일 LH 내외부에서 발생가능한 부당한 '갑을관계'를 차단, 예방하기 위한 종합적인 개선책인 '갑을관계 혁신대책'을 발표하고, '갑을관계 혁신행동지침'을 공식 선포했다. 전 직원을 대상으로 한 이행 서약도 이날 실시되었다. 이날 LH는 본사와 전 지역본부 직원들이 모여 영상으로 서로 존중하고 평등한 동반자 관계를 지속하기 위한 12가지 행동지침 선포식을 개최했다. '갑을관계 혁신행동지침'은 부당한 갑의 행위를 조장하는 제도를 정비, 갑을관계 문제에 대한 전 직원 인식 전환, 을의 입장 이해를 위한 소통체계를 마련하는 내용을 담았다. 이에 앞서 LH는 지난 8월 경영혁신본부장을 필두로 자체 전문가 36명으로 갑을 관계 현장조사 특별점검 TF를 구성해 건설, 용역, 시설, 주거복지, 보상, 판매 등 업무 전 분야에서 '갑을문화'를 조장하는 불합리한 규정이나 제도가 있는지 자체 특별점검을 실시했다. 또 내부 직원을 대상으로 부당한 갑을관계의 경험 여부, 구체적 사례 등에 대한 전 직원 설문조사도 실시했다. LH는 특별점검과 설문조사 등을 통해 부당한 갑을관계는 생산적·창조적 협력관계를 ㉠ <u>저해</u>하고 정책수행 추진동력을 저하시키는 원인에 해당된다는 인식하에 갑을관계 제도혁신, 전 직원 인식전환, 갑을 소통 강화의 3대 전략과 12개 세부 추진과제를 설정해 강도 높은 '갑을관계 혁신대책'을 수립했다. 박상우 LH 사장은 "사람이 존중받는 사회를 함께 만들어가는 노력이 곧 내가 존중받고 LH가 미래로 한걸음 더 나아가기 위한 지름길"이라며 "공사 내외부에 불씨처럼 남아있는 부당한 갑을문화가 일소될 수 있도록 최선을 다할 것"이라고 말했다.

12 **다음 중 기사의 내용으로 올바르지 않은 것은?**

① 한국토지주택공사는 전 직원을 대상으로 '갑을관계 혁신행동지침' 이행 서약을 실시했다.
② '갑을관계 혁신행동지침'은 갑을관계 문제에 대한 전 직원 인식 전환을 목표로 한다.
③ 한국토지주택공사는 외부 전문가들을 통해 업무 전 분야에서 불합리한 규정이나 제도가 있는지 자체적인 특별점검을 실시했다.
④ 한국토지주택공사는 12개의 세부 추진과제를 설정해 강도 높은 '갑을관계 혁신대책'을 수립했다.
⑤ 한국토지주택공사는 전 직원 인식전환, 갑을관계 제도혁신, 갑을 소통 강화를 3대 전략으로 내걸었다.

13 **다음 중 ㉠을 대체할 단어로 적절한 것은?**

① 저항
② 저격
③ 저하
④ 방애
⑤ 방황

※ 다음 기사를 읽고 이어지는 질문에 답하시오. [14~15]

“기업들은 근로자를 학벌이나 연공서열이 아닌 직무능력과 성과로 평가해야 한다.” 한국토지주택공사에서는 제4차 포용적 성장 포럼에서 발제자로 나서 ‘일자리 창출과 포용적 성장’이라는 주제로 발표하며 “능력 중심의 사회를 만들어야 한다.”고 강조했다.

한국토지주택공사에서는 “우리나라는 첫 직장을 어디서 출발하는지가 굉장히 중요하다.”며 “대기업에서 시작하면 쭉 대기업에 있고 중소기업이나 비정규직으로 출발하면 벗어나기 어려워, 대기업에 가기 위해 젊은 청년들이 대학 졸업까지 미룬 채 몇 년씩 취업준비를 한다.”고 지적했다. 중소기업에서 비정규직으로 출발해도 학벌이 아닌 능력으로 평가받는 시스템이 갖춰져 있다면 자연스럽게 대기업 정규직이 될 수 있는 사회적 문화와 제도적 보장이 이뤄질 수 있을 것인데 그렇지 못하다는 것이다.

청년실업 문제를 해결하기 위해서는 일자리 미스매칭 문제가 해결되어야 하고 그를 위해 능력 중심의 평가가 필요하다는 것이다. 한국토지주택공사에서는 “미국은 맥도날드 최고경영자(CEO)가 매장 파트타이머 출신인 경우도 있지만 우리나라는 처음에 잘못 들어가면 발 빼고 못 간다.”며 “능력 중심의 임금체계 구축과 성과평가가 이뤄진다면 변화가 가능할 것”이라고 강조했다.

박 이사장은 제대로 성과평가제도를 실현하기 위해서는 성과연봉제의 도입이 필요하다고 강조했다. 그는 “지금도 성과평가제가 있기는 하지만 근로자의 성과가 연봉, 승진과 제대로 연동이 안 되다 보니 부실한 측면이 많았다.”며 “성과평가가 승진, 연봉과 연결되어야 근로자들도 제대로 따져 보고 항의도 하면서 제대로 된 성과평가제가 구축될 수 있을 것”이라고 설명했다.

규제완화를 하면 일자리가 늘어날지에 대해 박 이사장은 유럽과 미국의 예를 들며 경험적으로 증명된 부분이지만 한국에도 적용될 수 있을지는 좀 더 살펴봐야 한다는 의견이었다. 한국토지주택공사에서는 “세계경제가 1980년대 불황으로 유럽과 미국 모두 경제가 어려웠다가 다시 살아났는데 미국과 유럽의 일자리를 비교해보면 미국은 늘어났는데 유럽은 늘지 않았다.”며 그 이유로 “유럽과 달리 미국이 해고하기 쉬워 사람을 많이 썼기 때문이었다.”라고 설명했다.

14 다음 중 기사를 읽고 직원들이 나눈 대화로 적절하지 않은 것은?

① 김 대리 : 기업들이 근로자들을 학벌로 평가하는 것이 부당하다고 생각했었어.
유 대리 : 맞아. 이제는 사원들을 학벌이 아닌 직무능력으로 평가할 시대야.

② 강 과장 : 그러고 보니 우리 대학 출신들이 이 부장님 밑에 많지 않습니까?
이 부장 : 강 과장님, 저는 사원들을 그렇게 학벌로 줄 세우지 않을 생각입니다.

③ 박 차장 : 우리나라는 첫 직장이 어디냐가 아주 중요한 문제죠.
강 대리 : 첫 직장의 규모가 영세하면 그대로 가는 경우가 대부분이다 보니….

④ 김 과장 : 능력 중심의 임금체계 구축과 성과평가가 도입되면 어떨까요?
이 대리 : 성과평가제도는 다소 불합리한 제도라 반발이 거셀 것 같습니다.

⑤ 차 사원 : 일자리를 늘리기 위해 우리도 규제완화를 빨리 실시해야 합니다.
정 사원 : 규제완화로 인한 일자리 창출 효과는 경험적으로 증명되었지만, 우리나라에 적용하기에는 아직 시간이 필요할 것으로 보입니다.

15 다음 중 기사의 제목으로 적절한 것은?

① 성과평가제도란 무엇인가?
② 성과평가제도의 득과 실
③ 미국 맥도날드 CEO, 알고 보니 파트타이머 출신
④ 세계경제 불황기, 미국과 유럽의 차이점은?
⑤ 첫 직장 비정규직이면 점프하기 어려운 현실… 능력 중심 평가 확산을

16 다음은 K회사 디자인팀의 주간회의록이다. 자료에 대한 내용으로 옳은 것은?

〈주간회의록〉

<table>
<tr><th>회의일시</th><td>2019-07-01(월)</td><th>부서</th><td>디자인팀</td><th>작성자</th><td>D사원</td></tr>
<tr><th>참석자</th><td colspan="5">A과장, B주임, C사원, E사원</td></tr>
<tr><th>회의안건</th><td colspan="5">1. 개인 주간 스케줄 및 업무 점검
2. 2019년 회사 홍보 브로슈어 기획</td></tr>
<tr><th rowspan="3">회의내용</th><th colspan="4">내용</th><th>비고</th></tr>
<tr><td colspan="4">1. 개인 스케줄 및 업무 점검
• 김 과장 : 브로슈어 기획 관련 홍보팀 미팅,
외부 디자이너 미팅
• 박 주임 : 신제품 SNS 홍보 이미지 작업,
회사 영문 서브페이지 2차 리뉴얼 작업 진행
• 최 사원 : 2019년도 홈페이지 개편 작업 진행
• 이 사원 : 7월 사보 편집 작업</td><td>• 7월 8일 AM 10:00
디자인팀 전시회 관람</td></tr>
<tr><td colspan="4">2. 2019년도 회사 홍보 브로슈어 기획
• 브로슈어 주제 : '신뢰'
– 창립 10주년을 맞아 고객의 신뢰로 회사가 성장했음을 강조
– 한결같은 모습으로 고객들의 지지를 받아왔음을 기업 이미지로 표현
• 20페이지 이내로 구성 예정</td><td>• 7월 5일까지 홍보팀에서 2019년도 브로슈어 최종 원고
전달 예정</td></tr>
<tr><th rowspan="3">결정사항</th><th colspan="2">내용</th><th colspan="2">작업자</th><th>진행일정</th></tr>
<tr><td colspan="2">브로슈어 표지 이미지 샘플 조사</td><td colspan="2">C사원, E사원</td><td>2019-07-01 ~ 019-07-02</td></tr>
<tr><td colspan="2">브로슈어 표지 시안 작업 및 제출</td><td colspan="2">B주임</td><td>2019-07-01 ~ 019-07-05</td></tr>
<tr><th>특이사항</th><td colspan="5">다음 회의 일정 : 7월 10일
• 브로슈어 표지 결정, 내지 1차 시안 논의</td></tr>
</table>

① K회사는 외부 디자이너에게 브로슈어 표지 이미지 샘플을 요청하였다.
② 디자인팀은 이번 주 금요일에 전시회를 관람할 예정이다.
③ A과장은 이번 주에 내부 미팅, 외부 미팅을 모두 할 예정이다.
④ E사원은 이번 주에 7월 사보 편집 작업만 하면 된다.
⑤ C사원은 2019년도 홈페이지 개편 작업을 완료한 후, 브로슈어 표지 이미지 샘플을 조사할 예정이다.

17 다음은 에너지 프로슈머의 활성화에 관한 글이다. 이어지는 글의 내용으로 적절하지 않은 것은?

> 국내에서 에너지 프로슈머 사업은 크게 세 가지로 구분되지만 이웃과의 잉여거래 사업모델은 초기단계에 불과하다. 그동안 태양광 대여 사업 또는 설비투자비의 지원을 통하여 태양광 패널을 설치하고 K공사와의 상계거래 형태로 사업이 진행되었으나 K공사와의 거래가 아니라 이웃에게 잉여전력을 판매하는 방식은 처음에는 개인 간의 소규모 시범사업을 추진하고, 이후 대규모 프로슈머의 시범사업을 추진하는 형태로 진행되고 있다. 그리고 중개사업자를 통한 소규모 분산형 전원에 의해 생산된 전력의 도매시장 거래도 아직 공식적인 시장이 개설되지 않았으나 사업자를 선정하여 시범사업에 착수할 계획이다. 이처럼 우리나라의 에너지 프로슈머 관련 사업이 활성화되기 위해서는 아직 시간이 필요하고 소비자들 간의 전력거래 활성화를 위한 제도적인 여건이 마련될 필요가 있다. 따라서 우리나라에서 에너지 프로슈머 사업을 활성화하기 위한 여러 가지 여건들을 검토하고 향후 제도개선을 통해 정책방향을 정립하는 것이 필요하다.
> 기본적으로 에너지 프로슈머 사업은 소비자가 전력회사로부터 받은 전력을 단순 소비하는 행위로부터 신재생에너지 발전원의 직접적 설치를 통한 생산과 소비, 그리고 판매 등 모든 에너지 관리를 통해 전기요금을 절약하거나 수익을 창출하는 방식으로 진행되고 있다. 모든 용도의 소비자들이 주로 태양광 발전설비를 설치하여 전력을 생산하고 자가 소비한 후 잉여전력을 판매하는 방식을 취하고 있다. 소비자의 자가 전기소비량과 잉여전력량을 조절하는 한편, K공사의 전력구입량도 관리하는 등 소비자의 에너지 관리에 대한 선택이 주어지고 있다. 그리고 태양광 발전설비와 함께 저녁 시간에도 활용할 수 있는 전력저장장치가 결합한다면 소비자의 전략이 더욱더 다양화될 것으로 보인다.
> 이러한 소비자의 행동변화는 단순히 소비자가 에너지 프로슈머로 전환하는 것을 의미할 뿐만 아니라 현재의 대규모 설비 위주의 중앙집중적 에너지 공급방식에서 분산형 전원에 의한 자급자족 에너지 시스템으로 변화되어 가고 있다는 것을 암시하고 있다. 에너지 프로슈머가 분산형 전원의 확대를 통한 에너지 시스템의 변화를 주도하는 데 기여할 수 있다는 것이다. 그리고 소비자가 에너지 생산과 소비를 포함한 에너지 관리를 전략적으로 해나감으로써 새로운 에너지 서비스의 활성화에도 기여하고 있다. 즉, 소비자의 행동변화는 에너지 사용데이터를 기반으로 공급자들이 다양한 에너지 서비스의 개발 유인을 제공하는 한편, 에너지 프로슈머와 공급자들의 상호 경쟁적인 환경을 조성하는 데에도 기여하고 있다.
> 그런데 에너지 프로슈머 사업이 활성화되기 위해서는 소비자 스스로 태양광을 설치하여 잉여전력을 거래할 유인이 필요하다. 이에 따라 두 가지의 유인이 필요한데, 첫 번째가 태양광 발전설비의 설치에 대한 유인이고, 두 번째가 잉여전력에 대한 거래 유인이다. 이러한 에너지 프로슈머의 활성화 조건을 검토하고 프로슈머의 활성화를 위해서는 어떻게 제도를 개선해야 하는지를 파악해 볼 수 있을 것이다.

① ESS(Energy Storage System)의 공급 및 설치에 관련된 K공사의 육성방안 소개
② 태양광 발전 설비의 필요성과 지원책에 대한 구체적 사례 제시
③ 태양광 설비의 보급률과 그에 따른 가계 소득구조 변화에 대한 통계자료 제시
④ 중앙집중형, 분산전원형 전력 공급 시의 각 전력 사용료의 차이 소개
⑤ 에너지원별 K공사의 생산 효율성과 생산 기술의 우수성 홍보

18 **한국토지주택공사 인사팀에는 팀장 1명, 과장 2명과 A대리가 있다. 팀장과 과장 2명은 4월 안에 휴가를 다녀와야 하고, 팀장이나 과장이 한 명이라도 없는 경우, A대리는 자리를 비울 수 없다. 다음 〈조건〉을 고려했을 때, A대리의 연수 마지막 날짜는?**

〈조건〉

- 4월 1일은 월요일이며, 한국토지주택공사는 주5일제이다.
- 마지막 주 금요일에는 중요한 세미나가 있어 그 주에는 모든 팀원이 자리를 비울 수 없다.
- 팀장은 첫째 주 화요일부터 3일 동안 휴가를 신청했다.
- B과장은 둘째 주 수요일부터 5일 동안 휴가를 신청했다.
- C과장은 셋째 주에 2일간의 휴가를 마치고 금요일부터 출근할 것이다.
- A대리는 주말 없이 진행되는 연수에 5일 연속 참여해야 한다.

① 8일
② 9일
③ 23일
④ 24일
⑤ 30일

19 **A대리는 다가오는 9월에 결혼을 앞두고 있다. 다음 〈조건〉을 참고할 때, A대리의 결혼 날짜로 가능한 날은?**

〈조건〉

- 9월은 1일부터 30일까지이며, 9월 1일은 금요일이다.
- 9월 30일부터 추석연휴가 시작되고 추석연휴 이틀 전엔 A대리가 주관하는 회의가 있다.
- A대리는 결혼식을 한 다음날 8박 9일간 신혼여행을 간다.
- 회사에서 신혼여행으로 주는 휴가는 5일이다.
- A대리는 신혼여행과 겹치지 않도록 3주 동안 수요일마다 치과 진료가 예약되어 있다.
- 신혼여행에서 돌아오는 날 부모님 댁에서 하루 자고, 그 다음날 출근할 예정이다.

① 1일
② 2일
③ 22일
④ 23일
⑤ 29일

※ A역 부근에 거주하는 귀하는 B역 부근에 위치한 지사로 발령을 받아 출퇴근하고 있다. 지하철 노선도와 다음 〈조건〉을 보고 이어지는 질문에 답하시오. [20~22]

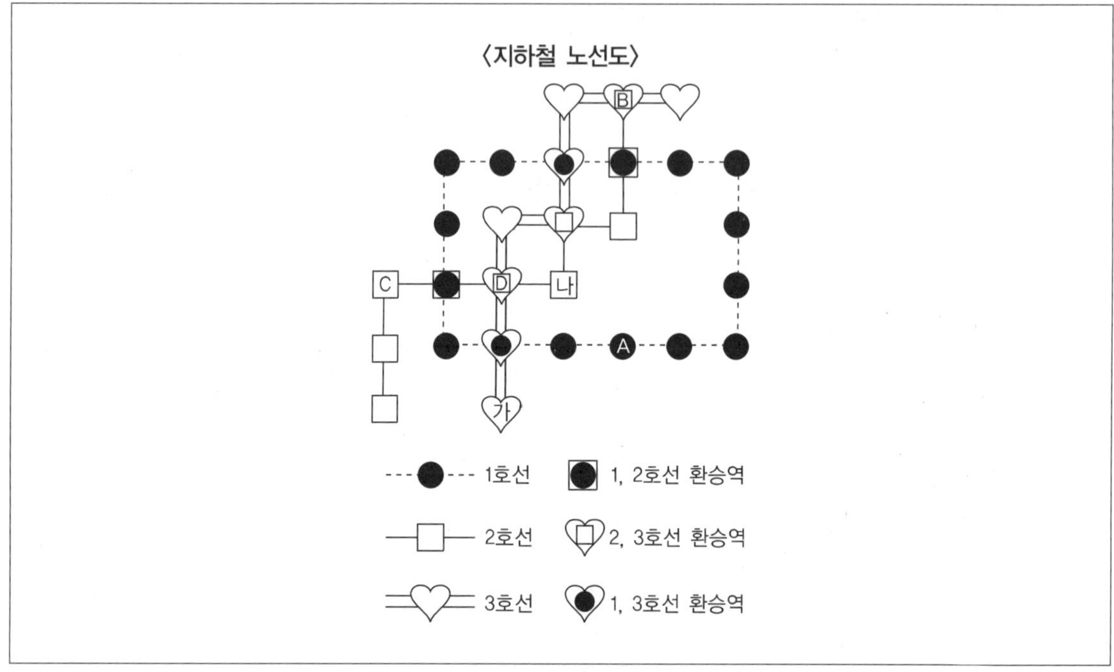

〈조건〉

- A역 부근의 주민이 지하철을 타기 위해 집에서 A역까지 이동하는 시간은 고려하지 않는다.
- 지하철은 대기시간 없이 바로 탈 수 있다.
- 역과 역 사이의 운행 소요시간은 1호선 6분, 2호선 4분, 3호선 2분이다(정차시간은 고려하지 않음).
- 지하철 노선 간 환승 시에는 3분이 소요된다.

20 귀하는 오늘 출근하기 전에 C역에서 거래처 사람을 만난 후, 회사로 돌아가 차장님께 30분간 보고를 해야 한다. 보고가 끝나면, D역에 위치한 또 다른 거래처를 방문해야 한다고 할 때, 다음 중 귀하의 일정에 대한 설명으로 옳지 않은 것은?

① A역에서 C역까지 최소 소요시간으로 가는 방법은 2번 환승을 하는 것이다.
② A역에서 C역까지 5개의 역을 거치는 방법은 두 가지가 있다.
③ C역에서 거래처 사람을 만난 후, 회사로 돌아갈 때 최소 소요시간은 21분이다.
④ D역에서 현지퇴근을 하게 되면, 회사에서 퇴근하는 것보다 13분이 덜 걸린다.
⑤ 회사에서 D역까지 환승하지 않고 한 번에 갈 수 있다.

21 D역에 위치한 거래처 방문을 마치고 회사에 돌아왔을 때, 귀하는 거래처에 중요한 자료를 주지 않고 온 것이 생각났다. 최대한 빨리 D역으로 가려고 지하철을 탔으나, 지하철 고장으로 약 x분 이상 지하철이 정차할 것이라는 방송이 나왔다. 귀하가 다른 지하철을 통해 D역으로 갔다면, 원래 타려던 지하철은 B역에서 최소 몇 분간 정차하였겠는가?(단, 환승하지 않는다)

① 11분
② 12분
③ 13분
④ 14분
⑤ 15분

22 지사로 발령을 받은 지 얼마 되지 않아 지하철만 이용해서 출근하던 귀하는 최근 지사에서 A역과 다른 역을 지나는 셔틀버스를 운행하고 있다는 사실을 알게 되었다. 셔틀버스에 대한 정보가 다음과 같을 때, A역에서 B역까지 출근하는데 소요되는 시간이 짧은 경우를 순서대로 나열한 것은?

- 셔틀버스 1 : A역에서 가역으로 가는 셔틀버스로, 이동하는 시간은 5분이다.
- 셔틀버스 2 : A역에서 나역으로 가는 셔틀버스로, 이동하는 시간은 8분이다.

① 셔틀버스 1 – 셔틀버스 2 – 현재 상태
② 셔틀버스 1 – 현재 상태 – 셔틀버스 2
③ 셔틀버스 2 – 셔틀버스 1 – 현재 상태
④ 셔틀버스 2 – 현재 상태 – 셔틀버스 1
⑤ 현재 상태 – 셔틀버스 1 – 셔틀버스 2

※ 귀하는 K외식업체에서 근무하고 있으며, 최근 개점한 한식 뷔페 S지점의 고객현황을 분석하여 다음과 같은 결과를 도출하였다. 분석 결과를 보고 이어지는 질문에 답하시오. [23~25]

〈한식 뷔페 S지점 고객현황〉

■ 일반현황

- 운영시간 : 런치 11:00 ~ 15:00, 디너 16:00 ~ 20:00
- 장소 : 서울 서초구 서초대로 M길
- 직원 수 : 30명
- 수용인원 : ___ 명

■ 주요 시간대별 고객출입현황

- 런치

11:00 ~ 11:30	11:30 ~ 12:30	12:30 ~ 13:30	13:30 ~ 14:30
20명	2분당 +3명, 5분당 −1명	1분당 +2명, 6분당 −5명	5분당 +6명, 3분당 −2명

- 디너

16:00 ~ 16:30	16:30 ~ 17:30	17:30 ~ 18:30	18:30 ~ 19:30
20명	2분당 +7명, 3분당 −7명	1분당 +3명, 5분당 −6명	5분당 +4명, 3분당 −3명

※ 주요 시간대별 개장 후 30분 동안은 고객의 추가 출입이 없음

※ 주요 시간대별 마감 전 30분 동안은 고객을 받지 않음

23 귀하가 12:00에 매장에서 식사하고 있는 고객 수를 세어 보았다면 총 몇 명인가?

① 58명
② 59명
③ 60명
④ 61명
⑤ 62명

24 런치가격이 10,000원이고, 디너가격이 15,000원이라면 하루 동안 벌어들이는 매출액은 얼마인가?

① 6,850,000원
② 7,700,000원
③ 8,640,000원
④ 9,210,000원
⑤ 9,890,000원

25 조사 당일에 만석이었던 적이 한 번 있었다고 한다면, 매장의 좌석은 모두 몇 석인가?

① 200석
② 208석
③ 212석
④ 216석
⑤ 220석

※ 한국토지주택공사 인사팀 팀원 6명이 회식을 하기 위해 이탈리안 레스토랑에 갔다. 다음 주문한 결과를 바탕으로 이어지는 질문에 답하시오. [26~27]

- 인사팀은 토마토 파스타 2개, 크림 파스타 1개, 토마토 리소토 1개, 크림 리소토 2개, 콜라 2잔, 사이다 2잔, 주스 2잔을 주문했다.
- 인사팀은 K팀장, L과장, M대리, S대리, H사원, J사원으로 구성되어 있는데, 같은 직급끼리는 같은 소스가 들어가는 요리를 주문하지 않았고, 같은 음료도 주문하지 않았다.
- 각자 좋아하는 요리가 있으면 그 요리를 주문하고, 싫어하는 요리나 재료가 있으면 주문하지 않았다.
- K팀장은 토마토 파스타를 좋아하고, S대리는 크림 리소토를 좋아한다.
- L과장과 H사원은 파스타면을 싫어한다.
- 대리들 중에 콜라를 주문한 사람은 없다.
- 크림 파스타를 주문한 사람은 사이다도 주문했다.
- 토마토 파스타나 토마토 리소토와 주스는 궁합이 안 맞는다고 하여 함께 주문하지 않았다.

26 다음 중 주문한 결과로 옳지 않은 것은?

① 사원들은 중 한 사람은 주스를 주문했다.
② L과장은 크림 리소토를 주문했다.
③ K팀장은 콜라를 주문했다.
④ 토마토 리소토를 주문한 사람은 콜라를 주문했다.
⑤ 사이다를 주문한 사람은 파스타를 주문했다.

27 다음 중 같은 요리와 음료를 주문한 사람으로 알맞게 짝지어진 것은?

① J사원, S대리
② H사원, L과장
③ S대리, L과장
④ M대리, H사원
⑤ M대리, K팀장

※ 다음은 퇴직연금신탁의 확정급여형(DB)과 확정기여형(DC)에 대한 비교 자료이다. 자료를 참고하여 이어지는 질문에 답하시오. [28~29]

구분	확정급여형(DB)	확정기여형(DC)
운영방법	• 노사가 사전에 급여수준 및 내용을 약정 • 퇴직 후 약정에 따른 급여 지급	• 노사가 사전에 부담할 기여금을 확정 • 퇴직 후 상품 운용 결과에 따라 급여 지급
기업부담금	산출기초율 (자산운용 수익률, 퇴직률 변경 시 변동)	확정 (근로자 연간 임금 총액의 1/12 이상)
적립공금 운용지시	사용자	근로자
운용위험 부담	사용자	근로자
직장이동 시 합산	어려움(단, IRA / IRP 활용 가능)	쉬움

28 K은행의 A사원은 퇴직연금신탁 유형에 대한 발표 자료를 제작하기 위해 다음 자료를 참고하려고 한다. 자료에 대한 A사원의 해석으로 적절하지 않은 것은?

① 같은 급여를 받는 직장인이라도 퇴직연금신탁 유형에 따라 퇴직연금 수준이 달라지겠군.
② 확정급여형은 자산운용 수익률에 따라 기업부담이 달라지는군.
③ 확정기여형으로 퇴직연금을 가입하면 근로자 본인의 선택이 퇴직 후 급여에 별 영향을 미치지 않는군.
④ 이직이 잦은 근로자들은 아무래도 확정기여형을 선호하겠군.
⑤ 발표 자료에 직장이동 및 조기퇴직 시 사용할 수 있는 별도의 개인 계좌인 IRA에 대한 기본설명과 퇴직연금제도인 IRP에 대한 내용을 추가해야겠군.

29 A사원은 다음과 같이 다양한 조건에 적합한 퇴직연금유형을 발표 자료에 추가할 예정이다. (가) ~ (마) 중 분류가 올바르지 않은 것은?

확정급여형(DB)	확정기여형(DC)
(가) 장기근속을 유도하는 기업 (나) 운용 현황에 관심이 많은 근로자	(다) 연봉제를 실시하는 기업 (라) 임금 체불위험이 높은 사업장의 근로자 (마) 이직이 빈번한 근로자

① (가)
② (나)
③ (다)
④ (라)
⑤ (마)

30 귀하는 자동차도로 고유번호 부여 규정을 근거로 하여 도로에 노선번호를 부여할 계획이다. 다음 그림에서 점선은 '영토'를, 실선은 '고속국도'를 표시한 것이며, (가), (나), (다), (라)는 '간선노선'을 (마), (바)는 '보조간선노선'을 나타낸 것이다. 다음 중 노선번호를 올바르게 부여한 것은?

〈자동차도로 고유번호 부여 규정〉

자동차도로는 관리상 고속국도, 일반국도, 특별광역시도, 지방도, 시도, 군도, 구도의 일곱 가지로 구분된다. 이들 각 도로에는 고유번호가 부여되어 있고, 이는 지형도 상의 특정 표지판 모양 안에 표시되어 있다. 그러나 군도와 구도는 구간이 짧고 노선 수가 많아 노선번호가 중복될 우려가 있어 표지 상에 번호를 표기하지 않는다.

고속국도 가운데 간선노선의 경우 두 자리 숫자를 사용하며, 남북을 연결하는 경우는 서에서 동으로 가면서 숫자가 증가하는데 끝자리에 5를 부여하고, 동서를 연결하는 경우는 남에서 북으로 가면서 숫자가 증가하는데 끝자리에 0을 부여한다.

보조간선노선은 간선노선 사이를 연결하는 고속국도로서 이 역시 두 자리 숫자로 표기한다. 그런데 보조간선노선이 남북을 연결하는 모양에 가까우면 첫자리는 남쪽 시작점의 간선노선 첫자리를 부여하고 끝자리에는 5를 제외한 홀수를 부여한다. 한편 동서를 연결하는 모양에 가까우면 첫자리는 동서를 연결하는 간선노선 가운데 해당 보조간선노선의 바로 아래쪽에 있는 간선노선의 첫자리를 부여하며, 이때 끝자리는 0을 제외한 짝수를 부여한다.

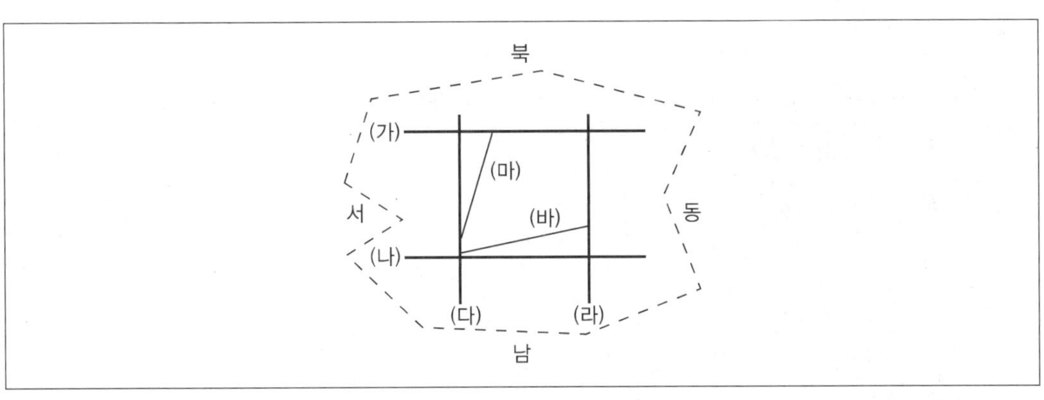

	(가)	(나)	(다)	(라)	(마)	(바)
①	25	15	10	20	19	12
②	20	10	15	25	18	14
③	25	15	20	10	17	12
④	20	10	15	25	17	12
⑤	20	15	15	25	17	14

※ 귀하는 출국 전 수하물 탁송과 관련하여 수하물에 대한 안내문을 찾아보았다. 다음 안내문을 읽고 이어지는 질문에 답하시오. [31~32]

수하물 보내기 전 주의사항	• 타인이 수하물 운송을 부탁할 경우 사고 위험이 있으므로 반드시 거절하시기 바랍니다. • 카메라, 귀금속류 등 고가의 물품과 도자기, 유리병 등 파손되기 쉬운 물품은 직접 휴대하시기 바랍니다. • 짐 분실에 대비하여 가방에 소유자의 이름, 주소지, 목적지를 영문으로 작성하여 붙여 두십시오. • 위탁수하물 중에 세관신고가 필요한 경우에는 대형수하물 전용 카운터 옆 세관 신고대에서 신고해야 합니다.
위탁수하물 금지 물품	아래의 물품은 위탁수하물 금지 물품입니다. 짐을 부치기 전 반드시 확인하시기 바랍니다. 보조배터리 라이터 ※ 보조배터리는 기내수하물에 반입 가능합니다.
수하물 보낼 때 분류 방법 (A) 가로 (C) 폭 (B) 세로	1) 기내수하물(가지고 타는 짐) • 규격 : (A) 가로+(B) 세로+(C) 폭=115cm 이하 • 무게 : 10kg 이하 2) 위탁수하물(부치는 짐) • 규격 : (A) 가로+(B) 세로+(C) 폭=158cm 이하 • 무게 : 10kg 초과 50kg 미만 3) 대형수하물(부치는 짐) • 규격 : (A) 가로 40cm, (B) 세로 90cm, (C) 폭 70cm 이상 • 무게 : 50kg 이상 ※ 대형수하물은 항공사 체크인 카운터에서 요금을 지불한 후, B, D, J, L 카운터 뒤편 대형수하물 카운터에서 탁송
수하물 재검사 안내	• 여객이 부친 짐에 대하여 보안 검색을 실시합니다. 항공기 내 반입금지 물품이 발견될 경우를 대비하여 5분간 대기 후 이동합니다. • 수하물검사실 위치 : 체크인 카운터 근처

31 **수하물 관련 안내문을 보고 귀하가 할 행동으로 올바르지 않은 것은?**

① 위탁수하물 금지 물품을 확인하고 보조배터리와 라이터를 기내수하물로 옮겨 담았다.
② 수하물 검사 결과 반입금지 물품이 발견될 때를 대비해 여유 있게 공항에 도착하였다.
③ 같은 비행기 탑승객이 짐을 대신 운송하여 줄 것을 부탁하였으나 거절하였다.
④ 수하물을 부치기 전 이름과 목적지, 주소를 영문으로 인쇄하여 붙여두었다.
⑤ 세관신고가 필요한 품목이 있어 대형수하물 카운터 옆 세관 신고대에서 신고를 완료하였다.

32 **귀하의 일행이 〈보기〉와 같이 가, 나, 다, 라, 마, 바 6개의 수하물을 가지고 있다면, 기내 · 위탁 · 대형수하물의 개수를 올바르게 짝지은 것은?**

〈보기〉

(단위 : cm, kg)

구분	가로	세로	폭	무게
가	41	61	27	50
나	37.5	55	22.3	9
다	38	73	34	23
라	36	49	22	10
마	43	95	20	38
바	42	34	24	15

	기내수하물	위탁수하물	대형수하물
①	1개	4개	2개
②	2개	2개	2개
③	2개	3개	1개
④	3개	2개	1개
⑤	3개	3개	없음

33 다음은 2017년과 2018년 우리나라 행정구역별 주택유형 구성비이다. 다음 설명 중 다음 자료에 대한 설명으로 옳은 것은?

〈2018년 행정구역별 주택유형 구성비〉

(단위 : %)

구분	합계	단독주택	아파트	연립주택	다세대주택	비거주용 건물 내 주택	주택 이외의 거처
전국	100.0	34.3	48.6	2.2	9.2	1.6	4.1
서울	100.0	30.1	42.0	2.9	17.3	2.1	5.6
부산	100.0	29.6	52.6	2.1	9.6	1.5	4.6
대구	100.0	36.2	53.9	0.9	5.4	1.5	2.1
인천	100.0	19.0	53.0	2.0	19.8	1.2	5.0
광주	100.0	30.2	63.7	1.2	1.2	1.3	2.4
대전	100.0	34.9	54.8	1.5	5.2	1.3	2.3
울산	100.0	32.4	56.8	1.5	4.8	2.0	2.5
세종	100.0	28.8	65.0	0.9	1.2	0.9	3.2
경기	100.0	25.0	55.4	2.4	11.6	1.2	4.4
강원	100.0	47.3	43.7	2.6	1.4	2.1	2.9
충북	100.0	44.9	45.9	2.2	2.5	1.7	2.8
충남	100.0	45.6	43.4	2.1	3.7	1.6	3.6
전북	100.0	47.1	46.0	1.7	1.4	1.6	2.2
전남	100.0	54.7	37.3	1.6	1.1	1.8	3.5
경북	100.0	51.2	38.5	2.2	3.6	1.8	2.7
경남	100.0	43.5	47.5	1.7	2.5	1.6	3.2
제주	100.0	49.3	25.5	7.2	10.2	2.8	5.0

〈2017년 행정구역별 주택유형 구성비〉

(단위 : %)

구분	합계	단독주택	아파트	연립주택	다세대주택	비거주용 건물 내 주택	주택 이외의 거처
전국	100.0	35.3	48.1	2.2	8.9	1.7	3.8
서울	100.0	31.2	41.6	2.7	16.5	0.7	7.3
부산	100.0	30.7	51.6	2.1	9.4	1.4	4.8
대구	100.0	37.1	52.8	0.9	5.5	1.9	1.8
인천	100.0	19.5	52.6	1.8	20.2	0.4	5.5
광주	100.0	31.6	62.7	1.1	1.2	3.4	0.0
대전	100.0	35.1	54.3	1.5	5.3	3.1	0.7
울산	100.0	33.5	55.7	1.4	4.8	4.6	0.0
경기	100.0	45.3	44.3	1.9	3.6	0.9	4.0
강원	100.0	25.9	55.2	2.5	10.8	0.4	5.2

충북	100.0	47.8	42.7	2.6	1.4	3.9	1.6
충남	100.0	45.3	45.3	2.2	2.4	4.8	0.0
전북	100.0	47.9	45.9	1.7	1.4	3.1	0.0
전남	100.0	55.6	36.4	1.5	1.1	3.4	2.0
경북	100.0	51.9	38.1	2.1	3.6	3.9	0.4
경남	100.0	45.8	47.6	1.8	2.6	2.2	0.0
제주	100.0	50.6	24.8	6.6	9.5	6.2	2.3

① 2017년 다세대주택 비율이 단독주택 비율의 50% 이상인 행정구역은 5곳이다.
② 2018년 아파트의 전년 대비 증가율은 대구가 부산보다 더 높다.
③ 충북의 주택유형 구성비 순위는 2017년과 2018년이 동일하다.
④ 경기의 아파트 수 대비 주택 이외의 거처 수의 비율은 2017년이 2018년보다 높다.
⑤ 인천광역시의 2018년 단독주택의 수는 비거주용 건물 내 주택 수의 12배 미만이다.

34 **안전본부 사고분석 개선처에 근무하는 B대리는 혁신우수 연구대회에 출전하여 첨단장비를 활용한 차종별 보행자사고 모형개발 자료를 발표했다. 연구 추진방향을 도출하기 위해 SWOT 분석을 한 결과가 다음과 같을 때, 분석 결과에 대응하는 전략과 그 내용이 올바르지 않은 것은?**

강점(Strength)	약점(Weakness)
10년 이상 지속적인 교육과 연구로 신기술 개발을 위한 인프라 구축	보행자사고 모형개발을 위한 예산 및 실차 실험을 위한 연구소 부재
기회(Opportunity)	**위협(Threat)**
첨단 과학장비(3D스캐너, MADYMO) 도입으로 정밀 시뮬레이션 분석 가능	교통사고에 대한 국민의 관심과 분석수준 향상으로 공단의 사고분석 질적 제고 필요

① SO전략 : 과학장비를 통한 정밀 시뮬레이션 분석을 토대로 국내 차량의 전면부 형상을 취득하고 보행자사고를 분석해 신기술 개발에 도움
② WO전략 : 실차 실험 대신 과학장비를 통한 시뮬레이션 연구로 모형개발
③ ST전략 : 지속적 교육과 연구로 쌓아온 데이터를 바탕으로 사고분석 프로그램 신기술 개발을 통해 사고분석 질적 향상에 기여
④ WT전략 : 신기술 개발을 위한 연구대회를 개최해 인프라를 더욱 탄탄히 구축
⑤ WT전략 : 보행자사고 실험을 위한 연구소를 만들어 사고 분석 데이터 축적

35 다음은 어느 도서관의 도서 대여건수에 대하여 일정기간 동안 작성한 자료이다. 다음 중 자료에 대한 설명으로 옳지 않은 것은?

〈도서 대여건수〉

(단위 : 권)

구분	비소설		소설	
	남자	여자	남자	여자
40세 미만	520	380	450	600
40세 이상	320	400	240	460

① 전체 대여건수는 소설이 비소설보다 많다.
② 40세 미만보다 40세 이상의 대여건수가 더 적다.
③ 남자의 소설 대여 건수는 여자의 70% 이상이다.
④ 40세 미만에서 비소설 대여가 차지하는 비율은 40%를 넘는다.
⑤ 40세 이상에서 소설 대여가 차지하는 비율은 50% 미만이다.

36 A는 자전거를 타고 $a$km/h로 공원을 출발하였고, B는 A가 출발한 후 30분 후에 $b$km/h로 공원을 출발하였다. 이때, B가 A를 만나는 데 걸리는 시간은?

① $\frac{b}{2(b-a)}$시간
② $\frac{a}{2(b-a)}$시간
③ $\frac{2(b-a)}{b}$시간
④ $\frac{2(b-a)}{a}$시간
⑤ $\frac{(b-a)}{2a}$시간

37 1, 1, 1, 2, 2, 3을 가지고 여섯 자리 수를 만들 때, 가능한 모든 경우의 수는 총 몇 개인가?

① 30가지
② 60가지
③ 120가지
④ 240가지
⑤ 480가지

38 다음은 지역별 컴퓨터 업체들의 컴퓨터 종류별 보유 비율에 대한 자료이다. 다음 자료에 대한 설명으로 옳지 않은 것은?(단, 대수는 소수점 이하 첫째 자리에서, 비율은 소수점 이하 둘째 자리에서 반올림한다)

〈컴퓨터 종류별 보유 비율〉

(단위 : %)

구분		전체 컴퓨터 대수(대)	데스크톱	노트북	태블릿 PC	PDA	스마트폰	기타
지역별	서울	605,296	54.5	22.4	3.7	3.2	10.0	6.2
	부산	154,105	52.3	23.7	3.8	1.7	5.2	13.3
	대구	138,753	56.2	26.4	3.0	5.1	5.2	4.1
	인천	124,848	62.3	21.6	1.0	1.0	12.1	2.0
	광주	91,720	75.2	16.1	2.5	0.6	5.6	–
	대전	68,270	66.2	20.4	0.8	1.0	4.5	7.1
	울산	42,788	67.5	20.5	0.6	–	3.8	7.6
	세종	3,430	91.5	7.0	1.3	–	–	0.2
	경기	559,683	53.7	27.2	3.3	1.1	10.0	4.7
	강원	97,164	59.2	12.3	4.0	0.5	18.9	5.1
	충북	90,774	71.2	16.3	0.7	1.9	5.9	4.0
	충남	107,066	75.8	13.7	1.4	0.4	0.7	8.0
	전북	88,019	74.2	12.2	1.1	0.3	11.2	1.0
	전남	91,270	76.2	12.7	0.6	1.5	9.0	–
	경북	144,644	45.1	6.9	2.1	3.0	14.5	28.4
	경남	150,997	69.7	18.5	1.5	0.2	0.4	9.7
	제주	38,964	53.5	13.0	3.6	–	12.9	17.0
전국		2,597,791	59.4	20.5	2.7	1.7	8.7	7.0

① 서울 업체가 보유한 노트북 수는 20만 대 미만이다.
② 전국 컴퓨터 보유 대수 중 스마트폰의 비율은 전국 컴퓨터 보유 대수 중 노트북 비율의 30% 미만이다.
③ 대전과 울산 업체가 보유하고 있는 데스크톱 보유 대수는 전국 데스크톱 보유 대수의 6% 미만이다.
④ PDA 보유 대수는 전북이 전남의 15% 이상이다.
⑤ 강원 업체의 태블릿 PC 보유 대수보다 경북의 노트북 보유 대수가 6천 대 이상 많다.

※ 다음은 주식상품별 5개월 동안의 거래량 및 금액에 관한 자료이다. 자료를 참고하여 이어지는 질문에 답하시오. [39~40]

〈월별 주식상품총괄 현황〉

(단위 : 건, 백만 원)

구분		2019. 01.	2019. 02.	2019. 03.
주식선물	거래량	60,917,053	48,352,889	57,706,000
	계약금액	33,046,749	27,682,097	32,468,677
	미결제약정	3,492,154	3,570,454	4,556,923
주식콜옵션	거래량	669,188	874,205	1,373,697
	거래대금	5,810	5,986	9,317
	미결제약정	149,927	162,078	165,391
주식풋옵션	거래량	676,138	880,034	1,373,108
	거래대금	4,861	5,559	9,446
	미결제약정	216,788	203,015	192,650
주식옵션 소계	거래량	1,345,326	1,754,239	2,746,805
	거래대금	10,671	11,545	18,763
	미결제약정	366,715	365,093	358,041

※ (주식옵션소계)=(주식옵션)+(주식풋옵션)

〈월별 주식상품총괄 현황〉

(단위 : 건, 백만 원)

구분		2019. 04.	2019. 05.
주식선물	거래량	62,961,677	64,551,839
	계약금액	35,294,244	34,755,058
	미결제약정	4,511,084	4,556,223
주식콜옵션	거래량	1,123,637	962,122
	거래대금	8,650	6,816
	미결제약정	181,357	271,590
주식풋옵션	거래량	1,129,457	859,210
	거래대금	8,445	6,398
	미결제약정	226,254	261,261
주식옵션 소계	거래량	2,253,094	1,821,332
	거래대금	17,095	13,214
	미결제약정	407,611	532,851

〈2018년 12월 주식상품총괄 현황〉

(단위 : 건, 백만 원)

구분	거래량	계약금액 또는 거래대금	미결제약정
주식선물	41,642,569	24,138,554	3,071,025
주식콜옵션	595,241	4,845	128,863
주식풋옵션	544,811	5,557	162,886

39 다음 중 자료에 대한 〈보기〉의 설명으로 옳은 것을 모두 고른 것은?(단, 비율은 소수점 이하 둘째 자리에서 반올림한다)

〈보기〉

ㄱ. 2019년 1월 주식선물 거래량은 주식옵션 총 거래량의 30배 미만이다.

ㄴ. 2019년 4월 주식콜옵션의 거래량 중 미결제약정 건수의 비율은 주식풋옵션의 거래량 중 미결제약정의 비율보다 4.5%p 이상 낮다.

ㄷ. 2018년 12월 주식옵션의 총 거래대금이 주식선물 계약금액의 1% 미만이다.

ㄹ. 2019년 1 ~ 5월 중 주식풋옵션 거래대금이 가장 높은 달의 주식콜옵션 미결제약정 대비 주식선물 미결제약정 값은 30 미만이다.

① ㄱ, ㄴ
② ㄴ, ㄷ
③ ㄷ, ㄹ
④ ㄴ, ㄷ, ㄹ
⑤ ㄱ, ㄴ, ㄷ

40 다음 보고서의 밑줄 친 내용 중 옳지 않은 것은 모두 몇 개인가?

〈보고서〉

2019년 1월 주식선물 거래량은 6천 만 건을 넘었고, 2월과 3월은 하락했다. 4월부터 거래량이 다시 회복하여 6천 만 건을 초과하였고, 계약금액도 증가해 ㉠ <u>주식선물의 거래량과 계약금액의 증가량이 서로 비례하는 것을 알 수 있다</u>. 반면, ㉡ <u>주식선물 미결제약정은 3월부터 450만 건을 넘어 5월까지 증가추세에 있다</u>. ㉢ <u>주식콜옵션과 주식풋옵션은 주식선물보다 거래량과 거래대금은 낮지만, 작년 12월부터 올해 3월까지 꾸준히 증가했다</u>. 주식풋옵션의 경우 3월부터 5월까지 거래대금이 감소하면서 미결제약정 건수는 증가하는 것을 볼 수 있고, 같은 기간에 주식옵션 전체 거래대금과 미결제약정 건수도 반비례관계로 정의된다. 또한, ㉣ <u>조사기간 동안 주식선물의 거래량과 미결제약정 계약건수도 반비례하는 것을 알 수 있다</u>.

① 없음
② 1개
③ 2개
④ 3개
⑤ 4개

41 다음은 국가별 해외직접투자 현황에 관한 자료이다. 자료에 대한 설명 중 옳지 않은 것은?

〈2017년 국가별 해외직접투자 현황〉

구분	신고건수(건)	신규법인 수(개)	신고금액(천 달러)	송금횟수(건)	투자금액(천 달러)
아시아	7,483	2,322	15,355,762	10,550	12,285,835
북미	1,925	560	14,380,926	2,621	15,765,726
중남미	583	131	8,986,726	813	7,000,207
유럽	966	269	8,523,533	1,173	6,843,634
대양주	172	60	1,110,459	285	912,932
중동	210	46	794,050	323	651,912
아프리카	131	23	276,180	138	236,103
합계	11,470	3,411	49,427,636	15,903	43,696,349

〈2018년 국가별 해외직접투자 현황〉

구분	신고건수(건)	신규법인 수(개)	신고금액(천 달러)	송금횟수(건)	투자금액(천 달러)
아시아	8,089	2,397	21,055,401	11,086	16,970,910
북미	2,028	568	14,444,840	2,638	11,328,002
중남미	679	138	7,869,775	865	8,137,758
유럽	1,348	326	14,348,891	1,569	11,684,820
대양주	241	65	495,375	313	663,007
중동	173	24	901,403	293	840,431
아프리카	149	22	147,318	185	156,667
합계	12,707	3,540	59,263,003	16,949	49,781,595

① 2017년 전체 송금횟수에서 북미와 중남미의 송금횟수 합의 비율은 2018년의 비율보다 높다.

② 2018년 전년 대비 신규법인 수가 가장 많이 증가한 지역의 2018년 투자금액은 전체 지역 중 3위로 많다.

③ 2017년 아시아의 신고금액은 대양주, 중동, 아프리카 신고금액의 합보다 120억 달러 이상 많다.

④ 2018년 전년 대비 신고건수 비율이 증가한 지역 중 세 번째로 낮은 지역은 중남미이다.

⑤ 2017년 유럽의 신고건수 당 신고금액은 2018년보다 1,500천 달러 이상 적다.

42 다음은 초 · 중 · 고교생 스마트폰 중독 현황에 대한 자료이다. 자료에 대한 〈보기〉의 설명으로 옳지 않은 것을 모두 고른 것은?

〈초 · 중 · 고생 스마트폰 중독 비율〉

(단위 : %)

구분		전체	초등학생(9 ~ 11세)	중 · 고생(12 ~ 17세)
전체		32.38	31.51	32.71
아동성별	남성	32.88	33.35	32.71
	여성	31.83	29.58	32.72
가구소득별	기초수급	30.91	30.35	31.05
	차상위	30.53	24.21	30.82
	일반	32.46	31.56	32.81
거주지역별	대도시	31.95	30.80	32.40
	중소도시	32.49	32.00	32.64
	농어촌	34.50	32.84	35.07
가족유형별	양부모	32.58	31.75	32.90
	한부모 · 조손	31.16	28.83	31.79

※ 각 항목의 전체 인원은 그 항목에 해당하는 초등학생 수와 중 · 고생 수의 합을 말한다.

〈보기〉

ㄱ. 초등학생과 중 · 고생 모두 남성의 스마트폰 중독비율이 여성의 스마트폰 중독비율보다 높다.
ㄴ. 한부모 · 조손 가족의 스마트폰 중독 비율은 초등학생의 경우가 중 · 고생 중독 비율의 70% 이상이다.
ㄷ. 조사대상 중 대도시에 거주하는 초등학생 수는 중 · 고생 수보다 많다.
ㄹ. 초등학생과 중 · 고생 모두 기초수급가구의 경우가 일반가구의 경우보다 스마트폰 중독 비율이 높다.

① ㄴ
② ㄱ, ㄷ
③ ㄱ, ㄹ
④ ㄱ, ㄷ, ㄹ
⑤ ㄴ, ㄷ, ㄹ

43 다음은 K기업에서 만든 연도별 기계제품의 가격에 관한 자료이다. 다음 중 자료를 해석한 내용으로 옳지 않은 것은?

〈기계제품의 가격〉

(단위 : 만 원)

구분	2014년	2015년	2016년	2017년	2018년
가격	200	230	215	250	270
재료비	105	107	99	110	115
인건비	55	64	72	85	90
수익	40	59	44	55	65

※ (수익)=(가격)−(재료비)−(인건비)

① 전년 대비 제품 가격의 증가율은 2018년에 가장 높았다.
② 제품 가격 상승의 원인은 재료비에도 관련 있다.
③ 제품의 재료비는 2016년을 제외하고 모두 증가하였다.
④ 2016년도에 가격이 떨어졌던 주요 원인은 인건비의 상승이다.
⑤ 2019년도에 인건비가 오를 것으로 예상된다.

44 다음은 2009 ~ 2018년 전국 풍수해 규모에 관한 자료이다. 이에 대한 설명으로 옳은 것은?

〈전국 풍수해 규모〉

(단위 : 억 원)

구분	2009년	2010년	2011년	2012년	2013년	2014년	2015년	2016년	2017년	2018년
태풍	118	1,609	8	−	1,725	2,183	10,037	17	53	134
호우	19,063	435	581	2,549	1,808	5,276	384	1,581	1,422	12
대설	52	74	36	128	663	480	204	113	324	130
강풍	140	69	11	70	2	−	267	9	1	39
풍랑	57	331	−	241	70	3	−	−	−	3
전체	19,430	2,518	636	2,988	4,268	7,942	10,892	1,720	1,800	318

① 2010 ~ 2018년간 발생한 전체 풍수해 규모의 증감추이는 태풍으로 인한 풍수해 규모의 증감추이와 비례한다.
② 풍랑으로 인한 풍수해 규모는 매년 가장 낮았다.
③ 2018년 호우로 인한 풍수해 규모의 전년 대비 감소율은 97% 미만이다.
④ 전체 풍수해 규모에서 대설로 인한 풍수해 규모가 차지하는 비중은 2016년이 2014년보다 크다.
⑤ 대설로 인한 풍수해 규모가 가장 높았던 해에는 전체 풍수해 규모도 가장 높았다.

45 다음은 2014 ~ 2018년 우리나라의 출생아 수 및 사망자 수에 대한 자료이다. 다음 중 자료에 대한 설명으로 옳지 않은 것은?

〈우리나라 출생아 수 및 사망자 수 현황〉

(단위 : 명)

구분	2014년	2015년	2016년	2017년	2018년
출생아 수	436,455	435,435	438,420	406,243	357,771
사망자 수	266,257	267,692	275,895	280,827	285,534

① 출생아 수가 가장 많았던 해는 2016년이다.
② 사망자 수는 2015년부터 2018년까지 매년 전년 대비 증가하고 있다.
③ 2014년부터 2018년까지 사망자 수가 가장 많은 해와 가장 적은 해의 사망자 수 차이는 15,000명 이상이다.
④ 2016년 출생아 수는 같은 해 사망자 수의 1.7배 이상이다.
⑤ 2015년 출생아 수는 2018년 출생아 수보다 15% 이상 많다.

46 다음은 J시, K시의 연도별 회계 예산액 현황 자료이다. 다음 중 자료에 대한 설명으로 옳지 않은 것은?

〈J시, K시의 연도별 회계 예산액 현황〉

(단위 : 백만 원)

구분	J시			K시		
	합계	일반회계	특별회계	합계	일반회계	특별회계
2014년	1,951,003	1,523,038	427,965	1,249,666	984,446	265,220
2015년	2,174,723	1,688,922	485,801	1,375,349	1,094,510	280,839
2016년	2,259,412	1,772,835	486,577	1,398,565	1,134,229	264,336
2017년	2,355,574	1,874,484	481,090	1,410,393	1,085,386	325,007
2018년	2,486,125	2,187,790	298,335	1,510,951	1,222,957	287,994

① J시의 전체 회계 예산액이 증가한 시기에는 K시의 전체 회계 예산액도 증가했다.
② J시의 일반회계 예산액은 항상 K시의 일반회계 예산액보다 1.5배 이상 더 많다.
③ 2016년 J시의 특별회계 예산액 대비 K시의 특별회계 예산액 비중은 50% 이상이다.
④ 2017년 K시 전체 회계 예산액에서 특별회계 예산액의 비중은 25% 이상이다.
⑤ J시와 K시의 일반회계의 연도별 증감추이는 다르다.

47 A마트 B점은 개점 10주년을 맞이하여 작년과 동일하게 1월 28일부터 4일 동안 마트에서 구매하는 고객에게 소정의 사은품을 나누어 주는 행사를 진행하고자 한다. 올해 행사 기간 내 예상 방문 고객은 작년보다 20% 증가할 것으로 예측되며, 단가가 가장 낮은 품목부터 800개를 준비하여 100단위씩 줄여 준비하기로 하였다. 작년 행사 결과 보고서를 참고하여 올해도 작년과 같은 상품을 준비한다고 할 때, 이번 행사에 필요한 예상금액은 얼마인가?

〈B점 9주년 행사 결과〉

- 행사명 : 9주년 특별 고객감사제
- 행사기간 : 2018년 1월 28일(월) ~ 31일(목)
- 참여대상 : 행사기간 내 상품구매고객
- 추첨방법 : 주머니에 담긴 공 뽑기를 하여 공 색상에 따라 경품을 지급함
- 참여인원 : 3,000명

〈공 색상별 경품〉

구분	빨강	주황	노랑	초록	검정	파랑	남색	보라
경품	갑 티슈	수건세트	우산	다도세트	전자레인지	식기건조대	보조배터리	상품권

※ 소진된 경품의 공을 선택했을 때는 공을 주머니에 다시 넣고 다른 색의 공이 나올 때까지 뽑는다.

〈경품별 단가〉

(단위 : 원)

구분	갑 티슈	수건세트	우산	다도세트	전자레인지	식기건조대	보조배터리	상품권
단가	3,500	20,000	9,000	15,000	50,000	40,000	10,000	30,000

① 48,088,000원
② 49,038,000원
③ 50,080,000원
④ 51,080,000원
⑤ 52,600,000원

48 주머니에 빨간색 구슬 3개, 초록색 구슬 4개, 파란색 구슬 5개가 있다. 구슬 2개를 꺼낼 때, 모두 빨간색이거나 모두 초록색이거나 모두 파란색일 확률은?(단, 꺼낸 구슬은 다시 넣지 않는다)

① $\frac{3}{11}$
② $\frac{19}{66}$
③ $\frac{10}{33}$
④ $\frac{7}{22}$
⑤ $\frac{9}{55}$

49 다음은 시기별 1인당 스팸문자의 내용별 수신 수를 나타낸 자료이다. 자료에 대한 설명 중 옳지 않은 것은?

〈1인당 스팸문자의 내용별 수신 수〉

(단위 : 통)

구분	2018년 하반기	2019년 상반기	2019년 하반기
대출	0.03	0.06	0.08
성인	0.00	0.01	0.01
일반	0.12	0.05	0.08
합계	0.15	0.12	0.17

① 성인 관련 스팸문자는 2019년부터 수신되기 시작했다.
② 2018년 하반기에 비해 2019년 상반기에는 가장 높은 비중을 차지하는 스팸문자의 내용이 변화했다.
③ 모든 종류에서 스팸문자 수신은 지속해서 증가하였다.
④ 해당 기간 동안 가장 큰 폭으로 성장한 것은 대출 관련 스팸문자이다.
⑤ 전년 동분기 대비 2019년 하반기의 1인당 스팸문자의 내용별 수신 수의 증가율은 약 13%이다.

50 다음은 영농자재 구매사업의 변화 양상에 관한 자료이다. 자료에 대한 설명으로 옳은 것은?

〈영농자재 구매사업의 변화 양상〉

(단위 : %)

연도	비료	농약	농기계	면세유류	종자 / 종묘	배합사료	일반자재	자동차	합계
1968년	74.1	12.6	5.4	–	3.7	2.5	1.7	–	100
1978년	59.7	10.8	8.6	–	0.5	12.3	8.1	–	100
1988년	48.5	12.7	19.6	0.3	0.2	7.1	11.6	–	100
1998년	30.6	9.4	7.3	7.8	0.7	31.6	12.6	–	100
2008년	31.1	12.2	8.5	13.0	–	19.2	16.0	–	100
2018년	23.6	11.0	4.2	29.7	–	20.5	10.9	0.1	100

① 일반자재 구매 비율은 10년마다 증가하였다.
② 영농자재 중 비료 구매 비율은 조사기간 동안 항상 가장 높다.
③ 배합사료와 농기계 구매 비율은 조사기간 동안 증가와 감소추이를 동일하게 교대로 반복하였다.
④ 2018년 이후 자동차 구매 비율이 가장 크게 증가할 것이다.
⑤ 면세유류 구매 비율은 1968년부터 감소한 적이 없다.

※ 다음은 한국토지주택공사의 지원사업에 관한 공고문이다. 다음 자료를 보고, 이어지는 질문에 답하시오. [51~52]

〈LH 청년 창UP · 스타트UP 디딤돌 구축사업 참여자 공모〉

1. 지원 프로그램
 1) 지원규모 : 10인(팀, 기업) 선발, 총사업비 2억 5천만 원
 2) 지원내용
  ① 창업자금 지원

구분	지원 대상	지원금	지원 목적
1차 지원금	예비창업 5인(팀)	각 10백만 원	창업 · 도약 기초 지원 자금 (R&D, 시제품 기획 / 제작)
	스타트업 5팀(기업)	각 15백만 원	
2차 지원금	1차 지원 대상자 중 5팀(기업)	각 15백만 원	사업화 촉진 지원 자금 (마케팅, 홍보비용 등)

  - 1차 지원금 : 지원사업 약정체결 후 초기지원금 60%(예비창업 6백만 원, 스타트업 9백만 원) 지원, 중간평가 후 잔여지원금 40%(예비창업 4백만 원, 스타트업 6백만 원) 지원
  - 2차 지원금 : 1차 지원 대상자 중 창업활동 10개월 전 · 후에 심사를 통한 2차 지원 대상자(5팀) 선정 지원

  ② 창업활동 지원

분야	지원 내용
전문가 멘토링	BM 검토 / 혁신, 사업 관련 법률자문, R&D 자문 등
창업 교육	창업 분야 교육, IR 작성, 창업 세미나 등
창업 인프라	창업 공간 지원

2. 신청 자격
 1) 공모신청 자격 : 공모사업 공고일 기준 만 39세 이하인 자로서
  ① 예비창업자는 공고일 현재 법인기업의 대표가 아니어야 하며, 업종에 관계없이 본인 명의로 사업자등록을 하지 않은 자를 말함
  ② 예비창업팀은 예비창업자 2 ~ 4인으로 구성 가능하며, 1인을 대표자로 신청해야 함(대표자 변경 불가)
   ※ 예비창업팀의 팀원은 모두 만 39세 이하의 예비창업자이어야 함
  ③ 스타트업(창업 후 3년 이하 중소기업, 모집공고일 기준) 기업의 대표자
 2) 신청제외 대상
  ① 신청서, 사업계획서 등 제출서류를 허위로 작성한 경우
  ② 금융기관 등으로부터 채무불이행 등으로 규제 중인 자(기업), 국세 또는 지방세를 체납 중인 자(기업)
  ③ 동일한 창업 아이디어로 타 중앙정부, 자치단체, 공공기관의 창업 지원사업을 수행 중인 자(기업) 또는 중도탈락, 포기한 자(기업)
  ④ 지원 제외 대상 업종을 영위하거나 영위하고자 하는 자(기업)

3. 신청 및 접수

1) 신청기간 : 2020.10.19 ~ 2020.10.21 18:00

2) 신청방법 : 이메일 abcde@lh.or.kr 신청(우편접수 불가)

3) 신청서류 : 지원신청서 1부, 사업계획서 1부, 개인정보 수집활용 동의서 1부

2020. 09. 14

51 다음 중 LH 청년 창UP · 스타트UP 디딤돌 구축사업에 관해 바르게 이해한 사람은?

① A : 1·2차 지원을 합하면 모두 15팀에 총 2억 5천만 원을 지원하는군.

② B : 1차 지원에서는 창업자금을 지원하고, 2차 지원에서는 창업활동을 지원하는군.

③ C : 1차 지원금은 두 번에 걸쳐 지원되므로 이를 고려하여 사업을 계획해야겠군.

④ D : 신청기간은 21일까지이므로 신청서류가 기간 안에 도착하도록 빠른우편으로 접수해야겠군.

⑤ E : 아직 신청일은 공고일인 오늘부터 두 달가량 남았으므로 천천히 준비해도 돼.

52 다음 〈보기〉 중 LH한국토지주택공사의 지원사업에 지원할 수 없는 사람은 모두 몇 명인가?(단, A ~ E는 모두 만 39세 이하이다)

〈보기〉

- A : 동일한 나이의 3인으로 구성된 예비창업팀의 대표자
- B : 동일한 아이디어로 자치단체의 지원사업에 지원했으나, 선정되지 않은 기업의 대표
- C : 2년 전 창업한 스타트업 기업의 대표자
- D : 체납 중인 지방세를 2020년 9월 12일에 모두 납부한 예비창업자

① 1명
② 2명
③ 3명
④ 4명
⑤ 없음

※ 다음은 LH한국토지주택공사가 공개한 사업처별 정부지원 현황이다. 자료를 보고 이어지는 질문에 답하시오. [53~54]

• 주거복지사업처 – 전세임대 공급·관리에 필요한 경비

구분	2015년	2016년	2017년	2018년	2019년
지원금(억 원)	488	563	596	784	805

• 공공주택전기처 – 임대주택에 신재생에너지(태양광)를 적용, 전기를 생산하여 입주자의 관리비를 절감

구분	2015년	2016년	2017년	2018년	2019년
사업비(억 원)	13	13	17	28	42
단지 수(단지)	7	10	10	10	15
세대수(세대)	4,855	5,435	8,902	10,163	17,311
정부지원 비율(%)	60	70	50	50	35
자체예산(억 원)	5	4	9	14	27
기타	비공개	비공개	비공개	비공개	비공개

• 공간정보처 – 국토교육 연구학교 및 동아리 모집, 공사 진로체험 제공 등 청소년의 국토분야에 대한 관심도 제고와 역량강화를 목적으로 추진

구분	2015년	2016년	2017년	2018년	2019년
지원금(억 원)	3.4	3.4	3.3	3.1	2.9

• 도시건축사업단 – 그린리모델링 사업

구분	2015년	2016년	2017년	2018년	2019년
지원금(억 원)	–	10	11	13	10

53 다음 중 정부지원 현황에 대한 설명으로 옳지 않은 것은?

① 2015 ~ 2019년에 정부지원금은 공간정보처를 제외한 모든 사업처에서 매년 증가하였다.
② 2015 ~ 2019년에 총 정부지원금액은 주거복지사업처, 공공주택전기처, 도시건축사업단, 공간정보처 순으로 많다.
③ 주거복지사업처에서 정부지원금 증가율이 전년 대비 가장 높은 연도는 2018년이다.
④ 2015 ~ 2019년에 2년 이상 동일한 금액의 정부지원금을 받은 사업처는 2곳이다.
⑤ 2017 ~ 2019년에 모든 사업처에 대한 정부지원금 총액은 계속 증가하였다.

54 2019 ~ 2021년 동안 공공주택전기처의 전년 대비 사업비 증가율이 동일하다고 할 때, 공공주택전기처에 대한 2021년 정부지원 비율이 40%라면 정부지원금은 얼마인가?

① 28.7억 원
② 30.6억 원
③ 32.0억 원
④ 36.4억 원
⑤ 37.8억 원

55 투기과열지구의 LTV(주택담보대출비율)에 따라 9억 원의 주택을 담보로 대출 가능한 금액은 최대 3억 6천만 원이며, 9억 원 초과 ~ 15억 원 이하인 금액에 대해서는 LTV가 절반으로 감소한다. 다음 중 14억 원의 주택을 매입할 때 대출 가능한 최대 금액은?

① 0원
② 2억 8천만 원
③ 4억 6천만 원
④ 5억 6천만 원
⑤ 6억

※ 다음은 LH한국토지주택공사 창업지원 사업의 대상자 선정방법에 관한 자료이다. 다음 자료를 보고, 이어지는 질문에 답하시오. [56~57]

〈창업지원 대상자 선정〉

1. 선정방식

1단계 심사	→	2단계 심사	→	3단계 심사
(자격 여부, 서류심사) • 제출서류 적정성 • 서류심사 : 사업수행능력, Item 시장성, 기술성, 사업계획서 충실도 • 가점 항목 확인	→	(팀별, 심층, PT평가) • 팀평가(20) : 시장성, 탁월성 • 심층평가(30) : 수행능력, 시장성, 탁월성, 성장 가능성 • PT평가(50) : 수행능력, 시장성, 탁월성, 성장 가능성	→	(중간·최종평가) • 창업활동 성과평가 후 지원금 지급 여부 결정 • 중간평가 : 6개월 후, 잔여 지원금 지급 결정 • 최종평가 : 10개월 후, 2차 지원금 지급 결정
지원목표 1.5배 선발		지원목표 5팀 선발		2차 지원금 대상(1팀) 선발

2. 세부 심사 방법
  1) 1단계 서류심사
    ① 평가항목 : 사업수행능력(25), Item 시장성(25), Item 기술성(25), 사업계획서(25)
    ② 평가방식 : 목표팀 1.5배(예비창업 3, 스타트업 5)를 선발하며, 평가점수 80점 미만의 경우 추천 대상에서 제외
  2) 2단계 심사
    ① 평가항목
      - 팀별평가 : 시장성(10), 제품/서비스 탁월성(10)
      - 심층평가 : 사업수행능력(5), 시장성(10), 제품/서비스 탁월성(10), 성장 가능성(5)
      - PT평가 : 사업수행능력(10), 시장성(15), 제품/서비스 탁월성(15), 성장 가능성(10)
    ② 평가방식
      - 예비창업심화과정을 통한 교육 및 평가 진행
      - 최종선발 인원으로 5팀(예비창업 2, 스타트업 3)을 선발하며, 평가점수 80점 미만의 경우 선정 대상에서 제외
  3) 3단계 심사 : 중간평가 및 최종평가
    ① 평가목적
      - 중간평가 : 활동 6개월 후 평가, 1차 지원금 중 잔여(4~6백만 원) 지급 결정
      - 최종평가 : 활동 10개월 후 평가, 2차 지원금(15백만 원) 지급 결정
    ② 평가항목
      - 중간평가 : 활동경과(30), 활동성과(30), 하반기목표(30), 행정사항(10)
      - 최종평가 : 활동성과(30), 성장 가능성(30), 지원 필요성(30), 행정사항(10)

56 다음은 창업지원 대상자 선정을 위한 1단계 심사의 가점 항목이다. 해당 사업에 지원한 어느 팀의 1단계 심사 점수가 〈보기〉와 같을 때, 다음 중 옳지 않은 것은?(단, 1단계 심사 점수는 가점을 부여하지 않은 점수이다)

〈가점 항목〉

(단위 : 점)

항목	점수
1) 신청과제와 관련된 특허권, 또는 실용신안권	1.0
2) 정부 또는 공공기관 주최 창업경진대회 입상자(단, 3년 이내)	0.5
3) 내일채움공제 및 청년내일채움공제 가입기업 대표자	0.5
4) 한국발명진흥회 대한민국 발명특허대전 수상자(단, 3년 이내)	0.5
5) 청년세대 건설 분야 창업 Item 제안자	4.0
6) 청년세대 부동산 프롭테크 창업 Item 제안자	4.0
7) 경남지역 청년창업(소재학교 출신) · 스타트업(소재지) 지원자	3.0

〈보기〉

구분	사업수행능력	Item 시장성	Item 기술성	사업계획서
점수	20.5점	14점	20.5점	23.5점

① 경남지역 소재의 학교를 졸업하였다면 추천을 받을 수 있다.
② 2년 전 창업경진대회에서 상을 받았더라도 다른 항목에서의 추가 가점이 필요하다.
③ 사업 Item과 관련된 특허권을 소지하고 있다면 추천을 받을 수 있다.
④ 추천을 받으려면 0.5점을 부여하는 3개의 항목에서 모두 추가 가점을 받아야 한다.
⑤ 내일채움공제 가입기업이더라도 추천 대상에서 제외될 수 있다.

57 정부지원금을 받기 위해 신청한 A～E팀의 평가 점수가 다음과 같을 때, 지원금을 받는 팀은?

〈팀별 평가〉

(단위 : 점)

평가항목		A	B	C	D	E
중간평가	활동경과	22	20	21.5	22	20.5
	활동성과	23	25	24	21.5	23
	하반기목표	21	22	23	20	24
	행정사항	5	5.5	4.5	5	4.5
최종평가	활동성과	26	26	26	24.5	25
	성장 가능성	24	24.5	23	24	23.5
	지원 필요성	22	25	24	23	26
	행정사항	4	5	6	6	3

※ 최종평가 점수의 총합이 가장 높은 1팀이 지원금을 받게 되며, 중간평가 점수가 가장 높은 팀은 최종평가 점수에 1.0점을 가산한다.

① A팀
② B팀
③ C팀
④ D팀
⑤ E팀

※ 다음 신혼희망타운에 관한 자료를 보고, 이어지는 질문에 답하시오. [58～59]

〈신혼희망타운(공공분양)〉

신혼부부 선호를 반영한 평면과 커뮤니티 시설을 적용하고, 육아·교육 등 특화 서비스를 제공하는 신혼부부 특화형 공공주택

- 공급대상
  - 신혼부부 : 혼인기간이 7년 이내 또는 6세 이하의 자녀를 둔 무주택세대구성원
  - 예비신혼부부 : 공고일로부터 1년 이내에 혼인사실을 증명할 수 있는 분
  - 한부모가족 : 6세 이하의 자녀가 있는 무주택세대구성원(자녀의 부 또는 모로 한정함)
- 공급대상별 청약자격
  - 입주기준 : 입주할 때까지 무주택세대구성원일 것
  - 주택청약종합저축 : 가입 6개월 경과, 납입인정횟수 6회 이상
  - 소득기준 : 전년도 가구당 도시근로자 월평균 소득 120%(3인 기준 월 666만 원 기준), 130%(3인 기준 월 722만 원 수준)
  - 총자산기준 : 303,000천 원 이하

• 소득기준 : 전년도 도시근로자 가구원수별 가구당 월평균소득의 120% 이하인 분(배우자가 근로소득 또는 사업소득이 있는 맞벌이의 경우 130% 이하를 말함)

가구당 월평균소득 비율		3인 이하	4인	비고
70% 수준	배우자 소득이 없는 경우 : 70%	3,888,488	4,358,439	배점 3점
	배우자 소득이 있는 경우 : 80%	4,443,986	4,981,074	
100% 수준	배우자 소득이 없는 경우 : 100%	5,554,983	6,226,342	배점 2점
	배우자 소득이 있는 경우 : 110%	6,110,481	6,848,976	
120% 수준	배우자 소득이 없는 경우 : 120%	6,665,980	7,471,610	기본자격 및 배점 1점
	배우자 소득이 있는 경우 : 130%	7,221,478	8,094,245	

58 다음 신혼희망타운의 우선공급 입주자 선정방식에 따라 가장 높은 점수를 받은 지원자를 X지역 신혼희망타운 입주자로 선정할 때, 입주자로 선정될 사람은?

〈우선공급(1단계) 입주자 선정방식〉

혼인기간 2년 이내이거나 2세 이하의 자녀를 둔 신혼부부와 예비신혼부부 및 2세 이하의 자녀를 둔 한부모가족에게 가점제로 우선 공급

가점항목	평가항목	점수
(1) 가구소득	70% 이하	3점
	70% 초과 100% 이하	2점
	100% 초과	1점
(2) 해당 시·도 연속 거주기간	2년 이상	3점
	1년 이상 2년 미만	2점
	1년 미만	1점
(3) 주택청약종합저축 납입인정 횟수	24회 이상	3점
	12회 이상 23회 이하	2점
	6회 이상 11회 이하	1점

〈지원자 정보〉

구분	가구소득	X지역 연속 거주기간	납입인정 횟수	비고
A	110%	11개월	25회	맞벌이 부부
B	70%	18개월	10회	맞벌이 부부
C	80%	20개월	14회	한부모가족
D	80%	24개월	13회	맞벌이 부부
E	110%	28개월	26회	한부모가족

① A　　② B
③ C　　④ D
⑤ E

59 다음 신혼희망타운의 우선공급 이후 2단계 입주자 선정방식에 따라 가장 높은 점수를 받은 지원자를 X지역 신혼희망타운 입주자로 선정할 때, 입주자로 선정될 사람은?(단, X지역 신혼희망타운 모집 공고일은 2021년 1월 3일이다)

〈2단계 입주자 선정방식〉

혼인기간이 2년 초과 7년 이내이거나 3세 이상 6세 이하 자녀를 둔 신혼부부, 3세 이상 6세 이하 자녀를 둔 한부모가족 및 1단계 우선공급 낙첨자 전원을 대상으로 가점제로 공급

가점항목	평가항목	점수
미성년 자녀수	3명 이상	3점
	2명	2점
	1명	1점
무주택기간	3년 이상	3점
	1년 이상 3년 미만	2점
	1년 미만	1점
해당 시・도 연속 거주기간 (거주기간은 전입일부터 공고일까지 기산)	2년 이상	3점
	1년 이상 2년 미만	2점
	1년 미만	1점
주택청약종합저축 납입인정 횟수	24회 이상	3점
	12회 이상 23회 이하	2점
	6회 이상 11회 이하	1점

※ 동점자 발생 시 추첨 선정

〈지원자 정보〉

구분	혼인기간	미성년 자녀수	무주택기간	X지역 전입일	납입인정 횟수
A	3년	3명	36개월	2020. 01. 01	8회
B	4년	2명	14개월	2018. 02. 09	13회
C	5년	1명	28개월	2020. 12. 22	20회
D	6년	2명	11개월	2019. 02. 08	25회

① A
② B
③ C
④ D
⑤ 알 수 없음

60 다음 중 글의 주된 내용 전개 방식에 대한 설명으로 가장 적절한 것은?

<table>
<tr><td rowspan="3">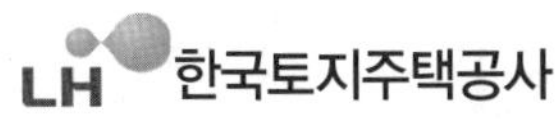</td><td rowspan="3">보도자료</td><td>배포일</td><td>2020. 07. 08(수)</td></tr>
<tr><td>담당부서</td><td>주거복지사업처</td></tr>
<tr><td>담당자</td><td>최○○ 부장</td></tr>
</table>

LH, 신혼부부 전세임대Ⅰ·Ⅱ 유형 지원자격 추가 완화

LH는 신혼부부의 주거 안정을 위한 신혼부부 전세임대Ⅰ·Ⅱ 유형의 지원 자격을 추가로 완화해 입주자를 모집한다고 밝혔다. 전세임대주택은 입주 대상자가 거주를 희망하는 주택을 물색하면 LH가 해당 주택 소유자와 전세계약을 체결한 뒤 대상자에게 저렴한 가격으로 재임대하는 주택이다.

LH는 지난 6월 신혼부부 전세임대Ⅰ 유형의 자격을 완화해 입주자를 모집한 것에 이어, 이번에는 Ⅰ·Ⅱ 유형 모두 지난 공고보다 소득 기준을 완화하고, 자녀의 나이 요건 또한 기존 만 13세 이하에서 만 18세 이하로 확대했다. 기존의 전세임대Ⅰ 유형의 지원 자격은 월평균 소득 70%(배우자 소득 있는 경우 90%), 혼인 기간 10년 이내, 자녀 나이 만 13세 이하 등이었다.

이번 모집 공고의 소득 기준은 신혼Ⅰ의 경우 입주신청일 기준 전년도 도시근로자 가구원수별 가구당 월평균 소득 100%(배우자가 소득이 있는 경우 120%) 이하, 신혼Ⅱ의 경우 공고일 기준 전년도 도시근로자 가구원수별 가구당 월평균 소득 120%(배우자가 소득이 있는 경우 130%) 이하인 신혼부부이다. 두 유형 모두 총자산 28,800만 원 이하, 자동차 2,468만 원 이하, 무주택세대구성원 요건을 충족해야 한다.

지원 한도액은 신혼Ⅰ은 수도권 1억 2,000만 원, 광역시(세종시 포함) 9,500만 원, 기타 도 지역 8,500만 원이다. 신혼Ⅱ는 수도권 2억 4,000만 원, 광역시 1억 6,000만 원, 기타 도 지역 1억 3,000만 원까지 지원한다. 전세보증금이 지원 한도액을 초과하는 주택의 경우, 초과분을 입주 대상자가 부담하고 임차권은 LH에 귀속되는 조건으로 지원 가능하다.

입주자는 임대보증금과 월 임대료를 부담하며, 임대보증금은 신혼Ⅰ의 경우 지원 한도액 내 전세보증금의 5%, 신혼Ⅱ의 경우 지원 한도액 내 전세보증금의 20%다. 월 임대료는 전세보증금에서 임대보증금을 뺀 나머지 금액에 대한 연 1 ~ 2%의 금리를 적용해 산정된다. 최초 임대 기간은 2년이며, 별도의 소득 및 자산 기준을 충족할 경우 신혼Ⅰ은 9회, 신혼Ⅱ는 2회(자녀가 있는 경우 2회 추가)까지 재계약이 가능하다.

신혼Ⅰ은 7월 8일부터 12월 31일까지, 신혼Ⅱ는 7월 15일부터 7월 31일까지 LH 청약센터에서 온라인으로 신청 가능하며, 자격 심사 결과는 대상자에게 개별 안내된다. 다만, 공급 목표 대비 지원자가 많을 경우 중도에 접수가 마감될 수 있으니 유의해야 한다. 자격심사는 약 10주가 소요되나, 기초생활수급자·차상위계층·보호대상 한부모가정의 경우 증명서를 제출하면 심사 기간이 단축될 수 있다.

① 구체적인 수치를 제시하여 대상의 공통점과 차이점을 설명한다.
② 시간의 흐름에 따라 대상의 변화 과정을 서술하고 있다.
③ 가설을 세우고 이를 논리적으로 전개하고 있다.
④ 현실의 문제점을 분석하고 그 해결책을 제시하고 있다.
⑤ 의견의 타당성을 입증하기 위해 다양한 근거를 제시하고 있다.

※ 한국토지주택공사는 기타사업에서 부동산금융사업으로 리츠(REITs; Real Estate Investment Trusts)방식을 도입하여 시행하고 있다. 다음은 리츠 현황을 정리한 자료이며, 이를 참고하여 이어지는 질문에 답하시오. [61~62]

〈부동산금융사업 리츠 현황 I〉

(단위 : 개사, 억 원)

구분	설립건수	사업비			
		계	출자		대출 등
			LH	LH 외	
합계	43	368,196	3,839	37,577	326,780
LH AMC	42	366,693	3,790	37,375	325,528
민간 AMC	1	1,503	49	202	1,252
LH 출자사업	24	209,292	3,839	16,676	188,777
LH 비출자사업	19	158,904	-	20,901	138,003

※ 리츠(REITs) : 부동산 투자회사법에 따라 다수의 투자자(주택도시기금, LH, 기관투자자 등)로부터 자금을 모아 부동산에 투자·운용하고, 발생한 수익을 투자자에게 90% 이상 배당하는 것을 목적으로 설립하는 주식회사

〈부동산금융사업 리츠 현황 II〉

(단위 : 개사, 억 원)

구분		설립건수	사업비				LH AMC
			계	출자		대출 등	
				LH	LH 외		
개발형리츠	소계	27	230,314	3,544	17,180	209,590	
	공공임대주택(10년)리츠	16	192,427	3,412	13,742	175,273	○
	행복주택리츠	2	5,094	83	336	4,675	○
	주택개발리츠	8	31,290	-	2,900	28,390	○
	상업용지리츠	1	1,503	49	202	1,252	×
정책지원리츠	소계	6	11,387	33	2,562	8,792	
	국민희망임대리츠	1	1,621	-	486	1,135	○
	신혼부부매입임대리츠	1	5,152	-	969	4,183	○
	하우스푸어희망임대리츠	3	3,181	-	920	2,261	○
	제로에너지단독주택리츠	1	1,433	33	187	1,213	○
공공지원 민간임대리츠	소계	7	122,300	213	17,171	104,916	
	제로에너지단독주택리츠	5	115,159	-	15,245	99,914	○
	토지지원리츠	2	7,141	213	1,926	5,002	○
도시재생리츠	소계	3	4,195	49	664	3,482	
	천안미드힐타운리츠	1	2,501	-	381	2,120	○
	청주문화제조창리츠	1	1,021	25	105	891	○
	서대구산단리츠	1	673	24	178	471	○

61 다음은 부동산금융사업을 담당하는 부동산금융사업관리단 부서에서 위 자료를 바탕으로 작성한 보고서이다. 밑줄 친 내용 중 옳은 것을 모두 고르면?(단, 비율은 소수점 이하 둘째 자리에서 반올림한다)

> **〈부동산금융사업 리츠 현황 보고서〉**
>
> 2009년 통합 당시 부채과다로 채권발행의 어려움이 발생하여 유동성 위기에 직면하였다. 이에 해결책으로 리츠 도입을 기반으로 부채증가 없이 임대주택을 지속적으로 공급할 수 있도록 2014년부터 공공임대리츠 도입을 시작으로 리츠방식을 각종 사업에 도입하여 건물공사비, 토지매각에 따른 대금회수 등 부채감축 효과를 달성하였다.
>
> ㉠ <u>현재 LH가 AMC(자산관리회사) 역할을 수행하는 리츠는 42개사이며, 민간에서 운영하는 것은 1개사이다.</u> ㉡ <u>리츠가 도입된 사업은 크게 4가지로 개발형리츠, 정책지원리츠, 공공지원 민간임대리츠, 도시재생리츠가 있고, 각각 3종류 이상의 리츠 세부사업이 진행되고 있으며 총 설립건수가 가장 많은 것은 개발형리츠이다.</u>
>
> ㉢ <u>민간에서 자산관리회사를 맡고 있는 상업용지리츠는 개발형리츠에 속하며, 총사업비 중 LH의 출자가 약 3.3%를 차지한다.</u> ㉣ <u>LH가 자산관리회사를 맡고 있는 리츠들 중에서는 서대구산단리츠의 총사업비가 가장 적고, 공공임대주택(10년)리츠가 가장 많다.</u> 또한, 전체 리츠 사업에서 LH의 출자가 없는 리츠 사업은 19개사가 있다.
>
> 부동산금융사업관리단에서는 이와 같은 사업을 진행함으로써 향후 한국토지주택공사가 리츠 기초자산을 아파트, 단독주택 등을 다변화시키고 국민의 부동산투자기회 확대를 추진하며, 부동산산업발전에 기여할 예정이다.

① ㉠, ㉣
② ㉡, ㉢
③ ㉡, ㉢, ㉣
④ ㉠, ㉢, ㉣
⑤ ㉠, ㉡, ㉢, ㉣

62 다음은 부동산금융사업 리츠 현황에 대한 보고서 일부 내용이다. 빈칸에 들어갈 수치로 알맞게 짝지어진 것은?(단, 비율은 소수점 이하 둘째 자리에서 반올림한다)

> • 부동산금융사업 리츠 현황을 보면 LH 출자사업의 설립건수는 전체 설립건수의 ___(ㄱ)___%이며, 4가지 리츠 사업 중 LH 비출자사업 설립건수가 가장 많은 것은 개발형리츠이다.
>
> • LH 비출자사업에서 정책지원리츠 세부사업의 대출 등 금액의 평균은 ___(ㄴ)___억 원임을 알 수 있다.

	(ㄱ)	(ㄴ)
①	53.9	1,515.8
②	55.8	1,515.8
③	55.8	1,510.7
④	57.9	1,510.7
⑤	57.9	1,515.6

63 다음 (가)~(바) 문단을 논리적 순서대로 바르게 연결한 것은?

(가) 토지주택박물관은 박물관운영부와 문화재지원부로 구성되어 있다. 박물관운영부는 전시를 기획하고, 유물 등을 수집・연구하는 역할을 담당한다. 박물관운영부는 우리나라 주거문화 역사를 이해할 수 있도록 실물에 가까운 다섯 채의 집을 제1전시실에 전시하고, 제2전시실에는 다양한 건축 재료와 도구로 우리 건축기술의 흐름을 볼 수 있도록 구성했다.

(나) 토지주택박물관은 우리 민족의 주거 건축문화와 토목건축기술을 주제로 한 전문 박물관으로 1997년 경기도 분당에 처음 문을 열었다. 2015년 진주에 새로 터를 잡은 이후에는 문화재 전시는 물론 수집・연구에 교육까지 담당하며 지역문화의 허브로 발돋움하고 있다.

(다) 이처럼 토지주택박물관은 박물관운영부와 문화재지원부라는 두 개의 중심축이 서로 맞물려 돌아간다. 박물관운영부가 박물관으로서 단단히 다진 바닥 위에 주춧돌 역할을 하고 있다면, 문화재지원부는 토지주택공사로서 정체성을 드러내며 지붕을 만들고 추녀 모양을 잡는 서까래 역할을 한다.

(라) 그렇기 때문에 이들을 우리나라 최고의 문화재 조사단이라고 해도 과언이 아니다. 2004년에는 개성공단을 개발하기 전 문화유적을 보호하기 위해 분단 이후 최초로 남북 학자들이 공동으로 실시한 문화재 조사에 힘을 보태기도 했다. 학계와 시민들 사이에서 소통 채널로 기능하며 사회적 합의를 이뤄내도록 하는 것 또한 문화재지원부의 몫이다.

(마) 문화재지원부는 토지주택공사에서 원활한 사업을 펼 수 있도록 문화재 사전영향을 검토하는 사업부서 기능을 담당한다. 후보지 선정 계획 및 지역본부 수요 등을 분석해 사업 일정에 차질이 없도록 조사 계획을 수립하고 사전지표조사를 진행한다. 문헌을 조사하거나 현장을 직접 방문해 원래 지형의 훼손 여부를 철저히 분석하기도 한다. 각종 개발사업에 대한 계획을 확정하기 전 해당 지역에 얼마나, 어떤 성격의 문화유적이 있는지 조사하고 그 결과를 사업계획에 반영해 문화재 보존과 국토개발을 조화시키는 역할을 하는 것이다.

(바) 지역민을 위한 다양한 교육프로그램을 운영하며 지역사회와 소통하는 것도 박물관운영부의 몫이다. 대표 프로그램인 박물관 대학은 성인을 위한 고품격 인문학 교육으로 지역 내 인기 강좌이다. 이 밖에도 명사 초청특강, 어린이 문화교실, 찾아가는 박물관, 주말 박물관 등을 운영하고 있다.

① (가) – (나) – (바) – (라) – (마) – (다)
② (나) – (가) – (바) – (마) – (라) – (다)
③ (나) – (가) – (라) – (마) – (바) – (다)
④ (마) – (라) – (나) – (가) – (다) – (바)
⑤ (바) – (가) – (나) – (다) – (라) – (마)

64 **한국토지주택공사는 수도권 주택난을 해결하기 위한 방안으로 보금자리주택을 건설하는 신규 도시개발 사업을 추진 중이다. 하지만 해당 사업을 추진하기 위해서는 사전에 환경 등에 관련된 평가를 받아야 한다. 다음 자료를 근거로 하여 LH 토지주택공사가 사업 개요의 사업을 추진하기 위해 받아야 하는 평가는 어느 것인가?**

• A평가

평가의 대상은 총사업비가 500억 원 이상인 사업 중 중앙정부의 재정지원(국비) 규모가 300억 원 이상인 신규사업으로 건설공사가 포함된 사업, 정보화・국가연구개발 사업, 사회복지・보건・교육・노동・문화・관광・환경보호・농림・해양수산・산업・중소기업 분야의 사업이다.

단, 법령에 따라 설치하거나 추진하여야 하는 사업, 공공청사 신・증축사업, 도로・상수도 등 기존 시설의 단순개량 및 유지보수사업, 재해예방 및 복구지원 등으로 시급한 추진이 필요한 사업은 평가 대상에서 제외된다.

※ 법령 : 국회에서 제정한 법률과 행정부에서 제정한 명령(대통령령・총리령・부령)을 의미한다.

• B평가

신규사업의 시행이 환경에 미치는 영향을 미리 조사, 예측, 평가하는 것이다. 평가 대상은 도시개발사업, 도로건설사업, 철도건설사업(도시철도 포함), 공항건설사업이다.

• C평가

대량의 교통수요를 유발할 우려가 있는 신규사업을 시행할 경우, 미리 주변지역의 교통체계에 미치는 제반 영향을 분석・평가하여 이에 따른 대책을 강구하는 평가이다. 평가의 대상은 다음과 같다.

종류	기준
도시개발사업	부지면적 10만 m^2 이상

〈사업 개요〉

LH 한국토지주택공사가 시행주체가 되어 부지면적 12만 5천 m^2에 보금자리주택을 건설하는 신규 도시개발사업으로, 총사업비 520억 원 중 100억 원을 국비로 조달할 예정임

① B
② C
③ A, B
④ B, C
⑤ A, B, C

65 다음은 한국토지주택공사의 귀농·귀촌 공공주택사업에 관한 글이다. 다음 글을 효과적으로 전달하기 위해 〈보기〉의 ㉠, ㉡을 활용하고자 할 때, (가)~(마) 문단 중 ㉠, ㉡에 해당하는 문단이 바르게 연결된 것은?

> (가) LH는 전남 보성군 운곡리에 추진 중인 '귀농·귀촌 공공주택사업' 건설을 위한 건축 인·허가를 완료하고, 본격 사업 추진에 나설 예정이다.
>
> (나) '귀농·귀촌 공공주택사업'은 농촌인구 감소와 고령화로 인한 농촌 지역 쇠퇴에 대응하고, 귀농·귀촌에 대한 사회적 관심증가 등 인식변화에 맞춰 지역 인구 유입을 통한 농촌경제 활성화와 균형 발전을 모색하기 위한 사업이다.
>
> (다) LH는 2019년 1월 보성군과 공공주택사업 시행협약을 체결해 성공적인 귀농·귀촌 정착을 위한 주거 및 소득 창출 지원에 중점을 둔 사업계획을 수립했으며, 2020년 9월 착공하여 오는 2021년 입주하는 일정으로 사업을 추진하고 있다.
>
> (라) 보성 운곡의 '귀농·귀촌 공공주택사업'은 농촌의 전원생활을 누릴 수 있도록 세대별 개인 앞마당·주차장·텃밭·테라스·툇마루 등 특화설계를 적용한 단독주택형 공공임대로 건설(18호)될 예정이다. 입주민 간 소통 및 교류의 장으로 활용할 수 있는 주민커뮤니티 공간(마을회관)을 함께 조성해 마을공동체 활성화를 지원하고, 회관 지붕에는 친환경 태양광발전설비를 설치해 공용 관리비도 절감할 계획이다.
>
> (마) 아울러, 보성군과 협업하여 주택과 인접한 지자체 부지를 경작지로 조성한 뒤 입주민에게 임대해 영농소득 창출을 통한 안정적인 정착도 유도한다. LH는 이번 사업이 추진력을 얻은 만큼, 이후 경북 상주시에 예정된 상주 양정 귀농·귀촌 공공주택사업 역시 건축 인·허가 승인을 조기에 완료한다는 방침이다.

〈보기〉

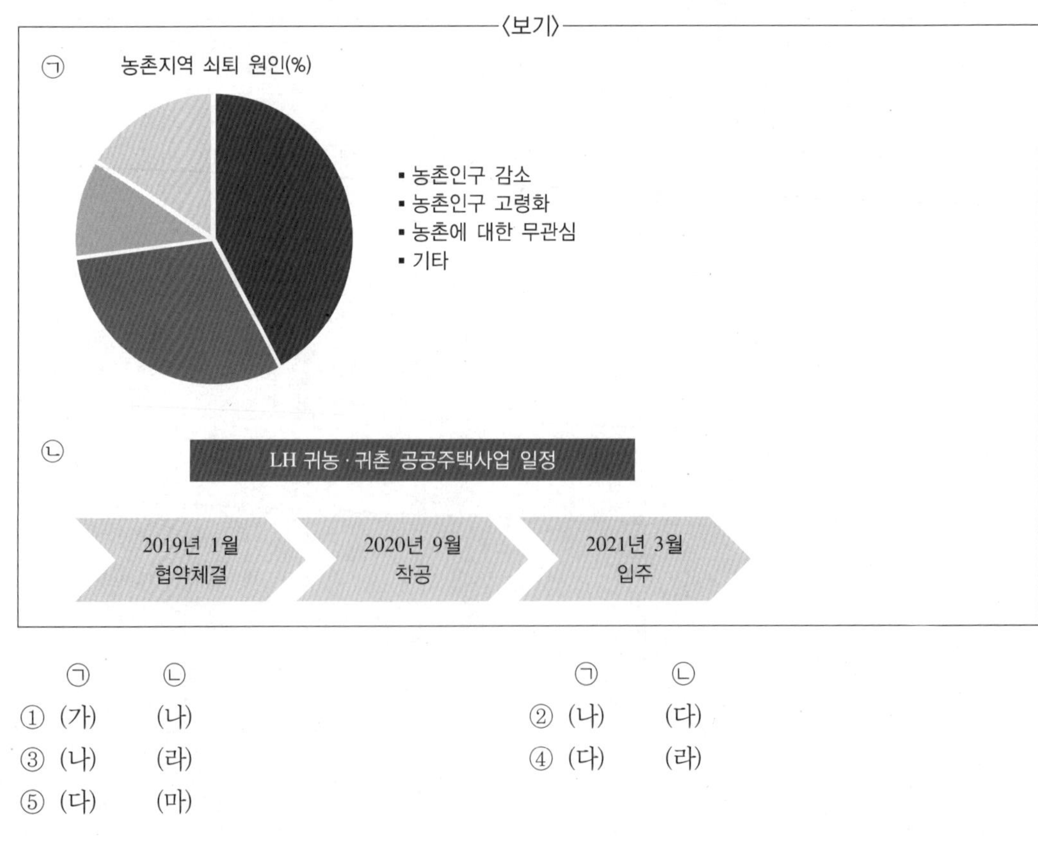

	㉠	㉡
①	(가)	(나)
②	(나)	(다)
③	(나)	(라)
④	(다)	(라)
⑤	(다)	(마)

66 다음은 5년 분양전환 임대주택에 적용되는 각 항목에 따른 공식을 나열한 자료이다. 주택에 대한 정보를 보고 분양전환 시 공급가격으로 옳은 것은?

〈분양전환 임대주택 항목별 공식〉

- (공급가격)=(건설원가와 감정평가금액을 산술평균한 금액)
- (건설원가)=(최초 입주자모집당시의 주택가격)+(자기자금이자)−(감가상각비)
- (감정평가금액 산정가격)=(분양전환당시의 건축비)+(입주자모집공고 당시의 택지비)+(택지비 이자)
- (택지비 이자)=(입주자모집공고 당시의 택지비)×[{이자율(연)}×{임대기간(월)}]
- (자기자금이자)=[(최초 입주자모집당시의 주택가격)−(국민주택기금융자금)−(임대보증금과 임대료의 상호전환전 임대보증금)]×[{이자율(연)}×{임대기간(월)}]

〈정보〉

- 최초 입주자모집당시의 주택가격 : 3억 원
- 감가상각비 : 5천만 원
- 국민주택기금융자금 : 1억 원
- 임대보증금과 임대료의 상호전환전 임대보증금 : 6천만 원
- 분양전환당시의 건축비 : 1억 5천만 원
- 입주자모집공고 당시의 택지비 : 1억 5천만 원
- 이자율 : 연 2%
- 임대기간 : 5년

① 412,000,000원
② 416,000,000원
③ 428,000,000원
④ 445,000,000원
⑤ 449,000,000원

※ 다음은 한국토지주택공사의 해외사업규정의 일부이다. 다음 규정을 읽고 이어지는 질문에 답하시오. [67~68]

제4조(사업구분) 해외사업은 다음 각 호와 같이 구분한다.
1. 투자형사업이란 공사가 현지국가에 직접 사업비를 투자하여 참여하는 방식의 사업을 말한다.
2. 비투자형사업이란 공사가 현지국가에 직접 사업비를 투자하지 않고 참여하는 방식의 사업을 말한다.

제5조(정보수집) 주관부서장은 해외사업의 성공적 추진을 위하여 국내외 공관 등 유관기관, 그 밖의 방법 등을 통하여 사업추진 관련 정보를 수집하여야 한다.

제6조(현지조사)
① 주관부서장은 제5조에 따라 수집된 정보 등의 확인, 추가적인 자료입수 및 사업타당성 검토 등을 위하여 현지조사를 할 수 있다.
② 제1항의 현지조사 시 현지국가의 법률 및 세제 등의 분석을 위하여 필요한 경우 현지국가의 사정에 정통한 국내 또는 현지법인 등과 동행조사를 할 수 있다.

제6조의2(양해각서 등의 체결) 해외사업 관련 양해각서 등을 체결하고자 하는 경우 사전에 법무실의 검토, 법률·계약 전문가 등 2명 이상의 리스크관리위원회 외부위원 또는 그에 준하는 외부전문가의 자문 및 감사실의 일상감사를 받아야 한다. 다만, 법규 또는 언어 등의 특수성으로 인해 필요한 경우 법무실의 검토는 외부 법률전문가의 자문으로 갈음할 수 있다.

제7조(사업예비타당성 검토) 투자형사업의 경우 주관부서장은 제6조에 따른 현지조사가 완료된 후 투자여건 및 예상수익률 분석 등을 통한 사업예비타당성을 검토하여야 한다. 다만, 주관부서장은 필요한 경우 제24조에 의한 리스크관리위원회 심의절차와 통합하여 예비타당성을 검토할 수 있다.

…

제16조(해외지사 등 설립)
① 주관부서장은 사업추진을 위하여 필요한 경우 해외지사 등을 설립할 수 있다.
② 제1항에 따른 해외지사 등이 기획재정부의 공기업·준정부기관 경영 및 혁신에 관한 지침에 따른 자회사 등에 해당될 경우 국토교통부장관 및 기획재정부장관과 미리 협의하여야 한다.
③ 제1항에 따라 해외지사 등을 설립하는 경우 주관부서장은 해외건설촉진법 및 외국환거래법 등의 관련 법령에 따른 신고 등의 행정절차를 이행하여야 한다.

제17조(인허가 등) 주관부서장은 현지국가의 법령이나 제도에서 정하는 바에 따라 사업 착수에 필요한 인허가 절차 등을 거쳐야 한다.

제18조(조사설계 등의 시행) 공사는 사업수행을 위한 조사설계 및 건설공사를 시행하는 경우 입찰 등의 방법으로 한다.

제19조(개발사업소의 설치) 공사는 필요한 경우 사업단위별로 개발사업소를 설치할 수 있으며, 현지여건에 맞게 인원을 적절하게 배치할 수 있다.

제20조(시공평가) 공사는 해외사업의 기술수준향상과 품질확보를 위하여 사장이 따로 정하는 방법으로 시공평가를 실시할 수 있다.

제21조(조성용지 및 주택의 공급) 공사는 인허가 또는 계약 등에서 정한 토지이용계획, 공급조건 등에 따라 조성용지 및 주택 등을 공급한다. 이 경우 공급방법 및 조건 등에 관한 세부적인 사항은 사장이 따로 정한다.

제22조(준공확인 등) 해당 사업의 주관부서장은 준공시점에 계약에서 정한 바에 따라 발주자에 대한 준공사실 통지 및 준공확인 등의 절차를 이행하고, 최종확인 절차가 완료되면 그 사실을 사장에게 보고하여야 한다.

67 **다음 중 해외사업규정에 대한 설명으로 옳지 않은 것은?**

① 투자형사업을 추진하는 부서의 장은 현지조사 착수 시 사업예비타당성을 검토하여야 한다.
② 주관부서장은 해외사업과 관련된 정보를 수집할 책임이 있다.
③ 조성용지 공급 시 세부사항은 사장이 별도로 결정한다.
④ 공사는 진행 중인 시공에 대하여 서로 다른 기준으로 시공평가를 실시할 수 있다.
⑤ 비투자형사업을 주관하는 부서장은 필요에 따라 해외지사를 설립할 수 있다.

68 **다음 〈보기〉에서 옳은 설명을 한 사람을 모두 고르면?**

〈보기〉

김 대리 : 현지의 법규 분석을 위해 현지조사를 실시할 때에는 반드시 현지법인과 동행조사를 실시하여야 해.
최 주임 : 공사에서 자회사의 해외지사를 설립하려면 국토교통부장관 및 기획재정부장관과 사전에 협의하여야 해.
박 사원 : 사장은 현지국가의 법령에 준하여 필요한 인허가 절차를 시행하여야 합니다.

① 김 대리
② 최 주임
③ 김 대리, 최 주임
④ 최 주임, 박 사원
⑤ 김 대리, 최 주임, 박 사원

※ 다음은 신혼희망타운(공공분양)에 대한 자료이다. 자료를 보고 이어지는 질문에 답하시오. [69~70]

○ 공급대상
- 신혼부부 : 혼인 기간이 7년 이내인 무주택세대 구성원
- 예비신혼부부 : 공고일로부터 1년 이내에 혼인사실을 증명할 수 있는(혼인으로 구성될 세대가 전부 무주택) 분
- 한부모가족 : 6세 이하의 자녀가 있는 무주택세대구성원(자녀의 부 또는 모로 한정함)

○ 청약자격
- 입주기준 : 입주할 때까지 무주택세대 구성원일 것
- 주택청약종합저축 : 가입 6개월 경과, 납입인정횟수 6회 이상(청약 저축 포함)
- 소득기준 : 전년도 가구당 도시근로자 월평균 소득 120%(3인 기준 월 666만 원 수준), 130%(3인 기준 월 722만 원 수준) 이내
- 총자산기준 : 303,000천 원 이하(2020년 적용 기준)

○ 2020년도 적용 소득기준
전년도 도시근로자 가구원수별 가구당 월평균소득의 120%(맞벌이 130%) 이하

(단위 : 원)

가구당 월평균소득 비율		3인 이하	4인	5인
70% 수준	배우자 소득이 없는 경우 : 70%	3,888,488	4,358,439	4,856,848
	배우자 소득이 있는 경우 : 80%	4,443,986	4,981,074	5,550,683
100% 수준	배우자 소득이 없는 경우 : 100%	5,554,983	6,226,342	6,938,354
	배우자 소득이 있는 경우 : 110%	6,110,481	6,848,976	7,632,189
120% 수준	배우자 소득이 없는 경우 : 120%	6,665,980	7,471,610	8,326,025
	배우자 소득이 있는 경우 : 130%	7,221,478	8,094,245	9,019,860

○ 입주자 선정방식
- 1단계(30%)
혼인 2년 이내 신혼부부, 예비신혼부부 및 2세 이하(만 3세 미만을 말함)자녀를 둔 한부모가족에게 가점제로 우선공급

가점항목	평가항목	점수(점)	비고
가구소득	70% 이하	3	(예비)배우자가 맞벌이인 경우 80% 이하
	70% 초과 100% 이하	2	(예비)배우자가 맞벌이인 경우 80% 초과 110% 이하
	100% 초과	1	비고 : (예비)배우자가 맞벌이인 경우 110% 초과
해당 시·도 연속 거주기간	2년 이상	3	시는 특별시·광역시·특별자치시 기준이고, 도는 도·특별자치도 기준
	1년 이상 2년 미만	2	
	1년 미만	1	
주택청약종합저축 납입인정 횟수	24회 이상	3	입주자저축 가입 확인서 기준
	12회 이상 23회 이하	2	
	6회 이상 11회 이하	1	

- 2단계(70%)
1단계 낙첨자, 혼인 2년 초과 7년 이내 신혼부부 및 3세 이상 6세 이하(만 3세 이상 만 7세 미만을 말함)자녀를 둔 한부모가족에게 가점제로 공급

가점항목	평가항목	점수(점)	비고
미성년 자녀수	3명 이상	3	태아(입양) 포함
	2명	2	
	1명	1	

무주택기간	3년 이상	3	신청자가 만 30세가 되는 날부터 공고일 기준 세대구성원 전원이 계속하여 무주택인 기간
	1년 이상 3년 미만	2	
	1년 미만	1	
해당 시·도 연속 거주기간	2년 이상	3	시는 특별시·광역시·특별자치시 기준이고, 도는 도·특별자치도 기준
	1년 이상 2년 미만	2	
	1년 미만	1	
주택청약종합저축 납입인정 횟수	24회 이상	3	입주자저축 가입 확인서 기준
	12회 이상 23회 이하	2	
	6회 이상 11회 이하	1	

※ 동점자 발생 시 추첨 선정(1, 2단계 가점제 공통사항)

69 **다음 중 신혼희망타운(공공분양)에 입주자 신청을 할 수 없는 사람은?(단, 제시되지 않은 기준은 모두 만족한 것으로 본다)**

① 6세의 손녀를 키우고 있는 한부모가족으로 입주 때까지 무주택구성원
② 혼인신고만 한 예비신혼부부로 모두 무주택자인 구성원
③ 혼인한 지 6년째인 무주택 부부면서 주택청약종합저축에 8개월째 가입한 부부
④ 가족 총자산이 3억 원이면서 월평균 소득이 600만 원인 3인 가족
⑤ 4인 가족으로 부부가 같이 일하며 월평균 소득이 500만 원인 결혼 5년차 가족

70 **다음 중 2단계에서 가장 높은 가점을 받아 당첨될 가족은?(단, 1단계에서는 우선공급 해당자는 반드시 당첨된다)**

- A가족 : 혼인해서 그 해 아기를 가져 3세가 된 자녀가 있는 신혼부부
  - 소득 70%, 주택청약 20회 납입, 미성년 자녀 1명, 무주택기간 4년, 해당 시·도 연속 거주기간 0년
- B가족 : 작년에 혼인한 맞벌이 신혼부부
  - 소득 80%, 주택청약 10회 납입, 미성년 자녀 0명, 무주택기간 3년, 해당 시·도 연속 거주기간 2년
- C가족 : 공고일로부터 2년 후에 결혼하기로 한 맞벌이 예비신혼부부
  - 소득 90% 이하, 주택청약 25회 납입, 미성년 자녀 0명, 무주택기간 1년, 해당 시·도 연속 거주기간 0년
- D가족 : 결혼한 지 4년차인 신혼부부
  - 소득 70%, 주택청약 16회 납입, 미성년 자녀 3명, 무주택기간 2년, 해당 시·도 연속 거주기간 4년
- E가족 : 만 3세의 자녀를 둔 한부모가족
  - 소득 110%, 주택청약 30회 납입, 미성년 자녀 2명, 무주택기간 2년, 해당 시·도 연속 거주기간 1년

① A가족
② B가족
③ C가족
④ D가족
⑤ E가족

71 다음 한국토지주택공사의 보도자료를 읽고, 알 수 있는 내용으로 옳지 않은 것은?

LH 한국토지주택공사	보도자료	배포일	2020. 07. 13(화)
		담당부서	공공주택기획처
		담당자	천○○ 부장

LH, 대한민국 공공주택 설계공모대전 진행

– '새로운 일상, 머물고 싶은 H.O.U.S.E'를 주제로 주거패러다임 변화 제시

LH는 우리나라 공공주택의 변화를 선도하기 위해 올해 11개 주택사업지구를 대상으로 '대한민국 공공주택 설계공모대전'을 진행한다.

국토교통부와 LH는 2018년부터 공공주택 이미지 개선 및 창의적인 디자인의 공공주택 공급을 위해 디자인 특화 공공주택 설계공모를 지속적으로 추진해오고 있다. 올해는 공모대전 3회째를 맞아 디자인 혁신뿐만 아니라 코로나19 등으로 인한 생활환경 변화에 따른 주거문화 트렌드를 반영하기 위해 '새로운 일상, 머물고 싶은 H.O.U.S.E.'를 주제로 새로운 공공주택 패러다임을 제시할 수 있는 설계를 공모한다.

H.O.U.S.E.

- Health Care : 의료 및 건강관리
- One Point : 단지별 특화
- Upgrade Value : 주거 가치 업그레이드 및 혁신
- Smart Home : 스마트 홈 활성화
- Eco Village : 친환경 마을 조성

특히 올해는 유능한 건축사들의 혁신적인 작품이 보다 많이 출품될 수 있도록 지난해보다 공고 일정을 앞당겼으며, 입상작에 대한 보상금도 작년 최대 3천만 원에서 올해 최대 4천만 원으로 대폭 상향했다. 공모일정은 오는 7월 31일까지 참가 등록 후 9월 28일 작품접수, 10월 7일 ~ 11월 5일 작품심사를 거쳐 11월 10일 지구별로 1개의 당선작과 최대 4개의 입상작이 선정된다. 이후 인터넷 투표 및 KTX역 5곳에서의 전시 등 대국민 선호도 조사를 통해 우수작 및 특별상을 선정할 예정이다.

① 제1회 대한민국 공공주택 설계공모대전의 시행 연도
② 제3회 대한민국 공공주택 설계공모대전의 출품작 심사 기간
③ 제3회 대한민국 공공주택 설계공모대전의 주제 'H.O.U.S.E.'의 의미
④ 제3회 대한민국 공공주택 설계공모대전의 전년 대비 상금 상향 금액
⑤ 제2회 대한민국 공공주택 설계공모대전의 공고 일정

72 다음 (가)~(마) 문단의 핵심 주제로 적절하지 않은 것은?

(가) 연금형 희망나눔주택은 어르신이 보유한 노후주택을 LH가 매입해 어르신께 주택매각대금을 매월 연금 방식으로 지급하고, 노후주택은 리모델링해 어르신과 청년들이 함께 거주할 수 있는 공공임대주택으로 공급하는 새로운 형태의 주택이다.

(나) LH와 국토교통부가 함께 추진하는 이 사업은 정부가 발표한 주거복지 로드맵에 따른 것으로 고령자의 주택을 매입해 청년 등 취약 계층에 공공임대로 공급한다는 취지다. LH는 어르신의 노후생활지원과 도심 내 청년, 신혼부부 등의 주거비 부담을 완화할 수 있는 방안으로 연금형 희망나눔주택 사업을 추진하기로 한 것이다.

(다) 매입 대상 주택은 감정평가 기준 9억 원(토지・건물 포함 금액) 이하의 주택이어야 하며, 주택 사용승인 기준 10년 이내 다가구주택 중 즉시 공급할 수 있는 주택이나 주택 사용 승인 기준 15년 이상 경과된 단독주택, 다가구주택 중 현재 주택 전체가 공가(빈집)이거나 공가 예정인 주택이다. LH는 신청 접수된 주택을 현장 실태 조사를 통해 생활 편의성 등 입지 여건, 주택의 상태, 권리관계 등을 검토하여 매입 대상 주택을 선정한다.

(라) LH에 주택을 매도한 어르신에게는 주택매매대금에 이자를 더한 금액이 매달 연금형으로 지급된다. 대금은 10~30년 중 연 단위로 주택 판매자가 선택한 기간 동안 원리금 균등 상환 방식으로 지급된다. 지급 시점은 소유권이전등기 완료 후 매도주택 퇴거한 날(또는 약정한 날)의 익월 말일이다. 이자는 해당 시점의 잔금에 대해 복리로 계산되며, 5년 만기 국고채 최종호가 수익률의 전월 평균 금리를 기준으로 1년마다 변동하여 적용하되, 매도자의 퇴거(약정) 시점의 금리를 기준으로 산정한다.

(마) 집을 판 어르신은 매입 임대 또는 전세 임대 주택에 입주할 수 있다. 다만 무주택 가구 구성원으로서 주택을 판 지 2년 이내여야 한다. 또한, 해당 가구의 월평균 소득 및 매월 연금형 지급액이 각각 도시근로자 월평균 소득 이하인 경우에만 입주가 가능하다.

① (가) – 연금형 희망나눔주택 사업의 정의
② (나) – 연금형 희망나눔주택 사업의 목적
③ (다) – 연금형 희망나눔주택 사업의 선정 대상
④ (라) – 연금형 희망나눔주택 사업의 연금지급 방식
⑤ (마) – 연금형 희망나눔주택 사업의 제한 대상

※ 다음은 한국토지주택공사법과 시행령의 일부 내용이다. 다음을 읽고, 이어지는 질문에 답하시오. [73~75]

〈한국토지주택공사법〉

제12조(매입대상토지)

① 공사가 매입할 수 있는 토지의 규모는 대통령령으로 정한다.

② 공사가 토지를 매입하는 경우 그 토지에 정착물이 있는 때에는 이를 함께 매입할 수 있다.

③ 공사가 토지를 매입할 때에는 공공시설용지·주택건설용지 또는 산업시설용지로 매각할 수 있거나 개발할 수 있는 토지를 우선적으로 매입하여야 한다.

④ 금융기관으로부터 대출 또는 지급보증을 받은 기업의 부채를 상환하게 하기 위하여 그 기업이 보유하고 있는 토지를 공사가 매입하여 줄 것을 기획재정부장관이 국토교통부장관에게 요청한 때에는 국토교통부장관은 공사로 하여금 이를 우선적으로 매입하게 할 수 있다.

⑤ 공사는 토지를 매입할 경우 해당 토지가 법령에 따라 그 처분이나 이용이 제한되는 등의 사유로 매입 후 매각이나 개발이 어려울 것으로 예상될 때에는 이를 매입하여서는 아니 된다.

… (하략) …

제14조(매입한 토지의 관리)

① 공사는 매입한 토지의 매각을 촉진하기 위하여 필요한 경우에는 다음 각 호의 어느 하나에 해당하는 조치를 할 수 있다.

1. 용지의 조성
2. 지목의 변경
3. 토지의 분할 또는 합병
4. 그 밖에 토지의 이용가치를 보전하거나 증대하기 위하여 필요한 조치

② 공사는 매입한 토지를 매각할 때까지 이를 임대할 수 있다.

〈한국토지주택공사법 시행령〉

제30조(매입대상토지의 규모)

① 법 제12조 제1항에 따라 공사가 매입할 수 있는 토지의 규모는 한 필지 또는 동일인이 소유하는 서로 인접한 여러 필지의 토지로서 그 면적이 다음 각 호의 어느 하나에 해당하는 것으로 한다. 다만, 공사가 매입한 토지 또는 매입하려는 토지에 인접하거나 중간에 위치하여 토지이용상 불가분의 관계에 있는 토지와 공공토지의 비축에 관한 법률에 따라 매입하는 토지는 규모의 제한을 받지 아니한다.

1. 도시지역의 경우 : 건축법 제57조 제1항에 따른 대지의 분할 제한 면적 이상의 토지
2. 도시지역 외의 경우 : 600m^2 이상의 토지

② 국토의 계획 및 이용에 관한 법률 제2조 제7호에 따라 도시계획시설로 결정·고시된 토지로서, 공사가 그 토지를 매입하는 경우 그 매입한 날부터 5년 이내에 해당 도시계획사업시행자가 공사로부터 그 토지를 매입하기로 한 경우에는 공사는 제1항 제1호에도 불구하고 그 토지를 매입할 수 있다.

③ 제1항의 면적계산을 할 때 기업과 그 기업의 임원이 소유하는 서로 인접한 여러 필지의 토지는 동일인이 소유하는 토지로 본다.

④ 제1항과 제3항에서 "서로 인접한 여러 필지의 토지"란 동일인(기업과 그 기업의 임원이 분할하여 소유하는 경우를 포함한다)이 소유하는 여러 필지의 토지가 서로 맞닿아 있거나 연달아 있는 경우와 그 토지소유자가 소유하는 도로 또는 구거(溝渠 : 도랑)에 의하여 구획되는 경우로서 사실상 한 필지의 토지로 볼 수 있는 토지를 말한다.

제31조(금융기관 부채상환을 위한 토지매입)

① 공사는 법 제12조 제4항에 따른 토지매입 요청이 있는 경우에는 해당 토지의 매입 여부를 매입 요청일부터 1개월 이내에 결정하여야 하며, 매입하기로 결정하였으면 매입 요청일부터 3개월 이내에 해당 토지를 매입하여야 한다.

② 제1항의 경우에 공사는 매입 여부와 매입결과를 지체 없이 국토교통부장관에게 보고하여야 하며 보고를 받은 국토교통부장관은 이를 기획재정부장관에게 통보하여야 한다.

③ 공사가 법 제12조 제4항에 따라 매입한 토지의 대금을 지급할 때에는 미리 해당 금융기관에 통보하여야 한다.

73 **다음 중 한국토지주택공사가 매입할 수 있는 토지로 옳은 것은?(단, 한국토지주택공사법과 시행령을 우선 적용한다)**

① 개발제한구역 내에서 A씨가 소유한 750m^2 규모의 필지
② 농림지역 내에서 B씨가 소유한 620m^2 규모의 주택건설용지로서의 필지
③ 농림지역 내에서 C기업이 소유한 300m^2 규모의 필지와 도시지역 내에서 C기업의 임원이 소유한 300m^2 규모의 필지
④ 농림지역 내에서 D씨가 소유한 200m^2 규모의 필지와 그 옆에 도랑을 끼고 나눠진 D씨 소유의 200m^2 규모의 필지
⑤ 농림지역 내에서 E기업이 소유한 100m^2 규모의 필지와 그 옆에 국가 소유의 도로로 나눠진 E기업 임원 소유의 550m^2 규모의 필지

74 **다음 중 한국토지주택공사가 매입한 토지의 매각을 촉진하기 위하여 취할 수 있는 조치로 옳지 않은 것은?**

① 공장용지로 등록된 토지의 지목을 창고용지로 변경한다.
② 매입한 토지에 공장을 집단적으로 설치하기 위해 공업 용지를 조성한다.
③ 토지의 일부를 공공용지로 사용하기 위해 한 필지를 두 개의 필지로 분할한다.
④ 도로를 설치하기 위해 두 개의 필지를 하나의 필지로 병합한다.
⑤ 매입한 토지를 기업 또는 개인에게 임대한다.

75 기획재정부장관의 요청을 받은 국토교통부장관은 한국토지주택공사에 L기업이 소유한 토지를 매입하여 줄 것을 요청하였다. 국토교통부장관의 매입 요청일이 8월 5일일 때, 다음 중 옳지 않은 것은?

① 한국토지주택공사는 9월 5일 이내로 토지의 매입 여부를 결정하여야 한다.
② 한국토지주택공사가 9월 5일에 토지 매입을 결정하였다면, 12월 5일 이내로 토지를 매입하여야 한다.
③ 한국토지주택공사가 9월 5일에 토지 매입을 결정하였다면, 그 즉시 국토교통부장관에게 보고하여야 한다.
④ 한국토지주택공사의 매입 여부를 보고 받은 국토교통부장관은 이를 기획재정부장관에게 통보하여야 한다.
⑤ 한국토지주택공사는 매입한 토지의 대금을 지급하기 전 미리 해당 금융기관에 통보하여야 한다.

76 다음은 10년 분양전환 임대주택의 분납금에 대한 자료이다. 주택에 대한 정보를 보고 지불해야 할 총 분납금을 바르게 구한 것은?(단, $1.05^4=1.3$, $1.05^8=2.2$로 계산한다)

〈분납임대주택 분납금 산정 기준〉

구분	납부시기	분납금액 산출방식	분납율	비고
초기	계약시 등	(최초주택가격)×30%	30%	계약금, 중도금, 잔금 각각 10% 납부
중기	입주일로부터 4년	① (최초주택가격)×[(1+이자율)]^4×20% ② (감정평가금액)×20%	20%	①, ② 중 낮은 금액
	입주일로부터 8년	① (최초주택가격)×[(1+이자율)]^8×20% ② (감정평가금액)×20%	20%	
최종	분양전환시	(감정평가액)×30%	30%	

〈정보〉

- 최초주택가격 : 2억 원
- 이자율 : 5%
- 감정평가금액 : 3억 원

① 245,000,000원
② 254,000,000원
③ 262,000,000원
④ 287,000,000원
⑤ 300,000,000원

77 **다음 중 밑줄 친 부분과 같은 의미로 쓰인 것은?**

> 한국토지주택공사는 지하철 5호선과 6호선이 <u>만나는</u> 공덕역 5분 거리에 위치한 주상복합 분양주택을 공급할 예정이다.

① 그는 마침내 그녀를 <u>만나</u> 새로운 가족을 이루었다.
② 재호는 친구를 <u>만나기</u> 위해 이른 아침부터 서둘러 준비했다.
③ 갑작스러운 소나기를 <u>만나</u> 옷이 홀딱 젖고 말았다.
④ 전시회를 통해 조명받지 못한 여성 독립 운동가들의 삶을 <u>만날</u> 수 있었다.
⑤ 두물머리는 남한강과 북한강이 <u>만나</u> 합쳐지는 곳으로 한강의 시작을 알리는 곳이다.

78 **한국토지주택공사는 최근 아파트의 하자를 이유로 한 입주자 A부부와의 소송에서 패소하여 층간소음 피해에 대한 배상을 하여야 한다. 다음 자료와 상황을 참고하여 한국토지주택공사가 입주자 A부부에게 배상해야 하는 최대 금액은 얼마인가?**

법령에서 정한 층간소음 배상에 대한 기준은 아래와 같다.

• 층간소음 수인(受忍)한도
- 주간 최고소음도 : 55dB(A)
- 야간 최고소음도 : 50dB(A)
- 주간 등가소음도 : 40dB(A)
- 야간 등가소음도 : 35dB(A)

※ 등가소음도 : 변동하는 소음의 평균치

• 층간소음 배상 기준금액 : 수인한도 중 하나라도 초과 시

피해기간	피해자 1인당 배상 기준금액
6개월 이내	500,000원
6개월 초과 1년 이내	650,000원
1년 초과 2년 이내	800,000원

• 배상금액 가산기준
(1) 주간 혹은 야간에 최고소음도와 등가소음도가 모두 수인한도를 초과한 경우에는 30% 이내에서 가산
(2) 최고소음도 혹은 등가소음도가 주간과 야간에 모두 수인한도를 초과한 경우에는 30% 이내에서 가산

• 2명 이상의 가산기준에 해당하는 경우 1인당 기준금액을 기준으로 각각의 가산금액을 산출한 후 합산

〈상황〉

입주자 A부부는 10개월 전부터 지속적으로 층간소음 피해를 입었던 것으로 확인되었으며, 소음을 측정한 결과 주간과 야간 모두 최고소음도는 수인한도를 초과하지 않았으나, 주간 등가소음도는 45dB(A)였으며, 야간 등가소음도는 38dB(A)였다.

① 650,000원
② 800,000원
③ 845,000원
④ 1,300,000원
⑤ 1,690,000원

79 다음은 한국토지주택공사의 터널 교통안전 수칙에 관한 안내문이다. 다음을 읽고 이해한 내용으로 옳은 것은?

〈안전한 도로 터널 이용을 위한 터널 교통안전 수칙〉

• 터널 이용 시 교통안전 수칙
- 터널 내에서는 전조등을 켜기
- 터널 이용 전 '×', '↓' 표시 등을 통해 교통정보 확인하기
- 터널 내 선글라스 벗기
- 터널 내 운행 시 주행속도 10 ~ 20% 감속하기
- 안전거리 유지하기
- 터널 내에서는 앞지르기 금지
- 터널 내 주·정차 금지
- 터널 내 사고 발생 시 진입 금지
- 터널 진입 전 통행제한속도를 준수하기(비·눈·안개 등에 의한 악천후 시 20 ~ 50% 감속 운행)

• 터널 내 사고 발생 시 행동수칙
- 비상벨을 누르고 터널 안 긴급전화 또는 119로 신고
- 통행 중인 운전자는 차량과 함께 터널 밖으로 대피
- 터널 밖으로 이동이 불가능한 경우 갓길 또는 비상주차대에 정차
- 엔진을 끈 후 키를 꽂아둔 채 안전한 곳으로 대피
- 화재 발생 시 소화기나 옥내소화전으로 화재 진압
- 화재진압이 불가능할 시 피난연결통로 또는 터널 외부로 대피

• 터널 안전설비 이용 방법
- 긴급전화 : 도로 관리자 등에게 사고 발생을 알리기 위한 전용 전화로 250m 간격으로 설치
- 비상벨 : 터널 내의 화재 발생상황을 경종으로 경보하는 설비로 50m 간격으로 설치
- 피난유도등 : 현재 위치로부터 가장 짧은 대피 거리를 알 수 있는 유도시설로 50m 간격으로 설치
- 차량 및 대인용 피난연결통로 : 반대편 터널로 대피할 수 있는 비상구로 250m ~ 300m 간격으로 설치
- 옥내소화전함 : 수동식 소화기와 구분되어 있으며 50m 간격으로 설치
- 비상주차대 : 고장 난 차량이 도로 측면에 정차할 수 있는 임시장소로 750m 간격으로 설치

① 터널에 진입할 때는 기상 상황과 관계없이 일정한 속도를 유지해야 해.
② 터널 내에서는 정차가 금지되어 있지만, 정차가 허용되는 경우도 있어.
③ 터널 내에는 비상벨보다 긴급전화가 더 많이 설치되어 있겠어.
④ 터널 내 사고가 발생한 경우 대피할 수 있는 곳은 입구와 출구, 이 두 곳뿐이야.
⑤ 터널 내 화재가 발생한 경우에는 2차 사고를 막기 위해 반드시 화재를 진압해야 해.

80 다음은 부동산금융사업 리츠에 관한 자료이다. 〈보기〉 중 자료의 (가)~(다)에 들어갈 내용으로 옳지 않은 것은?

• ______ (가) ______

리츠(REITs; Real Estate Investment Trusts)란 주식 또는 증권을 발행해 다수의 투자자로부터 자금을 모집하고, 이를 부동산에 투자하여 얻은 운용수익을 투자자에게 90% 이상 배당하는 부동산투자회사를 말한다. 리츠는 1960년 미국에서의 최초 도입을 시작으로 2000년 이후 유럽 및 아시아로 급속히 확산되었다. 우리나라는 1997년 외환위기 이후 기업들의 보유 부동산 유동화를 통한 기업구조조정을 촉진하고, 일반 국민에게 부동산에 대한 간접투자 기회를 제공하기 위해 2001년 부동산투자회사법 제정과 함께 도입되었다.

• ______ (나) ______

- 공개시장에서 리츠 관련 정보가 투자자에게 용이하게 접근 가능하도록 유통됨으로써 부동산 시장의 투명성 제고
- 주식 매입을 통해 부동산에 간접 투자한 경우 부동산 직접 관리에 따른 관리비용 부담 감소
- 여러 종류의 부동산에 투자함으로써 단일 부동산에 내재되어 있는 위험을 희석할 수 있으며 분산투자 가능
- 리츠 주식은 상장되어 거래되므로 자본조달이 용이하며 또한 투자 원금의 회수 기회를 신속히 제공받을 수 있음

• ______ (다) ______

- 자기관리 리츠 : 부동산 투자를 전문으로 하는 영속적인 상법상의 주식회사로서, 자산운용 전문인력을 포함한 임직원을 상근으로 두고 자산의 투자·운용을 직접 수행하는 실체회사
- 위탁관리 리츠 : 자산의 투자·운용을 자산관리회사(AMC)에 위탁하는 회사로서, 상근 임직원이 필요 없는 서류상 회사
- 기업 구조조정 리츠 : 구조조정용 부동산 투자를 전문적으로 하는 서류상 회사로, 위탁관리 리츠와 마찬가지로 자산의 투자·운용을 자산관리회사(AMC)에 위탁하는 회사

<table>
<tr><th>종류</th><th>자기관리 리츠</th><th>위탁관리 리츠</th><th>기업 구조조정 리츠</th></tr>
<tr><td>영업 개시</td><td colspan="3">국토교통부 영업인가</td></tr>
<tr><td>투자 대상</td><td colspan="2">일반 부동산, 개발 사업</td><td>기업 구조조정 부동산</td></tr>
<tr><td>회사 형태</td><td>실체회사(상근 임직원)</td><td colspan="2">명목회사(상근 없음)</td></tr>
<tr><td>최저 자본금</td><td>70억 원</td><td colspan="2">50억 원</td></tr>
</table>

〈보기〉

ㄱ. 리츠의 도입 배경
ㄴ. 리츠의 정의
ㄷ. 리츠의 장·단점
ㄹ. 리츠 유형 비교
ㅁ. 리츠의 유형별 특징

① ㄱ
② ㄴ
③ ㄷ
④ ㄹ
⑤ ㅁ

한국토지주택공사

NCS
직무능력검사
정답 및 해설

www.sdedu.co.kr

한국토지주택공사 신입사원 필기시험

제1회 직무능력검사 정답 및 해설

01	02	03	04	05	06	07	08	09	10
④	④	④	②	②	⑤	②	③	②	③
11	12	13	14	15	16	17	18	19	20
④	②	①	③	①	③	③	③	⑤	②
21	22	23	24	25	26	27	28	29	30
③	③	②	②	④	④	③	③	②	④
31	32	33	34	35	36	37	38	39	40
⑤	②	②	④	③	①	③	③	③	④
41	42	43	44	45	46	47	48	49	50
②	①	③	①	①	②	④	④	③	③
51	52	53	54	55	56	57	58	59	60
⑤	④	①	②	⑤	④	③	①	③	②
61	62	63	64	65	66	67	68	69	70
②	④	④	④	④	③	①	②	②	①
71	72	73	74	75	76	77	78	79	80
④	③	⑤	②	④	②	⑤	②	③	③

제 1 영역 직업기초능력평가

01

정답 ④

(라) 문단에서는 부패를 개선하기 위한 정부의 제도적 노력에도 불구하고 반부패정책 대부분이 효과가 없었음을 이야기하고 있다. 따라서 부패인식지수의 개선방안이 아닌 '정부의 부패인식지수 개선에 대한 노력의 실패'가 (라) 문단의 주제로 적절하다.

02

정답 ④

문제 발생의 원인은 회의내용에서 알 수 있는 내용이다.

오답분석

① 회의에 참가한 인원이 6명일 뿐 조직의 인원은 회의록으로 알 수 없다.

② 회의 참석자는 생산팀 2명, 연구팀 2명, 마케팅팀 2명으로 총 6명이다.

③ 마케팅팀에서 제품을 전격 회수하고, 연구팀에서 유해성분을 조사하기로 했다.

⑤ 연구팀에서 유해성분을 조사하기로 결정했을 뿐 결과는 알 수 없다.

03

정답 ④

회의 후 가장 먼저 해야 할 일은 '주문 물량이 급격히 증가한 일주일 동안 생산된 제품 파악'이다. 문제의 제품이 전부 회수되어야 포장재질 및 인쇄된 잉크 유해성분을 조사한 뒤 적절한 조치가 가능하기 때문이다.

04

정답 ②

기사문에서는 LH가 도입하는 '우수기능인 선발제도'를 언급하고 있다. 따라서 우수기능인 선발제도의 도입을 알리며 그에 대해 설명하는 (라) → 해외 선진국의 케이스를 소개하는 (가) → 반면 국내 건설 산업의 한계를 설명하는 (마) → '우수기능인 선발제도'의 도입으로 인한 기대효과를 언급하는 (다) → '우수기능인 선발제도'에 관한 바람을 말하는 (나)의 순서가 가장 적절하다.

05

정답 ②

기사문에서는 LH가 '우수기능인 선발제도'를 도입함으로써 무엇보다 건설문화를 혁신하고자 함을 설명하고 있다.

06

정답 ⑤

근시안적인 자세를 가지고 행동하는 것, 즉 '나무는 보되 숲은 보지 못하는' 관점의 관리문화는 현재 우리나라의 관리문화를 말하고 있는 것이다. 따라서 ⑤가 올바르지 않다.

07

정답 ②

석유류가격과 농산물가격은 모두 상승하지만 그 속도에 차이가 있는 것이므로 옳지 않은 설명이다.

오답분석

① 두 번째 문단을 보면 앞으로 보호무역주의가 확산될 것이라고 예측할 수 있다.

③ 네 번째 문단을 보면 소비자물가 상승률의 오름세가 확대될 것임을 알 수 있다.

④ 마지막 문단을 보면 미·중 무역분쟁으로 인해 주가가 변동하는 것을 알 수 있다.

⑤ 대외건전성이 취약한 국가에서 자본유출이 발생하면, 대외건전성이 하락하는 경우 자본유출의 발생가능성이 높아진다고 추론할 수 있다.

08

정답 ③

제시문에서는 책을 사거나 빌리는 것만으로는 책을 진정으로 소유할 수 없으며, 책을 진정으로 소유하기 위한 독서의 방법과 책을 고르는 기준을 제시하고 있다.

오답분석

①·②는 전체 문단을 포괄하지 못하며, ④·⑤는 제시문의 논점에서 벗어난 내용이다.

09

정답 ②

두 번째 문단의 '시장경제가 제대로 운영되기 위해서는 국가의 소임이 중요하다.'라고 한 부분과 세 번째 문단의 '시장경제에서 국가가 할 일은 크게 세 가지로 나누어 볼 수 있다.'라고 한 부분에서 '시장경제에서의 국가의 역할'이라는 제목을 유추할 수 있다.

10

정답 ③

두 번째 문단을 통해 주거급여 부양의무자 기준이 전면 폐지됨에 따라 주거급여 혜택을 받을 수 있는 대상이 증가하였음을 알 수 있다. 즉, 부양의무자 기준의 폐지로 증가한 것은 사회복지기관이 아닌 주거급여제도의 수혜대상이므로 ③은 적절하지 않다.

오답분석

① 두 번째 문단에 따르면 전·월세 임차 가구에는 기준임대료를 상한으로 실제임차료를 지원하지만, 자가 가구에는 주택보수 범위별 수선비용을 상한으로 주택개보수를 지원한다. 따라서 서로 다른 수준으로 주거비를 지원함을 알 수 있다.

② 두 번째 문단에 따르면 주거급여제도의 지원 대상은 소득인정액이 4인 가구 기준 약 203만 원 이하인 임차 및 자가 가구이므로 소득인정액이 190만 원인 4인 가구는 지원 대상에 해당된다.

④ 세 번째 문단에 따르면 LH 주거급여 전담직원들은 주거급여제도의 잠재적 지원 대상이 밀집되어 있는 여관, 고시원을 직접 방문할 예정이다. 즉, 잠재적 지원 대상 중 상당수는 여관, 고시원에 거주하고 있음을 알 수 있다.

⑤ 마지막 문단에 따르면 주거급여 신청은 읍·면·동 주민센터 방문접수와 복지로 홈페이지의 온라인접수로 가능하므로 온라인과 오프라인에서 모두 가능하다.

11

정답 ④

색채를 활용하여 먼 거리에서 더 잘 보이게 하거나 뚜렷하게 보이도록 해야 할 때가 있다. 그럴 경우에는, 배경과 그 앞에 놓이는 그림의 속성 차를 크게 해야 한다.

오답분석

① 색채의 대비는 2개 이상의 색을 동시에 보거나, 계속해서 볼 때 일어나는 현상이다. 전자를 '동시대비', 후자를 '계속대비'라 한다.

② 어떤 색을 계속 응시하면, 시간의 경과에 따라 그 색의 보이는 상태가 변화한다.

③ 색채가 어떠하며, 우리 눈에 그것이 어떻게 보이고, 어떤 느낌을 주는지는 색채심리학이 다루는 연구대상 중 가장 주요한 부분이다.

⑤ 멀리서도 잘 보여야 하는 표지류 등은 대비량이 큰 색을 사용한다.

12

정답 ②

연두색, 노란색과 같은 두 색이 서로의 영향으로 색상 차가 나는 것으로 색상대비로 볼 수 있다.

오답분석

① 명도대비

③ 색순응

④ 보색잔상

⑤ 채도대비

13

정답 ①

㉠은 '부당지시에 대한 인지 및 대처에 대한 내용'이 포함되어야 한다. 반면 '당행 홈페이지에 청탁금지법 신고절차 홍보 및 상담창구 개설'은 청렴, 반부패에 관련된 내용에 해당된다.

오답분석

② 특정경제범죄가중처벌법에 따른 윤리준법교육자료를 송부하고 준법감시담당자를 통해 법률교육을 실시하는 것은 적합한 내용이다.

③ 이행사항이 내부자신고 채널 활성화 등 구체적인 내부자신고 방안에 대한 내용이므로 내부자신고 활성화를 위한 제도 홍보가 적합한 내용이다.

④ 내부청렴도 측정조사결과에 따라 지점별 점수 차이에 근거하여 세부적 분석을 시행하는 것이므로 옳은 설명이다.

⑤ 이행사항으로 본점 방문 교육을 수행하였으므로, 청렴 강사가 본점을 방문하여 교육을 하는 등 은행 내 각종 연수 시 '청렴 강사'를 적극 활용하라는 제언이 들어가는 것은 적합하다.

14

정답 ③

오답분석

① 첫 번째 문단에서 전세임대주택의 정의를 알 수 있다.

② 마지막 문단에서 전세임대주택의 유형별 신청방법을 이야기하고 있다.

④ 두 번째 문단에서 공급유형·지역별 전세금 지원액을 알 수 있다.

⑤ 네 번째 문단에서 재계약과 더불어 최장 거주 기간에 대해 알 수 있다.

15

정답 ①

제시문에서는 고전적 조건 형성, 동물 반사 행동의 유형, 조건 형성 반응이 일어나는 이유, 바람직하지 않은 조건 반사를 수정하는 방법 등을 밝히고 있지만, 소거의 종류에 대해서는 다루고 있지 않다.

16

정답 ③

자료에 따르면 신청기간은 2월, 4월, 6월, 8월, 10월의 1 ~ 20일까지이다. 따라서 5월에 신청서를 접수했을 것이라는 C의 말은 옳지 않다.

17

정답 ③

제시문에서는 충돌 이후 발생한 먼지가 태양광선을 가림으로써 지구 기온이 급락(急落)하였다는 것을 전제로 하고 있다. 그 근거는 세 번째 문단의 '급속한 기온의 변화'와 네 번째 문단의 '길고 긴 겨울'에서 찾을 수 있다. 따라서 ㉠의 내용으로 ③이 가장 적절하다.

18

정답 ③

- 의사결정이론 : A, B, C 중 2명이 참여할 수 있으므로 3가지 $(={}_3C_2)$
- 연구협력사례 : E, F, G, H 중 3명이 참여할 수 있으므로 4가지 $(={}_4C_3)$
- 다각적 대응전략 : A, B, C 중 의사결정이론 프로그램에 참여하지 않는 1명이 참여(∵ 전략적 관리법은 과장 이하)
- 전략적 관리법 : D와 E, F, G, H 중 연구협력사례 프로그램에 참여하지 않는 1명이 참여

따라서 3×4×1×1=12가지이다.

19

정답 ⑤

- 의사결정이론 : A, 甲 2명이 참여
- 연구협력사례 : B, C, D, 丙, 丁 중 3명이 참여할 수 있으므로 10가지$(={}_5C_3)$
- 다각적 대응전략 : 의사결정이론 프로그램과 연구협력사례 프로그램에 참여하지 않는 나머지 직원 중 2명이 참여할 수 있으므로 3가지$(={}_3C_2)$
- 전략적 관리법 : 나머지 1명이 참여

ㄷ. 전략적 관리법 프로그램에 참여가능한 사람은 乙과 B, C, D, 丙, 丁 중 연구협력사례에 참여하지 않는 2명이다. 이 중 대리 혹은 사원이 다각적 대응전략 프로그램에 참여한다면, 乙은 반드시 전략적 관리법 프로그램에 참여해야 한다(∵ 乙(을)은 연구협력사례 프로그램에 참여할 수 없다).

ㄹ. 가능한 경우의 수는 1×10×3×1=30가지이다.

오답분석

ㄱ. 연구협력사례 프로그램에 참여할 수 있는 사람은 B, C, D, 丙, 丁 중 3명으로 경우의 수는 총 10가지이다.

ㄴ. B와 丙이 연구협력사례에 참여하더라도 丁은 다른 프로그램에 참여할 수 있다.

20

정답 ②

주어진 자료를 표로 정리하면 다음과 같다.

선택		B여행팀	
		관광지에 간다	관광지에 가지 않는다
A 여행팀	관광지에 간다	(10, 15)	(15, 10)
	관광지에 가지 않는다	(25, 20)	(35, 15)

- A여행팀의 최대효용
  - B여행팀이 관광지에 가는 경우 : A여행팀이 관광지에 가지 않을 때 25의 최대효용을 얻는다.
  - B여행팀이 관광지에 가지 않는 경우 : A여행팀이 관광지에 가지 않을 때 35의 최대효용을 얻는다.

  따라서, A여행팀은 B여행팀의 선택에 상관없이 관광지에 가지 않아야 효용이 발생하며, 이때의 최대효용은 35이다.
- B여행팀의 최대효용
  - A여행팀이 관광지에 가는 경우 : B여행팀이 관광지에 갈 때 15의 최대효용을 얻는다.
  - A여행팀이 관광지에 가지 않는 경우 : B여행팀이 관광지에 갈 때 20의 최대효용을 얻는다.

  따라서, B여행팀은 A여행팀의 선택에 상관없이 관광지에 가야 효용이 발생하며, 이때의 최대효용은 20이다.

이를 종합하면, A여행팀은 관광지에 가지 않을 때, B여행팀은 관광지에 갈 때 효용이 극대화되고, 이때의 총효용은 25+20=45이다.

21

정답 ③

다섯 번째와 여섯 번째 규정에 의해 50만 원 이상 구매 목록은 매년 2번 이상 구매해야 하며, 두 계절 연속으로 같은 가격대의 구매 목록을 구매할 수 없다. 가을을 제외한 계절에 50만 원 이상인 에어컨을 구매하였으므로 봄에는 50만 원 이상인 구매 목록을 구매할 수 없다.

22

정답 ③

주어진 선정기준에 따라 각 팀의 항목별 점수 및 선정점수를 계산하면 다음과 같다.

행복주택 설계안을 제출한 팀 중 세대수가 160호 이상인 팀은 B, C이며, 이 중 평균주택규모가 $100m^2$ 이상인 B팀은 가점 3점을 받는다.

(단위 : 점)

항목 / 팀	면적 점수	입주 점수	규모 점수	건폐율 적합 점수	용적률 적합 점수	가점	선정 점수
A	15	15	18	18	20	-	86
B	15	10	22	16	20	3	86
C	18	15	18	16	10	-	77
D	15	15	22	25	10	-	87
E	12	10	16	18	12	-	68

87점을 받은 D팀이 1위로 우수팀으로 선정되며, 86점을 받은 A팀과 B팀 중 규모점수가 더 높은 B팀이 2위로 우수팀으로 선정된다. 따라서 우수팀으로 선정될 팀은 B팀과 D팀이다.

23

정답 ②

ㄱ. 한류의 영향으로 한국 제품을 선호하므로 한류 배우를 모델로 하여 적극적인 홍보 전략을 추진한다.
ㄷ. 빠른 제품 개발 시스템이 있기 때문에 소비자 기호를 빠르게 분석하여 제품 생산에 반영한다.

오답분석

ㄴ. 인건비도 상승과 외국산 저가 제품 공세 강화로 인해 적절한 대응이라고 볼 수 없다.
ㄹ. 선진국은 기술 보호주의를 강화하고 있으므로 적절한 대응이라고 볼 수 없다.

24

정답 ②

A호텔 연꽃실은 2시간 이상 사용할 경우 추가비용이 발생하고, 수용 인원도 부족하다. B호텔 백합실은 1시간 초과 대여가 불가능하며, C호텔 매화실은 이동수단을 제공하지만 수용 인원이 적절하지 않다. 나머지 C호텔 튤립실과 D호텔 장미실을 비교했을 때, C호텔의 튤립실은 예산초과로 예약할 수 없으므로, 이 대리는 대여료와 수용 인원의 조건이 맞는 D호텔 연회장을 예약하면 된다. 따라서 이 대리가 지불해야 하는 예약금은 D호텔 대여료 150만 원의 10%인 15만 원이다.

25

정답 ④

예산이 200만 원으로 증액되었을 때, 조건에 해당하는 연회장은 C호텔 튤립실과 D호텔 장미실이다. 예산 내에서 더 저렴한 연회장을 선택해야 한다는 조건이 없고, 이동수단이 제공되는 연회장을 우선적으로 고려해야 하므로, 이 대리는 C호텔 튤립실을 예약할 것이다.

26

정답 ④

교육・연구기관 수와 공공기관 수는 수치가 작을수록 순위가 높고, 현재 거주 세대수, 관광지 수, 재정자립도, 면적 대비 현세대수는 수치가 높을수록 순위가 높다. 이에 따라 항목별 점수를 계산하면 다음과 같다.

(단위 : 점)

항목 \ 후보지	교육・연구 기관 수	공공 기관 수	면적	현재 거주 세대 수	관광지 수	재정 자립도	면적 대비 현세대 수
A	12	20	12	20	16	12	20
B	14	12	10	14	14	16	18
C	10	16	16	18	20	20	16
D	20	18	20	16	18	14	14
E	16	10	18	12	10	10	10
F	18	14	14	10	12	18	12

또한 위의 항목별 점수를 이용하여 각 후보지의 분야별 점수와 혁신적합점수를 산출하면 다음과 같다.

분야 \ 후보지	잠재성 점수	필요성 점수	효율성 점수	혁신적합 점수
A	48	32	32	112
B	38	26	34	98
C	54	26	36	116
D	54	38	28	120
E	40	26	20	86
F	36	32	30	98

따라서 새 부지로 선정될 지역은 혁신적합점수가 120점으로 가장 높은 D지역이다.

27

정답 ③

2주차 9일의 경우 오전에 근무하는 의사는 A와 B, 2명이다.

오답분석

① 2 ~ 3주차에 A는 당직 3회로 당직이 가장 많다.
② 진료스케줄에서 D는 8월 2일부터 11일까지 휴진임을 알 수 있다.
④ 광복절은 A, B, E 3명이 휴진함으로써 1 ~ 3주차 중 가장 많은 의사가 휴진하는 날이다.
⑤ 3주차 월 ~ 토요일에 오전 근무를 가장 많이 하는 의사는 오전에 5번 근무하는 B와 C이다.

28

정답 ③

오답분석

① 8월 3일은 1주차에 해당된다.
②・④・⑤ 의사 A가 오전에 근무하지 않는다.

29

정답 ②

F는 C와 함께 근무해야 한다. 수요일은 C가 근무할 수 없으므로 불가능하고, 토요일과 일요일은 E가 오전과 오후에 근무하므로, 2명씩 근무한다는 조건에 위배되어 C와 함께 근무할 수 없다. 따라서 가능한 요일은 월요일, 화요일, 목요일, 금요일로 총 4일이다.

30

정답 ④

수요일, 토요일, 일요일은 다음과 같이 근무조가 확정된다. 월요일, 화요일, 목요일, 금요일은 항상 C와 F가 근무하고, B와 C는 2일 이상, D는 3일 이상 근무해야 한다. 그리고 A는 오전에 근무하지 않고, D는 오전에만 가능하므로 수요일을 제외한 평일에 C와 F는 오전에 1일, 오후에 3일 근무하고, D는 오전에 3일 근무해야 한다. 이때, D는 B와 함께 근무하게 된다. 나머지 평일 오후는 A와 B가 함께 근무한다.
이를 표로 정리하면 다음과 같다.

구분		월요일	화요일	수요일	목요일	금요일	토요일	일요일
경우 1	오전	C, F	B, D	B, D	B, D	B, D	C, E	C, E
	오후	A, B	C, F	A, B	C, F	C, F	A, E	A, E
경우 2	오전	B, D	C, F	B, D	B, D	B, D	C, E	C, E
	오후	C, F	A, B	A, B	C, F	C, F	A, E	A, E
경우 3	오전	B, D	B, D	B, D	C, F	B, D	C, E	C, E
	오후	C, F	C, F	A, B	A, B	C, F	A, E	A, E
경우 4	오전	B, D	B, D	B, D	B, D	C, F	C, E	C, E
	오후	C, F	C, F	A, B	C, F	A, B	A, E	A, E

따라서 B는 수요일에 오전, 오후에 2회 근무하므로 옳지 않은 설명이다.

오답분석

① C와 F는 월요일, 화요일, 목요일, 금요일 중 하루를 오전에 함께 근무한다.
②·⑤ ①의 경우를 제외한 평일 오전에는 D가 항상 B와 함께 근무한다.
③ E는 토요일, 일요일에 A, C와 2번씩 근무하고 주어진 조건으로부터 A는 오전에 근무하지 않는다고 하였으므로 옳은 설명이다.

31

정답 ⑤

두 번째 조건과 세 번째 조건을 통해 김 팀장의 오른쪽에 정 차장이 앉고, 양 사원은 한 대리의 왼쪽에 앉는다. 이때, 오 과장은 정 차장과 나란히 앉지 않으므로 오 과장은 김 팀장의 왼쪽에 앉아야 한다. 따라서 김 팀장을 기준으로 시계방향으로 '김 팀장 – 오 과장 – 한 대리 – 양 사원 – 정 차장' 순서로 앉는다.

32

정답 ②

11주 차까지 쓰레기 배출 가능한 요일을 표로 정리하면 다음과 같다.

구분	일요일	월요일	화요일	수요일	목요일	금요일	토요일
1주 차	A		B		C		D
2주 차		E		A		B	
3주 차	C		D		E		A
⋮	⋮	⋮	⋮	⋮	⋮	⋮	⋮
8주 차		A		B		C	
9주 차	D		E		A		B
10주 차		C		D		E	
11주 차	A		B		C		D

따라서 10주 차 일요일에는 어떠한 동도 쓰레기를 배출하지 않으며, 11주 차 일요일에 A동이 다시 쓰레기를 배출할 수 있다.

오답분석

① 2주 차만 보더라도 참이다.
③ A동이 쓰레기 배출 가능한 요일을 순서대로 나열하면, '일요일 – 수요일 – 토요일 – 화요일 – 금요일 – 월요일 – 목요일 – 일요일'이므로, 모든 요일에 쓰레기를 배출할 수 있다.
④ 처음 2주 차까지 살펴보면, 2주에 걸쳐 모두 7번의 쓰레기 배출이 이루어지므로 A, B 두 동은 2주 동안 쓰레기를 2회 배출한다.
⑤ B동이 수요일에 쓰레기를 처음 버리는 주는 8주 차이다.

33

정답 ②

등급별 환산점수로 총점을 구하고, 총점이 높은 순서대로 순위를 정한다. 이때, 상여금 지급 규정에 따라 동순위자 발생 시 A등급의 빈도가 높은 순서대로 동순위자를 조정하여 다시 순서를 정한다. 이를 표로 정리하면 다음과 같다.

(단위 : 점, 등)

성명	업무 등급	소통 등급	자격 등급	총점	순위	동순위 조정	상여금 (만 원)
유수연	100	90	90	280	2	2	150
최혜수	70	80	90	240	7	8	20
이명희	80	100	90	270	3	4	100
한승엽	100	100	70	270	3	3	150
이효연	90	90	80	260	5	6	20
김은혜	100	70	70	240	7	7	20
박성진	100	100	100	300	1	1	150
김민영	70	70	70	210	10	10	20
박명수	70	100	90	260	5	5	100
김신애	80	70	70	220	9	9	20

따라서 유수연, 한승엽, 박성진이 150만 원으로 가장 많은 상여금을 받는다.

34

정답 ④

박명수의 소통등급과 자격등급이 C로 정정되어 박명수의 총점은 70+80+80=230점이고, 총점 240점인 김은혜와 최혜수보다 낮은 순위로 내려간다. 따라서 이효연, 김은혜, 최혜수의 순위가 하나씩 올라가며, 박명수는 8위가 되므로 박명수를 제외한 3명의 순위변동이 발생한다.

35

정답 ③

3과 5의 최소공배수는 15이므로 K씨가 관리하는 주차장에서는 15분 동안 $1\times5=5$대가 나가고 $3\times3=9$대가 들어온다. 따라서 15분마다 $9-5=4$대만큼 늘어난다. 현재 주차장에 156대가 주차되어 있으므로 44대가 더 들어와야 한다. 그러므로 $15\times\frac{44}{4}=165$분 후에 주차장에 200대의 차가 다 주차된다. 165분은 2시간 45분이므로 주차장에 200대의 차가 다 주차되는 시간은 오전 10시 12분+2시간 45분=오후 12시 57분이다.

36

정답 ①

- 1학년 전체 학생 중 빨강을 좋아하는 학생 수의 비율

  : $\frac{50}{250}\times100=20\%$

- 2학년 전체 학생 중 노랑을 좋아하는 학생 수의 비율

  : $\frac{75}{250}\times100=30\%$

37

정답 ③

작년의 남사원 수와 여사원 수를 각각 a, b명이라 하면,

$a+b=820$ … ㉠

$1.08a+0.9b=810$ … ㉡

㉠, ㉡을 연립하면, $a=400$, $b=420$

따라서 작년의 여사원 수는 420명이다.

38

정답 ③

감의 개수를 x개라 하면, 사과는 $(20-x)$개이므로

$400x+700\times(20-x)\le10{,}000 \rightarrow 14{,}000-300x\le10{,}000$

$\rightarrow x\ge\frac{40}{3}\fallingdotseq13.3$

따라서 감은 최소 14개를 구입해야 한다.

39

정답 ③

x년 후에 아버지의 나이가 아들의 나이의 3배가 된다고 하면,

$45+x=3(13+x) \rightarrow 45+x=39+3x \rightarrow 2x=6$

$\therefore x=3$

40

정답 ④

x년 후에 현우와 조카의 나이는 각각 $(30+x)$세, $(5+x)$세이므로

$30+x=2(5+x) \rightarrow 30+x=10+2x$

$\therefore x=20$

41

정답 ②

실용성 전체 평균점수 $\frac{103}{6}\fallingdotseq17$점보다 높은 방식은 ID / PW 방식, 이메일 및 SNS 방식, 생체인증 방식 총 3가지이다.

오답분석

① 생체인증 방식의 선호도 점수는 $20+19+18=57$점이고, OTP 방식은 $15+18+14=47$점, I-Pin 방식은 $16+17+15=48$점이다. 따라서 생체인증 방식의 선호도는 나머지 두 방식의 선호도 합보다 $47+48-57=38$점 낮다.

③ 유효기간이 '없음'인 방식들은 ID / PW, 이메일 및 SNS, 생체인증 방식이며, 세 인증수단 방식의 간편성 평균점수는 $\frac{16+10+18}{3}\fallingdotseq15$점이다.

④ 공인인증서 방식의 선호도가 51점일 때, 보안성 점수는 $51-(16+14+3)=18$점이다.

⑤ 유효기간이 '없음'인 방식들은 ID / PW, 이메일 및 SNS, 생체인증 방식이며, 실용성 점수는 모두 18점 이상이다.

42

정답 ①

2011년 대비 2018년 건강보험 수입의 증가율은 $\frac{58.0-33.6}{33.6}\times100\fallingdotseq72.6\%$이고, 건강보험 지출의 증가율은 $\frac{57.3-34.9}{34.9}\times100\fallingdotseq64.2\%$이므로 그 차이는 약 $72.6-64.2=8.4\%$p이다. 따라서 옳지 않은 설명이다.

오답분석

② 건강보험 수지율이 전년 대비 감소한 해는 2012년, 2013년, 2014년, 2015년이고, 해당 기간에 정부지원 수입이 각각 전년 대비 증가한 것을 확인할 수 있다.

③ 2016년 보험료수입 등이 건강보험 수입에서 차지하는 비율은 $\frac{45.3}{52.4}\times100\fallingdotseq86.5\%$이므로 75% 이상이다.

④ 조사기간 동안 건강보험 수입과 지출은 매년 전년 대비 증가하고 있으므로 해당 기간 동안의 전년 대비 증감추이 또한 동일하다.

⑤ 건강보험 지출 중 보험급여비가 차지하는 비중은 2012년에 $\frac{36.2}{37.4}\times100\fallingdotseq96.8\%$, 2013년에 $\frac{37.6}{38.8}\times100\fallingdotseq96.9\%$, 2014년에 $\frac{40.3}{41.6}\times100\fallingdotseq96.9\%$로 매년 90%를 초과한다.

43

정답 ③

버스와 지하철을 모두 이용하는 직원은 1,200×0.23=276명이고, 도보를 이용하는 직원 수는 1,200×0.39=468명이다. 따라서 버스와 지하철 모두 이용하는 직원 수는 도보를 이용하는 직원 수보다 468−276=192명 적다.

오답분석

① 통근 시간이 30분 이하인 직원은 1,200−(260+570+160)=210명으로 전체 직원 수의 $\frac{210}{1,200}\times100=17.5\%$를 차지한다.

② 대중교통을 이용하는 직원 수는 1,200×0.45=540명이고, 이 중 25%는 540×0.25=135명이므로 60분 초과 전체 인원의 80%인 160×0.8=128명보다 많다.

④ 통근시간이 45분 이하인 직원은 210+260=470명이고 1시간 초과인 직원의 $\frac{470}{160}\fallingdotseq2.9$배이다.

⑤ 전체 직원이 900명이라고 할 때, 자가용을 이용하는 인원은 900×0.16=144명이다.

44

정답 ①

도보 또는 버스만 이용하는 직원 중 25%는 1,200×(0.39+0.12)×0.25=153명이다. 30분 초과 45분 이하인 인원에서 도보 또는 버스만 이용하는 직원을 제외한 인원은 260−153=107명이다. 따라서 이 인원이 자가용으로 출근하는 전체 인원에서 차지하는 비중은 $\frac{107}{1,200\times0.16}\times100\fallingdotseq56\%$이다.

45

정답 ①

ㄱ. 여가시간 평균점수가 높은 순서로 나열하면 '70대 이상(5.33점) – 60대(4.97점) – 20대(4.81점) – 50대(4.72점) – 40대(4.56점) – 30대(4.47점) – 10대(4.43점)'이므로 옳은 설명이다.

ㄴ. 전체 남성 중 '약간충분 ~ 매우충분'을 선택한 인원은 (10,498−5,235)×(32.2+19.3+6.6)÷100≒3,058명이다.

오답분석

ㄷ. 미혼과 기혼의 평균점수는 기타에 해당하는 평균점수보다 낮지만 '약간부족'을 선택한 비율은 높다.

ㄹ. 대도시에서 '약간부족'을 선택한 인원은 4,418×0.097≒429명이므로 중소도시와 읍면지역에서 '부족'을 선택한 인원 (3,524×0.031)+(2,556×0.023)≒168명의 $\frac{429}{168}\fallingdotseq2.6$배이다.

46

정답 ②

'매우충분'을 선택한 인원은 다음과 같다.

구분	인원(명)	매우충분 비율(%)	매우충분 선택인원(명)
10대 (15 ~ 19세)	696	4.0	696×0.04≒27
20대	1,458	6.4	1,458×0.064≒93
30대	1,560	3.8	1,560×0.038≒59
40대	1,998	4.5	1,998×0.045≒89
50대	2,007	5.2	2,007×0.052≒104
60대	1,422	9.6	1,422×0.096≒136
70대 이상	1,357	17.9	1,357×0.0179≒24

따라서 인원이 가장 적은 순서는 '70대 이상 – 10대 – 30대 – 40대 – 20대 – 50대 – 60대'이다.

47

정답 ④

85세 이상을 제외한 모든 연령대의 총 재산소득에서 75 ~ 79세의 재산소득 비중은 $\frac{233.6}{221+251.7+233.6+174.6}\times100=\frac{233.6}{880.9}\times100\fallingdotseq26.5\%$이다.

오답분석

① 노인 항목별 현황에서 65 ~ 69세가 네 항목 중 재산소득을 제외한 세 항목에서 소득이 70 ~ 74세보다 많다.

② 남자의 연 총소득에서 사업소득의 비율은 $\frac{428}{2,817.3}\times100\fallingdotseq15.2\%$이며, 여자의 연 총소득에서 재산소득 비율은 $\frac{191.3}{2421.5}\times100\fallingdotseq7.9\%$이다. 따라서 $\frac{15.2}{7.9}\fallingdotseq1.9$배이다.

③ 동부에서 기타소득 세부항목 중 공적이전소득은 85세 이상의 사적연금소득보다 744.9−40.1=704.8만 원 많다.

⑤ 사적이득소득에서 동부와 읍·면부의 차액은 396.4−390.5=5.9만 원이고, 남자와 여자 차액은 409.2−369.6=39.6만 원이다. 따라서 $\frac{5.9}{39.6}\times100\fallingdotseq14.9\%$에 해당한다.

48

정답 ④

경기도의 우정직 공무원 전체 인원은 우정 8급 전체 인원의 $\frac{4,143}{5,384}\times100\fallingdotseq77.0\%$를 차지한다.

오답분석

① • A=1,287−193−370−153−54−3=514
• B=989−166−244−120−32−7=420
∴ A+B=514+420=934

② 우정 4급 전체 인원에서 전체 광역시 우정직 공무원이 차지하는 비율은 $\frac{3+7+2+10+2}{107}\times100\fallingdotseq22.4\%$이다.

③ 강원도의 우정직 공무원 전체 인원은 전라북도 전체 인원보다 1,009−990=19명 적다.
⑤ 세종특별자치시는 우정 8급이 우정 9급보다 5명 더 많다.

49

정답 ③

사업장가입자 집단에서는 40대보다 50대의 가입자 수가 적고, 지역가입자의 경우에도 60세 이상 가입자 수가 가장 적다. 또한 사업장가입자와 임의가입자의 60세 이상 가입자 수를 명시하지 않았으므로 알 수 없다.

오답분석

① 전체 지역가입자 수는 전체 임의계속가입자 수의 7,310,178÷463,143≒15.8배이다.
② 60세 이상을 제외한 전체 임의가입자에서 50대 가입자 수는 $\frac{185,591}{9,444+33,254+106,191+185,591}\times100 \fallingdotseq 55.5\%$에 해당한다.
④·⑤ 주어진 자료에서 확인할 수 있다.

50

정답 ③

50대 임의계속가입자 수는 463,143×0.25≒115,786

제2영역 직무역량평가

51

정답 ⑤

새로 개설된 3기 신도시 홈페이지의 경우 LH 청약센터와 감정원의 청약홈 등 기존 청약 인프라와 연계해 접근성을 높였다는 내용을 통해 확인할 수 있다.

오답분석

① 기존의 '3기 신도시 홈페이지'를 개편하여 '3기 신도시 종합정보포털'을 새로 개설하였다.
② '청약 일정 알리미 서비스'는 이미 기존의 '3기 신도시 홈페이지'에서 시행되었다.
③ 2020년 12월 새로 개설된 홈페이지가 아닌 2019년 8월 개설된 기존 '3기 신도시 홈페이지'의 현재까지 방문자가 190만 명 이상이다.
④ 새로 개설된 '종합정보포털'의 접속 주소는 기존 홈페이지와 동일하므로 기존의 '3기 신도시 홈페이지'로 접속되었을 것이다.

52

정답 ④

특수업무수당 운영지침 제2조 제3호에 따르면 전산일반과 정보보안 간 중복 지급이 금지되어 있으므로 전산일반 대상자가 정보보안 업무를 담당한다고 해서 더 많은 특수업무수당을 지급받는 것은 아니다.

오답분석

①·② 제2조 제2호 유해위험종사자
③ 제2조 제3호 전산업무종사자, 제4호 출납업무종사자
⑤ 제3조 제2호에 따르면 해당 자격증을 소지하지 않은 자라도 관리·운용 및 점검이 가능하면 선임 신고할 수 있으며, 제3호에 따르면 자격증 필요 없이 관계기관 교육 이수만으로도 선임될 수 있다.

53

정답 ①

'온라인 컨설팅 시스템'은 언제, 어디서나 스마트폰 및 PC 등을 이용해 아파트 운영 실태를 쉽고 빠르게 자가 진단할 수 있는 비대면 시스템으로, 중앙공동주택관리지원센터 홈페이지를 통해 공동주택 관리소장뿐만 아니라 누구나 서비스를 이용할 수 있으므로 이용대상 항목이 잘못 작성된 것을 알 수 있다.

54

정답 ②

2016년과 2019년의 고정수당, 실적수당, 상여금의 합과 기본급의 차이는 다음과 같다.

- 2016년 : 52,600−(4,600+1,500+17,000)=29,500천 원
- 2019년 : 53,700−(3,200+2,100+18,000)=30,400천 원

따라서 2019년이 2016년보다 크다.

오답분석

① 1인당 평균 보수액의 경우 남성과 여성 모두 매년 증가하였으나, 기본급은 2018년에 감소하였다.

③ 남성과 여성의 1인당 평균 보수액의 2017년 대비 2020년 증가율은 다음과 같다.

- 남성 : $\frac{86,000-77,000}{77,000}\times100 \fallingdotseq 11.7\%$
- 여성 : $\frac{60,000-54,000}{54,000}\times100 \fallingdotseq 11.11\%$

따라서 남성의 증가율이 더 크다.

④ 2017 ~ 2020년 동안 전년 대비 평균근속연수의 증감 추이는 '증가 – 감소 – 감소 – 증가'이고, 상여금의 증감추이는 '감소 – 증가 – 증가 – 감소'로 반대이다.

⑤ 상시 종업원 수는 남성은 2018년에 200명, 2020년에 400명으로 총 600명이 늘어났고, 여성은 2018년에 200명, 2019년에 100명, 2020년에 100명으로 총 400명이 늘어났다.

55

정답 ⑤

- 2021년 기본급 : 63,500×1.05=66,675천 원
- 2021년 고정수당 : 4,100−(4,100×0.01)=4,059천 원
- 2021년 실적수당 : 1,800−(1,800×0.01)=1,782천 원
- 2021년 상여금 : 10,000−(10,000×0.01)=9,900천 원

→ 66,675+4,059+1,782+9,900=82,416천 원

- 2016년 : 52,600+4,600+1,500+17,000=75,700천 원
- 2017년 : 53,800+4,500+1,600+15,000=74,900천 원
- 2018년 : 53,600+3,400+2,300+1,700=61,000천 원
- 2019년 : 53,700+3,200+2,100+18,000=77,000천 원
- 2020년 : 63,500+4,100+1,800+10,000=79,400천 원

따라서 2020년에 82,416−79,400=3,016천 원으로 차이가 가장 적다.

56

정답 ④

1급 한 명에게 지급할 성과금이 x이면, 2급 한 명에게 지급할 성과금은 $\frac{1}{2}x$이고, 3급 한 명에게 지급할 성과금은 $\frac{1}{2}x\times\frac{2}{3}=\frac{1}{3}x$, 4급 한 명에게 지급할 성과금은 $\frac{1}{3}x\times\frac{3}{4}=\frac{1}{4}x$이다. $3x+12\times\frac{1}{2}x+18\times\frac{1}{3}x+20\times\frac{1}{4}x=50,000,000 \rightarrow 20x=50,000,000$원

$\therefore\ x=2,500,000$원

따라서 1급에 지급되는 성과금은 모두 3×2,500,000=7,500,000원이다.

57

정답 ③

- 가
  - 개정 전 : 3억×0.005+3억×0.007+6억×0.01+5억×0.014=1,660만 원
  - 개정 후 : 3억×0.006+3억×0.008+6억×0.012+5억×0.016=1,940만 원

  ∴ 1,940−1,660=280만 원
- 나
  - 개정 전 : 3억×0.005+3억×0.007+6억×0.01=960만 원
  - 개정 후 : 3억×0.006+3억×0.008+6억×0.012=1,140만 원

  ∴ 1,140−960=180만 원
- 다
  - 개정 전 : 3억×0.006+3억×0.009+6억×0.013+38억×0.018+4억×0.025=9,070만 원
  - 개정 후 : 3억×0.012+3억×0.016+6억×0.022+38억×0.036+4억×0.05=17,840만 원

  ∴ 17,840−9,070=8,770만 원

따라서 개정 전과 후의 세금 차이의 총합은 280+180+8,770=9,230만 원이다.

58

정답 ①

B씨는 공동주택 입주민이므로 특별 할인 요금이 적용된다.

- 목요일 이용요금
  - 트위지 대여 주중요금 : 3,000×3=9,000원
  - 주행요금 : 0원

  → 9,000원
- 금 ~ 일요일 이용요금
  - 스토닛 대여 주말요금 : 75,720×2=151,440원
  - 주행요금 : 160×200=32,000원
  - 주유비 : 행복카 주유카드 이용으로 0원
  - 보험료 : 자차 면책금 50만 원 미만이므로 0원

  → 151,440+32,000=183,440원

따라서 총 9,000+189,440=192,440원이다.

59

정답 ③

박 씨는 일요일에 주중요금으로 모닝을 이용하였기 때문에 4,260+(150×5)=5,010원을 지불하였다.

오답분석

① 김 씨 : (1,310×3)+(1,310×2)=3,930+2,620=6,550원

② 이 씨 : 보험안내의 운전자자격을 보면 운전면허 취득일로부터 1년 이상이여야 하므로 10개월 전에 운전면허를 취득한 이 씨는 이용할 수 없다.

④ 최 씨 : 면책금은 50만 원까지이고, 과태료는 직접 납부해야 한다.

60

정답 ②

• A : 최근 1년간 각 시설의 거주기간을 합산하여 3개월 이상 거주해야 하지만, 만화방 1개월, 노숙인 시설 1개월로 2달만 거주하여 입주대상에 해당되지 않는다.
• B : 작년 겨울부터 올해 가을까지 여인숙에서 거주하였으므로 3개월 이상 거주하였고, 3인 가구 소득기준도 충족하므로 입주대상이다.
• C : 2인 가구의 소득기준이 2,189,905원이지만 월 소득이 2,200,000원이므로 입주대상에 해당되지 않는다.

따라서 해당되는 B의 월 임대료는 8천 만×1%=800,000원이다.

61

정답 ②

청년작가 조형미술작품 공모전은 지역주민들과 소통하기 위해 개최되었지만, 응모 자격에 따르면 지원자의 거주지를 제한하지는 않는다.

오답분석

① 작품 규격은 2m×2m×2m 내외로 내구성 있는 소재로 작품을 제작해야 한다.
③ 응모자격에 따르면 대학생(석사과정 포함) 또는 대학 졸업 후 3년이 경과하지 않은 청년작가만 응모할 수 있다.
④ 대상 수상자는 600만 원, 2명의 최우수상 수상자는 400만 원을 받고, 그 외의 상을 받은 7명은 동일 금액을 받는다. 이번 공모전에서 총 2,800만 원의 상금을 수여하므로 600+400+400=1,400만 원을 제외한 1,400만 원이 7명의 수상자에게 수여된다. 따라서 7명의 수상자는 각각 1,400÷7=200만 원의 상금을 받는다.
⑤ 접수된 작품은 LH 내·외부 전문가로 구성된 심사위원회의 1, 2차 심사과정을 거친다.

62

정답 ④

ㄱ. A는 모집공고일 현재 혼인 9년째로 7년 이상이므로 입주대상자가 아니다.
ㄷ. 1인 가구의 경우, 60m^2 이하 주택으로 지원대상이 제한되므로, D는 80m^{2}의 오피스텔에 대하여는 전세금 지원을 받을 수 없다.

오답분석

ㄴ. 소득, 자산기준이 동일한 경우, 월평균소득, 자녀 수, 혼인기간 순서로 고려가 되므로, 월평균소득이 동일한 B와 C 중 자녀의 수가 더 많은 사람이 더 높은 우선순위로 입주자격을 얻게 된다.

63

정답 ④

한국토지주택공사가 아닌 시, 군, 구에서 E의 자격사항을 확인하여 한국토지주택공사로 통보를 하게 되어 있다.

오답분석

① 임대기간 항목에 따라, E는 22년 9월까지 최초계약을 하고, 이후 2년 단위로 9번 연장하여 최장 2040년 9월까지 임대계약이 가능하다.
② E가 입주하려는 대구광역시의 전세금 지원한도액은 9,500만 원이며, E가 희망하는 아파트는 전세금이 그 이하이므로 전액을 지원받게 된다.
③ E는 대구광역시가 아닌 현재 주소지인 경주시 관할 행정복지센터에 신청을 해야 한다.
⑤ E는 혼인 7년 이내이고, 자녀가 있으므로 1순위에 해당된다.

64

정답 ④

제9조 제5항에 따르면 임원은 임기가 만료되었더라도 후임자 임명 시까지 직무를 수행하여야 한다.

오답분석

① 제8조 제1항
② 제8조 제3항
③ 제8조 제2항
⑤ 제12조 제3항

65

정답 ④

ㄴ. 제9조 제2항에 따르면 연임 여부는 비상임이사의 임명권자인 기획재정부장관이 결정한다.
ㄹ. 제12조 제4항에 따르면 사장 임명자는 대통령이 아닌 국토교통부 장관과 계약을 체결한다.

오답분석

ㄱ. 제12조 제6항
ㄷ. 제12조 제1항과 제2항

66

정답 ③

㉠ 앞의 문장은 전세 세입자가 전세금을 무이자로 대출하는 형식으로 사용가치를 지불한다는 내용의 근거가 되므로 ㉠에는 '따라서'가 적절하다. 다음으로 ㉡ 뒤의 문장은 앞 문장에서 언급하는 전세 세입자와 집주인의 전세 계약 원리를 예시를 통해 이야기하므로 ㉡에는 '예를 들어'가 적절하다. 마지막으로 ㉢ 뒤의 문장에서는 일반적으로 이루어지는 임대와 달리 주택 가격의 상승을 기대하고 투자하는 갭투자에 관해 이야기하므로 ㉢에는 역접의 접속어인 '그러나'가 적절하다.

67

정답 ①

제시문에는 수열 에너지 설비와 기존의 냉난방 설비의 설치비용에 대한 언급은 나타나 있지 않으므로 ①과 같은 추론은 적절하지 않다.

오답분석

② 수열 에너지는 여름에는 대기보다 차갑고 겨울에는 대기보다 따뜻한 물의 특성을 이용한 것이다. 즉, 공기보다 물의 비열이 크다는 점을 이용한 것이다.

③ 3기 신도시 등에서 업무용 건물이 아닌 주거용 건물에 수열 에너지를 적용하는 방안을 중점적으로 살펴본다는 LH의 계획에 따라 추론할 수 있다.

④ 수열 에너지는 최근 정부의 그린뉴딜 대표사업으로 선정되었으며, 올해 강원 수열 에너지 융·복합 클러스터 조성 등 곳곳에서 수열 에너지 관련 사업이 추진되고 있다.

⑤ 수열 에너지는 물을 활용해 적은 비용으로 친환경 에너지를 생산할 수 있다.

68

정답 ②

A씨는 소득인정액이 2인 가구의 생계급여선정기준보다 작으므로 실제임차료를 전액을 지원받는다.

- 실제임차료 : 2,000만×0.04÷12+20만=266,666원

B씨는 소득인정액이 3인 가구의 생계급여선정기준보다 크므로 실제임차료에서 자기부담분을 제외한 나머지를 지원받는다.

- 실제임차료 : 2,500만×0.04÷12+15만=233,333원
- 자기부담분 : (1,200,000−1,161,173)×0.03=38,827×0.03=1,164원

→ 233,333−1,164=232,169원

따라서 A씨와 B씨가 받는 지원금의 합은 266,666+232,169=498,835원이다.

69

정답 ②

주거지 노후화로 소규모 주거 정비사업을 실시하는 사업유형은 '우리동네살리기'이며, 이 유형인 대상지는 서울 3곳, 부산 3곳, 인천 2곳, 광주 1곳, 세종 1곳으로 총 10곳이다. 따라서 평균 사업규모가 4.2만 m^2일 경우에 전체 사업규모는 42만 m^2이 된다.

오답분석

① 역사·문화 등에 관련한 사업 추진을 위한 도시재생뉴딜사업 유형은 '중심시가지형'을 말하며, 대상지는 서울 금천구, 광주 남구, 광주 동구로 총 3곳이다.

③ 사업명 '청년과 어르신의 OPEN PLACE, 비룡공감 2080'인 대상지는 인천 미추홀구로 사업유형은 '일반근린형'이다. 따라서 이 사업유형인 대상지는 6곳이며 전체 대상지의 $\frac{6}{25}\times100$ $=24\%$이다.

④ 도시재생 혁신지구 사업유형이 있는 시는 서울(용산구)이며, 서울시에서 선정된 대상지들의 사업유형은 '중심시가지형, 경제기반형, 일반근린형, 우리동네살리기, 도시재생 혁신지구, 도시재생인정사업'으로 총 6가지이다.

⑤ 사업규모가 가장 넓을 수 있는 사업유형은 경제기반형(45만 m^2 이상 55만 m^2 이하)으로 대상지는 서울 동대문구와 부산 영도구가 있다. 따라서 경제기반형인 대상지가 있는 시는 서울과 부산 2곳이다.

70

정답 ①

〈보기〉의 문장은 우리나라의 온실가스 감축 목표에 관하여 이야기하고 있다. 따라서 유엔기구변화협약 당사국총회에서 전 세계 국가의 온실가스 감축 목표를 제시했다는 내용의 첫 번째 문장 뒤인 (가)에 위치하는 것이 가장 적절하다.

71

정답 ④

마지막 문단에 따르면 돌봄사원은 하루 4시간씩 주 5일 근무하므로 월 최대 31일, 월 주말 최소 8일이라는 가정하에 최대 근무시간을 계산하면 (31−8)×4=92시간으로 100시간 미만이다.

오답분석

① 두 번째 문단의 채용인원을 확대하여 코로나19로 인한 고용위기 극복 및 취약계층의 경제활동을 촉진할 계획이라는 내용을 통해 추론할 수 있다.

② 세 번째 문단에 따르면 이번에 채용하는 돌봄사원은 LH 임대단지 관리사무소에 근무한다.

③ 네 번째 문단의 올해는 건설임대주택뿐만 아니라 매입임대주택에도 돌봄사원 100명이 배치된다는 내용을 통해 작년에는 매입임대주택에 돌봄사원이 배치되지 않았음을 추론할 수 있다.

⑤ 마지막 문단에 따르면 LH 임대주택 입주민이 1순위로 우선 채용되며, 1순위에서 미달한 권역은 2순위로 일반인이 채용된다. 따라서 1순위에서 미달되지 않는다면 돌봄사원은 모두 LH 임대주택 입주민으로 구성될 수 있다.

72

정답 ③

혼인기간이 7년을 초과하므로 신혼부부에 해당하지 않으며, 자녀가 만 6세 이상이므로 입주대상에 해당되지 않는다.

오답분석

① 전용면적 $90m^2$의 다중주택은 $85m^2$를 초과하므로 신혼부부 매입임대 사업의 매입대상주택에 해당하지 않는다.

② 입주자로 선정되면 최대 10년까지 거주가 가능하다.

④ 매입대상주택 선정 시에는 매입가격 외에도 관리비부담수준, 주변환경 등이 고려된다.

⑤ 입주대상자 선정 시에는 부동산 가액 뿐 아니라 자동차 가액도 고려된다.

73 정답 ⑤

• B : 입주대상에는 해당되나, 월평균소득이 각각 2인 가구 월평균소득의 70%로, 140%에 해당되므로 소득기준을 충족시키지 못한다.
• C : 혼인한 지 7년을 초과하였고 한부모가족 및 예비신혼부부가 아니므로 입주대상이 아니다.

오답분석

• A : 한부모가족으로서 입주대상에 해당되며, 자산기준도 충족하므로 월평균소득 기준상 II형에 해당된다.

74 정답 ②

세 번째 문단에 따르면 LH와 함께하는 행복도시 투어 프로그램은 사전 예약을 통해 20명이 모이면 요일과 무관하게 진행되므로 요일과 관계없이 평일과 주말 모두 프로그램에 참여할 수 있다.

오답분석

① 세 번째 문단에 따르면 행복도시 실수요 고객층을 위한 '행복도시 둘러보기'나 일반인 및 관광객을 위한 '힐링더하기 투어' 등의 프로그램이 마련되어 있으므로 도시 건설에 관심 있는 사람에게만 국한되지 않는다.
③ 세 번째 문단에 따르면 사전 예약을 통해 최소 20명이 모여야 프로그램이 진행되지만, 참여 인원수에 대한 제한은 나타나 있지 않다.
④ 세 번째 문단에 따르면 마스크를 착용하지 않을 경우 투어 버스의 탑승이 제한되므로 발열 증상이 없더라도 마스크를 착용하지 않는다면 탑승을 제한받을 수 있다.
⑤ 마지막 문단에 따르면 사전 예약 접수는 '세종시티투어' 홈페이지를 통해 가능하며, 관광협회는 전화 문의만 가능하다.

75 정답 ④

'테스트베드'는 어떤 것을 세상에 내놓기 전에 그것이 성공할 수 있을 것인지를 예상하기 위해 시험적으로 적용해 보는 소규모의 집단, 지역, 영역 등을 뜻하므로 '시험대, 시험 무대, 시범 운영 공간'으로 순화할 수 있다.

오답분석

① 스마트시티 : 발전된 정보·통신 기술을 이용하여 도시의 주요 기능을 지능형으로 네트워크화한 첨단 도시를 뜻한다.
② 모빌리티 : '이동성, 움직이기 쉬움'을 뜻하는 말로, 국립국어원에서는 '스마트 모빌리티'를 '1인 전동차'로 다듬자고 제안했다.
③ 거버넌스 : 공동의 목표를 달성하기 위해 주어진 자원의 제약하에서 모든 이해 당사자들이 책임감을 가지고 투명하게 의사결정을 수행할 수 있게 하는 제반 장치를 뜻한다. 국립국어원에서는 '거버넌스'를 '정책, 행정, 관리, 민관 협력, 협치'로 다듬자고 제안했다.
⑤ 플랫폼 : 정보 시스템 환경을 구축하고 개방하여 누구나 다양하고 방대한 정보를 쉽게 활용할 수 있도록 제공하는 기반 서비스를 뜻한다.

76 정답 ②

첫 번째 문단에 따르면 종합건설업체와 전문건설업체가 수직적 구조를 이루던 기존의 방식과 달리 '주계약자 공동도급'은 수평적 위치에서 공동 입찰·계약 및 역할을 분담하는 제도이다.

오답분석

① 첫 번째 문단에 따르면 '주계약자 공동도급' 방식은 원도급자의 불공정 하도급 행위를 방지할 수 있다.
③ 두 번째 문단에 따르면 그동안 하자 발생에 대한 책임 구분이 불명확하다는 문제점이 지적됐다.
④ 두 번째 문단에 따르면 LH는 기존 '주계약자 공동도급'의 문제점을 해결하기 위해 구역 분리형과 공종 선택형 등의 유형을 도입하여 발주 방식을 다변화하였다.
⑤ 마지막 문단에 따르면 LH는 관련 업계와의 간담회를 통해 '주계약자 공동도급'의 개선 사항을 발굴하며, 지속적으로 보완·활성화할 방침이다.

77 정답 ⑤

이번 기숙사형 청년주택 입주자 모집은 코로나19 확산 여파로 대면접촉이 부담스러운 청년들을 위해 신청 접수부터 서류 제출까지 온라인 서비스를 병행한다는 내용을 통해 온라인과 오프라인 모두 진행되는 것을 알 수 있다.

오답분석

① 제시된 표를 통해 올해 기숙사형 청년주택은 서울 소재에 44+36+83=163호, 경기 소재에 53+21+6=80호가 공급되는 것을 알 수 있다.
② 올해 공급되는 기숙사형 청년주택은 대중교통 이용이 편리한 곳에 위치한다는 내용을 통해 알 수 있다.
③ 기숙사형 청년주택은 냉장고·세탁기 등 생활에 필요한 기본 집기가 각 호실별로 구비되어 있다는 내용을 통해 알 수 있다.
④ 기숙사형 청년주택 신청 기간은 7월 31일부터 8월 4일까지 총 5일이므로, 7월 31일에 신청한다면 1·2순위 선발 결과가 발표되는 8월 19일까지 20일을 기다려야 한다.

78 정답 ②

단독거주를 하는 경우, 수도권 전세금 지원 한도액은 1.2억 원이다.

오답분석

① 입학예정자의 경우에도 대학생에 해당되어 입주자격요건을 충족할 수 있다.
③ 고등학교를 중퇴한 지 2년이 경과하였으므로 입주자격요건을 충족하지 못한다.
④ 기초생활수급자에 해당하는 대학생 C는 1순위에 해당하므로 임대조건에 따르면 임대보증금은 100만 원이다.
⑤ 순위가 달라도 최대 거주기간은 동일하다.

79

정답 ③

ㄱ. F의 월평균소득은 2019년 가구당 월평균 소득의 90%로 70%보다 높다. 따라서 장애등급을 받아 장애인가구가 되더라도 1순위가 되지 않는다.

ㄴ. F는 3순위에 해당되므로 200만 원의 임대보증금을 적용받는다.

오답분석

ㄷ. F가 받을 수 있는 전세지원금 한도액은 광역시의 3인 거주 형태이므로 1.5억 원이다. 여기서 임대보증금 200만 원을 제외하면 1억 4,800만 원이며, 1억 4,800만 원의 1%는 1,480만 원이다. 따라서 F는 연간 최소 1,480만 원의 임대료를 납부하여야 한다.

80

정답 ③

ⓒ 두 번째 문단에 따르면 LH 스마트홈 플랫폼의 통신 규격은 국제표준이 적용돼 입주민들이 어떤 가전제품이나 통신사를 사용하든 원활하게 스마트홈 기기를 제어할 수 있다.

ⓓ 세 번째 문단에 따르면 LH는 독서 기부, 만보 걷기 기부 등 입주민들이 일상생활 속에서 기부 포인트를 쌓을 수 있는 플랫폼을 구축하는 등 다양한 확장 서비스 개발하고 있다.

오답분석

ⓐ 첫 번째 문단에 따르면 LH는 임대주택 입주민에게 스마트홈 서비스를 제공하기 위해 2018년부터 시흥은계 A－2블록 등 8개 지구에서 스마트홈 서비스를 시범 적용하고 있다.

ⓑ 두 번째 문단에 따르면 LH 스마트홈 플랫폼은 2021년 준공을 목표로 개발되고 있다.

ⓔ 세 번째 문단에 따르면 임대주택 스마트홈 서비스는 2020년 하반기 발주하는 국민·영구임대, 행복주택 등 건설임대주택부터 적용될 예정이다.

한국토지주택공사 신입사원 필기시험

제2회 직무능력검사 정답 및 해설

01	02	03	04	05	06	07	08	09	10
②	①	①	④	①	④	②	③	②	③
11	12	13	14	15	16	17	18	19	20
②	⑤	③	④	③	④	③	③	①	④
21	22	23	24	25	26	27	28	29	30
④	①	④	⑤	③	②	②	①	①	②
31	32	33	34	35	36	37	38	39	40
②	③	④	④	③	④	④	⑤	④	①
41	42	43	44	45	46	47	48	49	50
④	①	③	③	②	③	③	⑤	③	②
51	52	53	54	55	56	57	58	59	60
②	①	②	④	④	④	⑤	③	④	②
61	62	63	64	65	66	67	68	69	70
⑤	⑤	①	③	⑤	③	①	④	②	②
71	72	73	74	75	76	77	78	79	80
⑤	⑤	④	①	②	①	①	③	③	③

제 1 영역 직업기초능력평가

01

정답 ②

제시문은 시장집중률의 정의와 측정 방법, 그 의의에 대해 이야기하고 있다.

02

정답 ①

광고를 단순히 상품 판매 도구로만 보지 않고, 문화적 차원에서 소비자와 상품 사이에 일어나는 일종의 담론으로 해석하여 광고라는 대상을 새로운 시각으로 바라보고 있다.

03

정답 ①

품질에 대한 고객의 세 가지 욕구를 고객이 식당에 가는 상황이라는 구체적 사례를 들어 독자의 이해를 돕고 있다.

04

정답 ④

(가)는 한(恨)이 체념적 정서의 부정적 측면과 '밝음'이나 '간절한 소망'과 연결된 긍정적인 측면을 내포하고 있음을 설명하고 있으나, 부정적인 측면을 지양할 것을 강조하고 있지 않다.

05

정답 ①

'갑돌'의 성품이 탁월하다고 볼 수 있는 것은 그의 성품이 곧고 자신감이 충만하며, 다수의 옳지 않은 행동에 대하여 비판의 목소리를 낼 것이며 그렇게 하는 데에 별 어려움을 느끼지 않을 것이기 때문이다. 또한, 세 번째 문단에 따르면 탁월한 성품은 올바른 훈련을 통해 올바른 일을 바르고 즐겁게 그리고 어려워하지 않으며 처리할 수 있는 능력을 뜻한다. 따라서 아리스토텔레스의 입장에서는 '엄청난 의지를 발휘'하고 자신과의 '힘든 싸움'을 해야 했던 '병식'보다는 잘못된 일에 '별 어려움' 없이 '비판의 목소리'를 내는 '갑돌'의 성품을 탁월하다고 여길 것이다.

06

정답 ④

가장 먼저 민간협력 공공주택 사업 활성화를 위한 대토론회의 개최 이유를 설명하는 (라) 문단이 오는 것이 적절하며, 다음으로는 토론회에서 진행된 상세 내용을 설명하는 (가) 문단이 적절하다. 그 다음으로는 토론회에서 언급한 민간참여형 공공주택 사업에 대해 설명하는 (다) 문단과 시공책임형CM 사업을 설명하는 (나) 문단이 차례로 오는 것이 적절하며, 마지막으로는 토론회의 향후 활용 방안을 제시하는 (마) 문단이 적절하다. 따라서 (라) → (가) → (다) → (나) → (마)의 순서로 나열해야 한다.

07

정답 ②

빈칸의 전후 문장을 통해 내용을 파악해야 한다. 우선 '그러나'를 통해 빈칸에는 앞의 내용에 상반되는 내용이 오는 것임을 알 수 있다. 따라서 수천 가지의 힐링 상품이나, 고가의 상품들을 참고하는 것과는 상반된 내용을 찾으면 된다. 또한, 빈칸 뒤의 내용이 주위에서 쉽게 할 수 있는 힐링 방법을 통해 자신감을 얻는 것부터 출발해야 한다는 내용이므로, 빈칸에는 많은 돈을 들이지 않고도 쉽게 할 수 있는 일부터 찾아야 한다는 내용이 담긴 문장이 오는 것이 적절하다.

08 정답 ③

'3) 보상착수'와 '2) 조사 설계'에 따르면 조사 설계 단계에서는 땅을 굴착하지 않으며, 보상착수 단계에서 토지보상이 이루어진 이후 시굴 및 발굴조사를 실시한다.

오답분석

① '개요'에 따르면 한국토지주택공사는 1993년 공기업 최초로 문화재 전담팀을 구성하였고, 2009년 한국토지주택공사로 거듭나면서 기존의 박물관을 토지주택박물관으로 재개관하였다.
② '2) 조사 설계'에 따르면 공사는 사업지구의 지자체가 아닌 문화재청에서 고시한 전문조사기관에 지표조사를 의뢰한다.
④ '3) 보상착수' 단계에 따르면 문화재 지역에서의 시굴 및 발굴조사는 토지보상 혹은 토지소유자의 사용동의를 받아 실시한다. 따라서 공사는 토지소유자에게 통보가 아닌 사전 동의를 받아야 한다.
⑤ '4) 착공 후, 준공 전' 단계에 따르면 시굴·발굴조사를 통해 보존하기로 결정된 문화재는 인근 박물관으로 이송하지 않고 훼손되지 않도록 조치를 취한 후 그대로 현장에 보존한다.

09 정답 ②

영상 송출 시 에러코드 관련 지식 점검은 회의하지 않은 내용이다. 수급팀에는 백업 캡처 관리자와 사전협의 등을 통해 영상 결합 발생 시 사용할 대체 영상 등의 수급에 대한 내용이 포함되어 있는 것이 적절하다.

10 정답 ③

증인·감정인 또는 통역인이 특허심판원에 대하여 허위의 진술·감정 또는 통역을 했을 때는 위증죄가 적용되어 5년 이하의 징역 또는 1천만 원 이하의 벌금에 처해진다. 고소가 있어야만 처벌할 수 있는 특허 침해죄와 달리 고소가 없어도 처벌이 가능하다.

11 정답 ②

증인·감정인·통역인의 허위 진술·감정에 대한 처벌은 '위증죄' 조항에 의해 이루어진다.

12 정답 ⑤

제시문은 '과학적 용어'에 대한 글이다. 제시문에서는 모래언덕의 높이, 바람의 세기, 저온의 온도를 사례로 들어 과학자들은 모호한 것은 싫어하지만 대화를 통해 상황에 적절한 합의를 도출한다고 설명하고 있다. 따라서 과학적 용어가 엄밀하고 보편적인 정의에 의해 객관성이 보장된다는 ⑤가 주장에 대한 비판적 논거로 적절하다.

13 정답 ③

- (가) : 빈칸 다음 문장에서 사회의 기본 구조를 통해 이것을 공정하게 분배해야 된다고 했으므로 ㉡이 가장 적절하다.
- (나) : '원초적 상황'에서 합의 당사자들은 인간의 심리, 본성 등에 대한 지식 등 사회에 대한 일반적인 지식은 알고 있지만, 이것에 대한 정보를 모르는 무지의 베일 상태에 놓인다고 했으므로 사회에 대한 일반적인 지식과 반대되는 개념, 즉 개인적 측면의 정보인 ㉠이 가장 적절하다.
- (다) : 빈칸에 관하여 사회에 대한 일반적인 지식이라고 하였으므로 ㉢이 가장 적절하다.

14 정답 ④

감각으로 검증할 수 없는 존재에 대한 관념은 그것의 실체를 확인할 수 없기 때문에 거짓으로 보아야 하는 문제가 발생하는 것은 대응설이다.

15 정답 ③

제시문을 살펴보면 전반적으로 민속음악이 가지는 특징에 대해 설명하고 있음을 알 수 있다.

16 정답 ④

민속음악은 곱고 예쁘게 다듬어내는 음이 아니라 힘있고 역동적으로 표출되는 음이 아름답다고 여긴다. 판소리 명창이 고함치듯 질러대는 높은 소리에 청중들은 기다렸다는 듯이 '얼씨구'라는 추임새로 호응한다.

17 정답 ③

〈보기〉는 '인간이 발명한 문명의 이기(利器), 즉 비행기나 배 등은 결국 인간의 신화적 사유의 결과물이다.'로 요약할 수 있다. (다)의 앞부분에서 '문명의 이기(利器)의 근본은 신화적 상상력'이라 했고, 〈보기〉가 그 예에 해당하기 때문에 〈보기〉가 들어가기에 적절한 곳은 (다)이다.

18 정답 ③

다음 논리 순서에 따라 주어진 조건을 정리하면 쉽게 접근할 수 있다.

- 여섯 번째, 여덟 번째 조건 : G는 첫 번째 자리에 앉는다.
- 일곱 번째 조건 : C는 세 번째 자리에 앉는다.
- 네 번째, 다섯 번째 조건 : 만약 A와 B가 네 번째, 여섯 번째 또는 다섯 번째, 일곱 번째 자리에 앉으면, D와 F는 나란히 앉을 수 없다. 따라서 A와 B는 두 번째, 네 번째 자리에 앉는다. 이때, 남은 자리는 다섯 번째, 여섯 번째, 일곱 번째 자리이므로 D와 F는 다섯 번째, 여섯 번째 또는 여섯 번째, 일곱 번째 자리에 앉게 되고, 나머지 한 자리에 E가 앉는다.

이 사실을 종합하여 주어진 조건을 표로 정리하면 다음과 같다.

구분	첫 번째	두 번째	세 번째	네 번째	다섯 번째	여섯 번째	일곱 번째
경우 1	G	A	C	B	D	F	E
경우 2	G	A	C	B	F	D	E
경우 3	G	A	C	B	E	D	F
경우 4	G	A	C	B	E	F	D
경우 5	G	B	C	A	D	F	E
경우 6	G	B	C	A	F	D	E
경우 7	G	B	C	A	E	D	F
경우 8	G	B	C	A	E	F	D

따라서 어떠한 경우에도 C의 옆자리에는 항상 A와 B가 앉는다.

오답분석

① 조건에서 D와 F는 나란히 앉는다고 하였다.
②·④ 경우 4, 8인 때에만 성립한다.
⑤ B는 어떠한 경우에나 두 번째 또는 네 번째에 앉는다.

19

정답 ①

다음의 논리 순서를 따라 주어진 조건을 정리하면 쉽게 접근할 수 있다.

- 다섯 번째 조건 : 1층에 경영지원실이 위치한다.
- 첫 번째 조건 : 1층에 경영지원실이 위치하므로 4층에 기획조정실이 위치한다.
- 두 번째 조건 : 2층에 보험급여실이 위치한다.
- 네 번째, 다섯 번째 조건 : 3층에 급여관리실, 5층에 빅데이터운영실이 위치한다.

따라서 1층부터 순서대로 '경영지원실 – 보험급여실 – 급여관리실 – 기획조정실 – 빅데이터운영실'이 위치하므로 5층에 있는 부서는 빅데이터운영실이다.

20

정답 ④

배송비는 크기, 무게 그리고 배송지역에 따라 금액이 다르다. 문제에서 제시된 제품의 포장규격은 400mm×250mm×400mm로 세 변의 합은 105cm이고, 무게는 12kg이다. 따라서 중형으로 취급받는다. 또한 고가품(45만 원)에 해당하므로, 할증운임 20%가 적용되며, 배송지역별 운임 및 고객부담비율을 고려하면, 다음과 같은 결과를 얻을 수 있다.

- 동일권역 : 7,000×1.2=8,400원 → 8,400×0.5=4,200원
- 타 권역 : 8,000×1.2=9,600원 → 9,600×0.5=4,800원
- 도서산간 : 11,000×1.2=13,200원 → 13,200×0.5=6,600원

21

정답 ④

제품별 규격 및 무게를 살펴보면, A제품은 극소형, B제품은 소형으로 분류된다. 그리고 A제품의 경우 고가와 유리제품으로 할증운임이 부과되는데, 할증률이 중복되므로 최고 할증률인 50%가 적용되며, B제품은 청과물제품으로 할증률이 40%가 적용된다. 이를 고려하면, 각 제품의 1회 배송시 배송비는 다음과 같다.

- A제품 : 4,000×1.5=6,000원
- B제품 : 6,000×1.4=8,400원

이때, 지난 일주일 동안 판매량은 A제품이 70개, B제품이 80개로 일주일간 두 제품의 배송비를 계산하면 다음과 같다.

- A제품 : 6,000×70=420,000원
- B제품 : 8,400×80=672,000원

따라서 전체 배송비는 1,092,000원이며, K온라인쇼핑몰은 전체 배송비의 50%를 부담하므로, 546,000원의 배송비를 부담한다.

22

정답 ①

구분	생물화학적 산소요구량	화학적 산소요구량	부유물질	질소 총량	인 총량	평가
A 처리시설	4 (정상)	10 (정상)	15 (주의)	10 (정상)	0.1 (정상)	우수
B 처리시설	9 (주의)	25 (주의)	25 (심각)	22 (주의)	0.5 (주의)	보통
C 처리시설	18 (심각)	33 (심각)	15 (주의)	41 (심각)	1.2 (심각)	개선필요

23

정답 ④

제시문에서 '심각' 지표를 가장 우선으로 개선하라고 하였으므로, '심각' 지표를 받은 부유물질을 가장 먼저 개선해야 한다.

오답분석

① 생물화학적 산소요구량은 4가 아닌 9로 '주의' 지표이다.
② 부유물질이 '심각' 지표이므로, 가장 먼저 개선해야 한다.
③ 질소 총량과 인 총량을 개선하여도 '주의' 지표가 2개, '심각' 지표가 1개이므로, 평가결과는 '보통'이다.
⑤ '정상' 지표가 하나도 없기 때문에 4개 지표를 '정상' 지표로 개선해야 '우수' 단계가 될 수 있다.

24

정답 ⑤

특별한 사정이 없는 경우 민원처리는 최대 14영업일이 소요된다. 소요 기간은 접수일 이후부터 계산되므로 처리 기한은 6월 10일이다.

일요일	월요일	화요일	수요일	목요일	금요일	토요일
	5. 20	21	22	23	24	25 휴무
26 휴무	27	28	29	30	1	6. 1 휴무
2 휴무	3	4	5	6 휴무	7	8 휴무
9 휴무	10	11	12	13	14	15

25

정답 ③

B사원이 민원을 처리하는 데 시일이 걸려 고객의 동의를 구하고 기간을 연장하였으므로 ㅁ과 ㄹ 사이에 민원 처리상태가 바뀌었음을 알 수 있다. 따라서 A사원의 업무 진행 절차는 '민원 확인 – 담당 지정 – 민원 처리상태 고객 통보 – 민원 처리상태 변경 고객 통보 – 처리 결과 확인 – 고객 통보'의 순서로 진행된다.

26

정답 ②

두 번째, 다섯 번째 조건과 여덟 번째 조건에 따라 회계직인 D는 미국 서부로 배치된다.

27

정답 ②

주어진 조건에 따르면 가능한 경우는 총 2가지로 다음과 같다.

구분	인도네시아	미국 서부	미국 남부	칠레	노르웨이
경우 1	B	D	A	C	E
경우 2	C	D	B	A	E

㉠ 경우 2로 B는 미국 남부에 배치된다.

㉣ 경우 1, 2 모두 노르웨이에는 항상 회계직인 E가 배치된다.

오답분석

㉡ 경우 1로 C는 칠레에 배치된다.

㉢ 경우 1일 때, A는 미국 남부에 배치된다.

28

정답 ①

모든 조건을 고려하면 A의 고향은 부산, B의 고향은 춘천, E의 고향은 대전이고, C, D의 고향은 각각 대구 또는 광주이다. 탑승자에 따라 열차의 경유지를 나타내면 다음과 같이 두 가지 경우가 나온다.

구분		대전	대구	부산	광주	춘천	탑승자
경우 1	열차 1	○	○	○			A, D, E
	열차 2	○		○		○	B
	열차 3	○			○		C
경우 2	열차 1	○		○	○		A, D, E
	열차 2	○		○		○	B
	열차 3	○	○				C

따라서 E의 고향은 대전이다.

29

정답 ①

열차 2는 대전, 부산, 춘천을 경유하므로 28번 자료를 근거로 할 때, 열차 2를 탈 수 있는 사람은 A, B, E이다.

30

정답 ②

열차 1이 광주를 경유하면 28번 자료를 근거로 할 때, 경우 2에 해당하므로 C의 고향은 대구이며, 열차 3은 대구를 경유한다.

31

정답 ②

경기결과로부터 다음과 같은 사실을 알 수 있다.

- 일본 : 아르헨티나(0 : 1 패), 나머지 두 경기(0 : 1 패, 1 : 2 패)
- 크로아티아 : 아르헨티나(0 : 1 패), 나머지 두 경기(1 : 0 승, 3 : 1 승)
- 자메이카 : 아르헨티나(0 : 5 패), 나머지 두 경기(1 : 3 패, 2 : 1 승)

만약 크로아티아 : 일본의 경기가 2 : 1이라고 가정하면, 자메이카 : 일본의 경기는 1 : 0이 되어야 한다. 이 경우 자메이카의 남은 득실을 고려할 때, 나머지 경기인 크로아티아전의 득실점은 2 : 4가 되어 크로아티아의 나머지 득실점과 일치하지 않는다. 그러므로 크로아티아 : 일본의 경기는 1 : 0이다. 주어진 조건을 A국 : B국의 득실점을 표로 나타내면 다음과 같다(예를 들면, 자메이카(A) : 크로아티아(B)의 득실점은 1 : 3이다).

A \ B	아르헨티나		크로아티아		자메이카		일본	
	득	실	득	실	득	실	득	실
아르헨티나	–	–	1	0	5	0	1	0
크로아티아	0	1	–	–	3	1	1	0
자메이카	0	5	1	3	–	–	2	1
일본	0	1	0	1	1	2	–	–

따라서 일본은 크로아티아에게 0 : 1로 패하였다.

32

정답 ③

일본이 자메이카와 1 : 1로 비길 경우 남은 득실을 고려하면, 크로아티아 : 일본의 경기는 2 : 0이 된다. 또한, 크로아티아는 아르헨티나와 0 : 1 패, 일본과는 2 : 0 승을 하게 되므로 남은 득실을 고려하면, 자메이카와의 경기에서 2 : 1로 승리한다. 이러한 사실을 종합하여 A국 : B국의 득실점을 표로 나타내면 다음과 같다.

A \ B	아르헨티나		크로아티아		자메이카		일본	
	득	실	득	실	득	실	득	실
아르헨티나	–	–	1	0	5	0	1	0
크로아티아	0	1	–	–	2	1	2	0
자메이카	0	5	1	2	–	–	1	1
일본	0	1	0	2	1	1	–	–

따라서 자메이카의 총 득실점은 2득점, 8실점이 된다.

33

정답 ④

여자 보컬은 2명, 그룹은 4팀이므로 최대한 서로를 피하더라도 한 팀에서는 반드시 만나게 된다. 즉, 같은 팀을 이루는 구성원이 나올 수밖에 없다.

오답분석

① 댄스는 다섯 팀 중 네 팀에 속하고, 기타는 다섯 팀 중 세 팀에 속하므로 최소 두 팀에서 최대 세 팀까지 구성될 수 있다.
② 그룹과 댄스의 경우 반드시 다섯 팀 중 네 팀에 속하게 된다. 결국 적어도 세 팀은 반드시 같은 팀에 속하지만, 나머지 한 팀은 같은 팀이라고 확신할 수 없다.
③ 남자 보컬 중 1명은 반드시 댄스와 팀이 되지만, 나머지 1명은 반드시 댄스와 팀이 될 수 있다고 할 수 없다.

34

정답 ④

여자 보컬은 2명, 댄스는 4팀이므로 최대한 서로를 피하더라도 한 팀에서는 반드시 만나게 된다.

오답분석

① 남자 보컬은 2명, 그룹은 4팀으로 최대한 서로를 피하더라도 한 팀에서는 반드시 만나게 된다.
② 중도 하차한 1명을 제외하여 기타는 2명, 댄스는 4명으로 최대한 서로를 피하더라도 한 팀에서는 반드시 만나게 된다.
③ 댄스는 4명, 그룹은 4팀으로 최대한 서로를 피하더라도 세 팀에서는 반드시 만나게 된다.
⑤ 다음의 경우 가능하다.

구분	1팀	2팀	3팀	4팀	5팀
구성원	남자 보컬 (조장) 댄스	댄스 (조장) 그룹 여자 보컬	여자 보컬 (조장) 댄스 그룹 기타	기타 (조장) 댄스 그룹	그룹 (조장) 남자 보컬

35

정답 ③

작년 전체 실적은 45+50+48+42=185억 원이며, 1·2분기와 3·4분기의 실적의 비중은 각각 다음과 같다.

- 1·2분기 비중 : $\frac{45+50}{185}\times100 \fallingdotseq 51.4\%$
- 3·4분기 비중 : $\frac{48+42}{185}\times100 \fallingdotseq 48.6\%$

36

정답 ④

징집병 급여는 2018년에 가장 높은 인상률(20%)을 보이는 것을 확인할 수 있다.

오답분석

① 징집병 급여의 인상률은 매년 증가하는 것을 확인할 수 있다.
② 2018년 일병의 월급은 105,200원이다.
③ 2017년 상병의 월급은 전년 대비 $\frac{97.0-93.3}{93.3}\times100 \fallingdotseq 4.0\%$ 인상되었으므로 옳지 않은 설명이다.
⑤ 2015년 대비 2018년 병장 급여의 인상률은 $\frac{129.0-97.5}{97.5}\times100 \fallingdotseq 32.3\%$이므로 옳지 않은 설명이다.

37

정답 ④

㉠ 2014 ~ 2018년 동안 경기전망지수가 40점 이상인 것은 B산업 또는 C산업이다.
㉡ 2016년에 경기전망지수가 전년 대비 증가한 산업은 A산업과 C산업이다.
㉢ 산업별 전년 대비 2015년 경기전망지수의 증가율은 다음과 같다.

- A : $\frac{48.9-45.8}{45.8}\times100 \fallingdotseq 6.8\%$
- B : $\frac{39.8-37.2}{37.2}\times100 \fallingdotseq 7.0\%$
- C : $\frac{40.6-36.1}{36.1}\times100 \fallingdotseq 12.5\%$
- D : $\frac{41.1-39.3}{39.3}\times100 \fallingdotseq 4.6\%$

따라서 D산업의 전년 대비 2015년 경기전망지수의 증가율이 가장 낮다.

㉣ 매년 5개의 산업 중 경기전망지수가 가장 높은 산업은 A산업이다.
따라서 A산업 – 제조업, B산업 – 보건업, C산업 – 조선업, D산업 – 해운업이다.

38

정답 ⑤

- 1년(=12개월=52주) 동안 렌즈 교체(구매) 횟수
  - A : 12÷1=12번을 구매해야 한다.
  - B : 1+1 서비스로 한번에 4달 치의 렌즈를 구매할 수 있으므로 12÷4=3번을 구매해야 한다.
  - C : 3월, 7월, 11월은 1+2 서비스로 1월, 2월, 3월(~4, 5월), 6월, 7월(~8, 9월), 10월, 11월(~12월) 총 7번을 구매해야 한다.
  - D : 착용기한이 1주이므로 1년에 총 52번을 구매해야 한다.
  - E : 1+2 서비스로 한 번에 6달 치의 렌즈를 구매할 수 있으므로 12÷6=2번을 구매해야 한다.
- (최종 가격)=(가격)×(횟수)
  - A : 30,000×12=360,000원
  - B : 45,000×3=135,000원
  - C : 20,000×7=140,000원
  - D : 5,000×52=260,000원
  - E : 65,000×2=130,000원

따라서 E렌즈를 사용할 때, 1년 동안 가장 적은 비용으로 렌즈를 사용할 수 있다.

39

정답 ④

아시아주 전체 크루즈 이용객의 수는 미주 전체 크루즈 이용객의 수의 $\frac{1,548}{2,445}\times100≒63\%$이므로 옳은 설명이다.

오답분석

① 여성 크루즈 이용객이 가장 많은 국적은 미국이고, 미국의 전체 크루즈 이용객 중 남성 이용객의 비율은 $\frac{757}{1,588}\times100≒48\%$이므로 50% 미만이다.

② 브라질 국적의 남성 크루즈 이용객의 수는 인도네시아 국적의 남성 크루즈 이용객 수의 $\frac{16}{89}\times100≒18\%$이므로 20% 미만이다.

③ 남성 크루즈 이용객의 수가 여성 크루즈 이용객의 수보다 많은 국적은 태국, 필리핀, 인도네시아, 인도, 이스라엘의 다섯 국적이다. 다섯 국적의 여성 크루즈 이용객 대비 남성 크루즈 이용객의 비율은 다음과 같다.

- 태국 : $\frac{51}{22}\times100≒232\%$
- 필리핀 : $\frac{682}{98}\times100≒696\%$
- 인도네시아 : $\frac{89}{10}\times100=890\%$
- 인도 : $\frac{362}{18}\times100≒2,011\%$
- 이스라엘 : $\frac{21}{20}\times100=105\%$

따라서 아시아주 기타 및 미주 기타 국적을 제외하고, 여성 크루즈 이용객 대비 남성 크루즈 이용객의 비율이 가장 높은 국적은 인도이다.

⑤ 멕시코보다 여성 크루즈 이용객의 수와 남성 크루즈 이용객의 수가 모두 더 많은 국적은 미국뿐이므로 옳지 않은 설명이다.

40

정답 ①

막내의 나이를 x세, 나이가 같은 3명의 멤버 중 한 명의 나이를 y세라 하면,

$y=105\div5=21$[∵ y=(5명의 평균 나이)]

$24+3y+x=105$, $x+3\times21=81$

$\therefore x=18$

41

정답 ④

여학생의 평균점수를 x점이라 하면, 남학생의 평균점수는 $(3x+2)$점이고, 전체 평균점수에 대한 관계식은 다음과 같다.

$200\times0.51\times(3x+2)+200\times0.49x=200\times59.6$

$\rightarrow 0.51\times(3x+2)+0.49x=59.6$

$\rightarrow 1.53x+1.02+0.49x=59.6 \rightarrow 2.02x=58.58 \rightarrow x=29$

따라서 여학생의 평균점수는 29점이며, 남학생의 평균점수는 89점이다.

42

정답 ①

갑의 현재 나이를 x세, 을의 현재 나이를 y세라고 하자.

갑과 을의 현재 나이의 비는 3 : 1이므로

$x:y=3:1 \rightarrow x=3y$ … ㉠

11년 후 갑과 을의 나이 비는 10 : 7이므로

$(x+11):(y+11)=10:7 \rightarrow 7(x+11)=10(y+11)$ … ㉡

㉠을 ㉡에 대입하면, $7(3y+11)=10(y+11) \rightarrow 11y=33 \rightarrow y=3$

y값을 ㉠에 대입하면 $x=9$이다.

따라서 갑의 현재 나이는 9세, 을의 현재 나이는 3세이다.

43

정답 ③

제품별 밀 소비량 그래프에서 라면류와 빵류의 밀 사용량의 10%는 각각 6.6톤, 6.4톤이다. 따라서 과자류에 사용될 밀 소비량은 총 42+6.4+6.6=55톤이다.

44

정답 ③

A ~ D과자 중 가장 많이 밀을 사용하는 과자는 45%를 사용하는 D과자이고, 가장 적게 사용하는 과자는 15%인 C과자이다. 따라서 두 과자의 밀 사용량 차이는 $42\times(0.45-0.15)=42\times0.3=12.6$톤이다.

45

정답 ②

A와 B, B와 C가 각각 3세 차이이므로 B의 나이를 x세라 하면 A의 나이는 $(x+3)$세, C는 $(x-3)$세이다.

3년 후 C의 나이가 A 나이의 $\frac{2}{3}$이므로 $\frac{2}{3}(x+3+3)=x-3+3$

$\rightarrow \frac{1}{3}x=4 \rightarrow x=12$

따라서 현재 B는 12세, A는 $12+3=15$세, C는 $12-3=9$세이므로, A, B, C의 나이를 모두 더하면 $15+12+9=36$이다.

46

정답 ③

첫 번째 안의 찬성표 수를 x표, 두 번째 안의 찬성표 수를 y표라 하면,
첫 번째 안의 반대표 수와 두 번째 안의 반대표 수는
각각 $(400-x)$표, $(400-y)$표이다.

$y-(400-y)=2[(400-x)-x] \rightarrow 2x+y=600 \cdots$ ㉠

$y=\frac{12}{11}(400-x) \rightarrow 12x+11y=4,800 \cdots$ ㉡

㉠, ㉡을 연립하면, $x=180$, $y=240$

따라서 두 번째 안에 대한 찬성자는 첫 번째 안에 대한 찬성자보다 60명이 많다.

47

정답 ③

ㄱ. 학교생활 만족도에서 '매우 만족'을 택한 학생 수는 $2,500\times(0.156+0.109)\fallingdotseq662$명이고, 교우관계 만족도에서도 동일한 선택지를 택한 학생 수는 $2,500\times(0.355+0.315)=1,675$명이다. 따라서 교우관계에서 '매우 만족'을 택하고 학교생활에서 다른 선택지를 택한 학생 수는 $1,675-662=1,013$명이다.

ㄴ. B지역에서 교우관계를 '보통'을 택한 학생 비율은 23.1%이고, F지역의 '약간 만족'을 택한 학생 비율은 41.3%이다. 인원은 B지역이 $820\times0.231\fallingdotseq189$명이고, F지역 $500\times0.413\fallingdotseq206$명이므로 B지역이 17명 적다.

ㄹ. A, E지역 학생은 학교생활 만족도에서 '약간 불만족' 비율은 '매우 불만족' 비율의 4배 미만이다.

오답분석

ㄷ. A, D, E지역의 교우관계에 '약간 불만족, 매우 불만족'을 택한 인원이 전체 인원에서 차지하는 비중은

$\frac{670\times0.035+620\times0.026+670\times0.011}{5,000}\times100$

$\fallingdotseq\frac{46}{5,000}\times100\fallingdotseq0.92\%$이다.

48

정답 ⑤

경기도의 보전관리지역 지가변동률 대비 농림지역 지가변동률의 비율은 $\frac{3.04}{2.10}\times100\fallingdotseq144.8\%$이고, 강원도는 $\frac{2.49}{1.23}\times100\fallingdotseq202.4\%$이므로 옳은 설명이다.

오답분석

① 전년 대비 공업지역 지가가 감소한 지역은 부산광역시, 대구광역시, 울산광역시, 전라북도, 경상남도이고, 이 중 부산광역시의 경우 전년 동월 대비 농림지역 지가는 동일하므로 옳지 않은 설명이다.

② 전라북도의 상업지역의 지가변동률은 충청북도의 주거지역의 지가변동률의 $\frac{1.83}{1.64}\fallingdotseq1.1$배이므로 옳지 않은 설명이다.

③ 대구광역시의 공업지역 지가변동률과 경상남도의 보전관리지역 지가변동률의 차이는 $1.77-(-0.97)=2.74\%$p이므로 옳지 않은 설명이다.

④ 전국 평균 지가변동률보다 높은 지역은 서울특별시, 부산광역시, 대구광역시, 인천광역시, 광주광역시, 세종특별자치시, 경기도, 전라남도이고, 이 중 경기도의 주거지역 지가변동률은 전국 평균보다 낮으므로 옳지 않은 설명이다.

49

정답 ③

남자 합격자 수는 1,003명, 여자 합격자 수는 237명이고, $1,003\div237\fallingdotseq4.23$이므로 남자 합격자 수는 여자 합격자 수의 5배 미만이다.

오답분석

① 세 개의 모집단위 중 총 지원자 수가 가장 많은 집단은 A집단인 것을 확인할 수 있다.

② 세 개의 모집단위 중 합격자 수가 가장 적은 집단은 C집단인 것을 확인할 수 있다.

④ 경쟁률은 $\frac{(\text{지원자 수})}{(\text{모집정원})}\times100$이므로 B집단의 경쟁률은

$\frac{585}{370}\times100\fallingdotseq158\%$이다.

⑤ • C집단 남성의 경쟁률 : $\frac{417}{269}\times100\fallingdotseq155\%$

• C집단 여성의 경쟁률 : $\frac{375}{269}\times100\fallingdotseq139\%$

따라서 C집단에서는 남성의 경쟁률이 여성의 경쟁률보다 높다.

50

정답 ②

뉴질랜드의 수출수지는 8월에서 10월까지 증가했다가 11월에 감소한 후 12월에 다시 증가했으므로 옳지 않은 설명이다.

오답분석

① 한국의 수출수지 중 전월 대비 수출수지가 증가한 달은 9월, 10월, 11월이며, 수출수지 증가량은 각각 다음과 같다.
   • 9월 : $40,846-40,125=721$백만USD

- 10월 : 41,983－40,846＝1,137백만USD
- 11월 : 45,309－41,983＝3,326백만USD

따라서 한국의 수출수지 중 전월 대비 수출수지 증가량이 가장 많았던 달은 11월이다.

③ 그리스의 12월 수출수지 증가율은 전월 대비 $\frac{2,426-2,409}{2,409}\times100 \fallingdotseq 0.7\%$이므로 옳은 설명이다.

④ 10월부터 12월 사이 한국의 수출수지는 '증가－감소'의 추이이다. 이와 같은 추이를 보이는 나라는 독일과 미국으로 2개국이다.

⑤ 7월 대비 12월 수출수지가 감소한 나라는 그리스, 독일, 미국인 것을 확인할 수 있다.

제2영역 직무역량평가

51

정답 ②

ㄱ. 강점인 공공기관으로서의 신뢰성을 바탕으로 해외 개발 사업에 참여하는 것은 강점을 살려 기회를 포착하는 SO전략으로 적절하다.

ㄷ. 약점인 환경파괴를 최소화하는 방향의 환경친화적 신도시 개발은 약점을 보완하여 기회를 포착하는 WO전략으로 적절하다.

오답분석

ㄴ. 국토개발로 인한 환경파괴라는 약점과 환경보호 단체 등과의 충돌을 겪고 있는 위협을 고려했을 때 적절한 전략으로 볼 수 없다.

ㄹ. 환경보호 단체나 시민 단체와의 충돌을 규제 강화라는 강압적 방법으로 해결하는 것은 적절한 전략으로 볼 수 없으며, 공공기관의 역할 수행으로도 볼 수 없다.

52

정답 ①

지난달에는 $\frac{3,750,000}{12,500}$＝300포대의 쌀을 구매하였으므로 이번 달에 쌀을 구매하는 데 사용한 금액은 14,000×300＝4,200,000원이다. 따라서 이번 달의 쌀 구매비용은 지난달보다 4,200,000－3,750,000＝450,000원 더 증가하였다.

53

정답 ②

A씨는 2020년에 변경된 열요금 중 주택용, 동절기 요금을 지불해야 한다.

- 기본요금 : 112×52.40＝5,868.8원
- 사용요금 : 1,500×67.13＝100,695원

따라서 5,868.8＋100,695＝106,500원(∵ 10원 단위 이하 절사)이다.

54

정답 ④

기본요금 계약용량을 xMcal/h로 가정하고 잘못 계산한 2019년 열요금 기본요금을 구하면 다음과 같다.

- 사용량 : 4,000×87.17＝348,680원
- 기본요금 : 745,470－348,680＝396,790원

따라서 x×396.79＝396,790 → x＝1,000Mcal/h이다.

〈정보〉에서 계약용량을 1,000Mcal/h 적게 계산하였으므로 계약용량은 2,000Mcal/h이다.

변경된 2020년 열요금으로 계산하면 다음과 같다.

(2,000×396.79)＋(4,000×84.69)

→ 793,580＋338,760＝1,132,340원

55

정답 ④

• 실매입비 10억 원인 $85m^2$ 주택
: 6억×0.011+3억×0.022+1억×0.033=1,650만 원

• 실매입비 9억 원인 $92m^2$ 주택
: 6억×0.013+3억×0.024=1,500만 원

따라서 취득세의 총액은 3,150만 원이다.

56

정답 ④

아리랑을 활용하여 문화혁신거점과 상업가를 조성한다는 점을 통해 역사·문화·관광과의 연계를 통한 상권의 활력 증진 등을 지원하는 중심시가지형 사업에 해당하는 것을 알 수 있다. 경제기반형 사업은 국가·도시 차원에서 새로운 경제거점을 형성하는 등 상대적으로 규모가 큰 편이다.

오답분석

ㄱ. 주거환경 개선과 상권 활성화에 대한 지원이 함께 이루어지는 것으로 보아 주거지와 골목상권이 혼재된 지역임을 알 수 있다. 따라서 주거지와 골목상권이 혼재된 지역에 공동체 거점 조성 등을 지원하는 일반근린형 사업에 해당한다.

ㄴ. 복합 커뮤니티센터 조성을 통한 마을공동체의 강화를 통해 활력을 상실한 지역에서의 마을공동체 회복을 목적으로 하는 우리동네살리기 사업에 해당하는 것을 알 수 있다.

ㄷ. 주택개량과 CCTV 설치 등을 통해 주택 정비와 골목길 정비 등 주거지 전반의 여건을 개선하는 주거지지원형 사업에 해당하는 것을 알 수 있다.

ㅁ. 공공 생활 복합시설과 상권 활성화를 위한 한의약 특화 거리 및 상가 조성을 통해 공공기능 회복과 상권의 활력 증진 등을 지원하는 중심시가지형 사업에 해당하는 것을 알 수 있다.

57

정답 ⑤

경상북도 문경시의 도시재생뉴딜사업은 시멘트 공장의 폐업으로 인해 쇠퇴하고 있는 지역에 산업거점을 육성하는 약 50만m^2 규모의 사업이므로 경제기반형 사업에 해당한다. 경제기반형 사업은 국가·도시 차원의 경제적 쇠퇴가 심각한 지역을 대상으로 경제거점을 형성하고 일자리를 창출하는 사업으로, 산업단지 등의 지역에서 50만m^2 내외의 산업이나 지역 경제 규모로 이루어진다.

58

정답 ③

㉠의 매입과 ㉡의 매각은 반의 관계이나, ③의 '회송'과 '환송'은 유의 관계이다.

• 매입(買入) : 물건 따위를 사들임
• 매각(賣却) : 물건을 팔아 버림
• 회송(返送) : 도로 돌려보냄
• 환송(還送) : 도로 돌려보냄

오답분석

①·②·④·⑤는 반의관계이다.

① • 정착(定着) : 일정한 곳에 자리를 잡아 붙박이로 있거나 머물러 삶
   • 표류(漂流) : 정처 없이 돌아다님
② • 속성(速成) : 빨리 이루어짐 또는 빨리 깨침
   • 만성(晩成) : 늦게 이루거나 이루어짐
④ • 전입(轉入) : 이전 거주지에서 새 거주지로 옮겨 옴
   • 전출(轉出) : 이전 거주지에서 새 거주지로 옮겨 감
⑤ • 증산(增産) : 생산이 늚. 또는 생산을 늘림
   • 감산(減産) : 생산이 줆. 또는 생산을 줄임

59

정답 ④

영구임대주택은 최저소득 계층을 위한 50년 이상 또는 영구적 임대 목적의 공공임대주택으로, 주택도시기금의 자금이 아닌 국가나 지방자치단체의 재정을 지원받아 공급이 이루어진다.

60

정답 ②

DTI=(주택 대출 연간 원리금 상환액+기타 대출 연간 이자 상환액)÷(연간소득)×100이므로

A씨의 최대 DTI는 $\frac{(15,600,000+12,400,000)}{80,000,000}\times100=35\%$ 이다.

61

정답 ⑤

2016년도에 준공된 프로그램은 '항공엔진정비센터, 항공운항훈련센터', 2개이며, 모두 인천 영종에 유치되어 있고, 협약체결 및 착공연도도 각각 2011년, 2014년으로 동일하다.

오답분석

① 각 지역마다 투자유치 프로그램 개수는 인천 청라 4개, 인천 영종 2개, 부산 명지 3개로 총 9개이며, 전체 유치 면적은 1,492+46+248+159+67+33+54+17+120=2,236천 m^2이다.

② 2016년도에 사업협약을 체결한 프로그램은 '데상트 R&D센터'로 부산 명지에 위치하며, 세 지역 중 총 유치 면적이 가장 넓은 지역은 인천 청라이다.

③ FDI 신고액은 외자금액에서 $\frac{1,705}{1,732}\times100≒98.4\%$를 차지한다.

④ 인천광역시 청라에서 2011년에 개교한 외국인학교는 2009년 12월에 협약체결을 했지만 '테마파크형 골프장'은 2007년 2월에 가장 빠른 연도에 협약을 체결했다. 또한 외국인학교의 유치 면적은 $\frac{46,000}{3.3}≒13,939.4$평으로 13천 평 이상이다.

62

정답 ⑤

ⓐ 관계를 나타내는 '간(間)'은 의존 명사이므로 앞의 말과 띄어 쓴다.
ⓑ '급증(急增)'은 '갑작스럽게 늘어남'을 뜻하므로 ⓛ은 의미가 중복된 표현이다.
ⓒ '뿐'은 의존 명사이므로 띄어 쓰고, '만'은 보조사이므로 붙여 쓴다.
ⓓ '호환(互換)'은 '서로 교환함'을 뜻하므로 ⓔ은 의미가 중복된 표현이다.
ⓔ '되어지다'는 '되다'에 '-지다'가 붙은 이중 피동 표현이다.

63

정답 ①

두 번째 문단에 따르면 ㉠은 주거 안정, 균형 발전, 일자리 창출 및 상생 국민 신뢰의 구체적 성과를 창출하기 위해 수립되었다. 또한, 마지막 문단의 "LH 본연의 목표인 국민 주거 안정과 지역 균형 발전이라는 사회적 가치 실현에 충실하면서, 상생 협력, 공동체 활성화 등 다양한 사회적 가치 창출에 적극 힘쓰겠다."는 LH 관계자의 말을 통해 ㉠의 궁극적 수립 목적으로 ①이 가장 적절함을 알 수 있다.

오답분석

② 고유 사업의 공공성 강화는 ㉠의 추진 목적보다 추진 방안으로 더 적절하며, 사회적 공기업으로서의 이미지 개선·확대는 ㉠을 추진하는 과정에서 부차적으로 실현될 수 있는 것이다.
③·④·⑤ ㉠의 목적을 이루기 위한 구체적 실천 방안과 세부적 계획에 해당한다.

64

정답 ③

A씨가 분양받은 주택은 조정대상지역에 있고, LTV에 따른 주택담보대출의 최대 금액은 주택 가격이 10억 원이므로 9억 원×0.5+1억 원×0.3=4억 5천만 원+3천만 원=4억 8천만 원이다. 최대 대출금액을 원리금균등상환으로 20년 동안 대출 상환을 할 경우 대출원리금 월상환액은

$$\frac{(1+r)^n \times r \times a}{(1+r)^n - 1} = \frac{(1+\frac{0.02}{12})^{240} \times \frac{0.02}{12} \times 480,000,000}{(1+\frac{0.02}{12})^{240} - 1}$$

$=\frac{1.5 \times 0.0016 \times 480,000,000}{1.5-1} = \frac{1,152,000}{0.5} = 2,304,000$원이다. A씨는 기타부채가 없으므로 DTI는 $\frac{2,304,000 \times 12}{60,000,000} \times 100$ $= \frac{27,648,000}{60,000,000} \times 100 = 46.08\%$이고, LTV에 따른 최대 대출금액인 4억 8천만 원 대출이 가능하다.

65

정답 ⑤

제21조 제3항에 따라 미리 해당 금융기관에 통보해야 한다.

오답분석

① 제13조 제3항
② 제16조 제1항
③ 제19조 제1항
④ 제21조 제1항

66

정답 ③

(ㄱ) 제19조 제2항에 따르면 매입대금의 100분의 10 이내의 범위에서 매매계약을 체결할 때 지급해야하므로 최대 2억 5,000만 원×0.1=2,500만 원을 계약보증금으로 지급한다.
(ㄴ)·(ㄷ) 제21조에서 부채상환용 토지매입의 경우 해당토지의 매입여부를 매입요청일로부터 1개월 이내에 결정하고, 매입결정을 했을 경우 매입요청일로부터 3개월 이내에 해당 토지를 매입해야 한다고 제시되어 있다. 따라서 매입요청일은 매입 결정일인 6월 17일에서 20일 전인 5월 28일이며, 5월 28일을 기준으로 3개월 이내에 토지를 매입해야 한다.

67

정답 ①

첫 번째 문단에 따르면 전세임대주택은 LH가 해당 주택 소유자와 전세 계약을 체결한 뒤 대상자에게 저렴한 가격으로 재임대하는 주택이다. 따라서 LH가 직접 주택 임대인과 전세 계약을 체결한 뒤에 LH와 주택 임차인이 계약을 체결한다.

오답분석

② 두 번째 문단에 따르면 LH는 지난 6월 Ⅰ유형의 지원 자격을 한 차례 완화하였고, 이번에는 Ⅰ·Ⅱ유형 모두 기준을 완화하였으므로 Ⅰ유형의 자격이 Ⅱ유형보다 1차례 더 완화되었다.
③ 두 번째 문단에 따르면 Ⅰ·Ⅱ유형 모두 자녀 나이 요건이 만 18세 이하로 확대되었다.
④ 두 번째 문단에 따르면 Ⅰ유형의 소득 기준이 지난 공고보다 완화되었으므로 이번 공고에서의 월평균 소득 기준은 지난 공고의 기준인 70%보다 더 높을 것이다.
⑤ 마지막 문단에 따르면 전세보증금이 지원한도액을 초과하는 주택의 경우라도 지원이 가능하다.

68

정답 ④

다섯 번째 문단에 따르면 기존 7월 30일(목)부터 진행한 이번 대회의 공모 기간이 8월 5일(수)까지로 연장되었으므로 연장 이후의 공모 기간은 알 수 있으나, 연장 전 기존의 공모 기간은 알 수 없다.

오답분석

① 아이디어톤(Ideathon)은 아이디어와 마라톤의 합성어로, 집중 토론을 통해 아이디어를 구체화해 결과물을 만들어내는 경연방식이다.
② LH가 통영리스타트플랫폼을 아이디어톤 장소로 제공한다는 내용을 통해 진행 장소를 알 수 있다.

③ 그린뉴딜 관련 아이디어를 가지고 있는 대한민국 국민 누구나 신청이 가능하다.

⑤ 서류심사를 통해 20팀이 선정되며, 전문가 멘토링과 무박 2일 아이디어톤을 거쳐 최종 수상작이 결정된다.

69

정답 ②

해당 사업은 LH에서 매입한 주택을 개·보수 또는 리모델링(재건축) 후 주변시세보다 저렴하게 공급하는 공공임대주택으로서 신축을 매입하여 그대로 공급하는 경우는 해당되지 않는다.

오답분석

① 입주대상에는 무주택자라는 요건이 포함되어 있다.

③ 입주대상 표를 보면, 부모가 타지역 출신이더라도 사업대상자가 될 수 있음을 알 수 있다.

④ 임대료는 시세대비 30 ~ 50%이므로 옳은 설명이다.

⑤ 청년매입임대사업의 대상은 전용면적이 $85m^2$ 이하인 주택이므로 옳은 설명이다.

70

정답 ②

ㄷ. 보유한 자동차의 대수가 중요한 것이 아니라, 가액이 기준이므로 복수의 자동차를 소유하고 있더라도 2,499만 원 미만이라면 대상자가 될 수 있다.

오답분석

ㄱ. A는 현재 단독세대주로서 4순위에 해당한다. 장애등급을 부여받아 장애인가구가 된다면 1순위로 우선순위가 변경될 수 있다.

ㄴ. 단독세대주의 경우 총자산 요건의 범위가 본인으로 한정되므로 부모님과의 자산을 합산하여 2억 원을 초과하더라도 대상이 될 수 있다.

71

정답 ⑤

부양의무자의 소득·재산 유무와 상관없이, 신청가구의 소득과 재산만을 종합적으로 반영하는 제도이므로 옳은 설명이다.

오답분석

① 장애인이 사용하는 자동차의 가액은 제외하므로 틀린 설명이다.

② 신청자의 주민등록 주소지 읍·면·동 주민센터를 방문하여서도 신청이 가능하다.

③ 수급권자 본인이 아니어도 가구원, 친척, 기타 관계인 등도 신청이 가능하다.

④ 신청기관은 읍·면·동이나, 지급결정 기관은 시·군·구이다.

72

정답 ⑤

ㄴ. 사회보장급여 신청서, 신분증, 소득 및 재산신고서, 금융정보 등 제공동의서, 임대차 계약서 및 사용대차 확인서, 통장사본 등의 서류가 필요하다.

ㄷ. 1인 가구의 경우 약 79만 원이 소득인정액상 수급자 선정기준이므로, 이를 초과하는 B는 주거급여를 수급할 수 없다.

오답분석

ㄱ. 소득인정액이 4인 가구 기준 중위소득의 45% 미만이므로 지원대상에 해당하며, 배우자도 신청이 가능하므로 옳은 설명이다.

73

정답 ④

'힘쓰다'는 '어떤 일에 힘을 들여 이바지하다.'의 의미를 지니므로 제시문의 '이바지하다'와 바꿔 사용할 수 있다.

오답분석

① 일하다 : 무엇을 이루거나 적절한 대가를 받기 위하여 어떤 장소에서 일정한 시간 동안 몸을 움직이거나 머리를 쓰다.

② 따르다 : 관례, 유행이나 명령, 의견 따위를 그대로 실행하다.

③ 바치다 : 무엇을 위하여 모든 것을 아낌없이 내놓거나 쓰다.

⑤ 용쓰다 : 한꺼번에 기운을 몰아 쓰다.

74

정답 ①

㉠은 7 ~ 8월 지역별 집중호우 관련 피해 발생 현황을 나타내는 자료이므로 최근 집중호우로 인해 서울·인천 등에서 피해가 발생하고 있다는 내용의 (가) 문단에 활용하는 것이 적절하다. 다음으로 ㉡은 2019년부터 2020년 9월까지의 방재근무조 편성 인원을 나타내는 자료이므로 풍수해 우려를 대비해 방재근무조를 편성했다는 내용의 (나) 문단에 활용하는 것이 적절하다.

75

정답 ②

사동의 뜻을 더하고 동사를 만드는 접미사 '-시키다'를 활용한 '출범시키다'는 LH가 다른 주체로 하여금 출범하게 만든다는 의미가 되므로 문맥에 어긋난다.

오답분석

① '재고(再考)하다'는 어떤 일이나 문제 등에 대해 다시 생각한다는 의미이므로 문맥상 '쳐들어 높이다.'는 뜻의 '제고(提高)하다' 또는 '높이다'로 수정해야 한다.

③ 뜻을 보다 분명히 밝히기 위해 조사 '의'를 '-에 맞는'으로 수정해야 하며 '제언을 제공'하는 것은 한자어가 나열되어 의미가 어색하므로 '경영 방안 의견을 제시'로 수정할 수 있다.

④ '-에 대한'은 의미도 맞지 않을뿐더러 영어 단어 'about'의 영향을 받은 외국어투로 순화의 대상이 된다. 따라서 어떤 행동이 미치는 대상을 나타내는 격조사 '에게'로 수정해야 한다.

⑤ '로써'는 원인, 수단, 재료, 도구 등을 나타내는 격조사이므로 문맥상 자격, 지위, 신분 등을 나타내는 격조사 '로서'로 수정해야 한다.

76

정답 ①

신혼부부로서 공급대상이 되지 않더라도 생애 최초, 다자녀가구 등으로 공공분양 공급대상이 될 수 있다.

오답분석

② 공급의 20%는 '일반'이라는 명목의 건설지역 거주자에게 할당되어 있다.
③ 자산기준은 2020년 기준이므로 2019년에 처분하였다면 자산기준을 충족시킬 수 있다.
④ 공공분양 사업의 공급대상 주택 전체 중 30%가 아니라, 기관추천인 15% 중 30%인 4.5%가 국가유공자에게 할당되어 있다.
⑤ 기타사항 항목을 보면 공공분양의 전매제한 기간은 8년이 아닌 10년이다.

77

정답 ①

한국토지주택공사가 추진하는 국토교통 동아리는 전국의 중・고등학생을 대상으로 하는 교육 사업이므로 학교와 관계없이 지원할 수 있으며, 국토교통 동아리 지원이 제한되는 학교에 대한 내용은 제시문에 나타나 있지 않다.

오답분석

② 2012년에 처음 시작한 국토교통 동아리 사업을 매년 진행하고 있으므로 올해를 포함하여 총 9회 진행되었음을 알 수 있다.
③ 올해 국토교육 동아리로 선정되면 활동비 100만 원을 지원한다.
④ 국토교육 동아리는 교사 1 ~ 2인과 학생 5인 이내로 구성돼야 하므로 최대 인원은 7명이다.
⑤ 7월 18일부터 11일간 진행되는 심사를 통해 7월 29일(수) 지원 대상 동아리가 발표되므로 심사 기간은 7월 18일부터 7월 28일까지이다.

78

정답 ③

LH 공공 카셰어링 서비스의 요금은 시세 대비 80% 수준으로 저렴하지만, 정확한 이용 요금은 제시문을 통해 알 수 없다. 제시문에 따르면 LH 공공 카셰어링 서비스의 이용 요금 등 자세한 내용은 홈페이지를 통해 확인할 수 있다.

오답분석

① LH는 임대주택 입주민을 대상으로 공공 카셰어링 서비스를 제공하고 있다.
② LH는 자동차 구입과 유지 부담을 덜고, 임대주택 입주민의 이동 편의를 돕기 위해 공공 카셰어링 서비스를 제공하고 있다.
④ LH의 공공 카셰어링 서비스는 시세 대비 80% 수준의 저렴한 요금과 가계비용 절감 등 다양한 장점을 지닌다.
⑤ LH의 공공 카셰어링 서비스는 현재 수도권을 중심으로 총 118개 단지에서 운영되고 있다.

79

정답 ③

빈칸 뒤의 문장은 LH의 빅데이터 센터가 '이 점'을 보완하기 위해 내부 분석 전문가 육성에 주력한다는 내용이므로 빈칸에는 빅데이터 프로젝트에서 보완해야 할 문제점에 대한 내용이 와야 한다. 따라서 빈칸에는 내부 전문가 없이는 만족할 만한 성과를 얻을 수 없다는 내용의 ③이 가장 적절하다.

80

정답 ③

빌러 → 빌리러

표준어 규정에 따르면 남의 물건이나 돈을 쓴다는 뜻의 '빌다'가 '빌리다'로 형태가 바뀜에 따라 '빌리다'만 표준어로 삼는다.

- 빌다 : 1. 바라는 바를 이루게 하여 달라고 신이나 사람, 사물 따위에 간청하다.
  2. 잘못을 용서하여 달라고 호소하다.
- 빌리다 : 남의 물건이나 돈 따위를 나중에 도로 돌려주거나 대가를 갚기로 하고 얼마 동안 쓰다.

한국토지주택공사 신입사원 필기시험

제3회 직무능력검사 정답 및 해설

01	02	03	04	05	06	07	08	09	10
⑤	④	①	②	①	③	③	④	①	⑤
11	12	13	14	15	16	17	18	19	20
⑤	③	④	④	⑤	③	⑤	②	①	④
21	22	23	24	25	26	27	28	29	30
①	①	②	⑤	①	①	③	③	②	④
31	32	33	34	35	36	37	38	39	40
①	③	④	④	③	①	②	②	③	⑤
41	42	43	44	45	46	47	48	49	50
②	④	①	④	④	④	⑤	②	③	⑤
51	52	53	54	55	56	57	58	59	60
③	⑤	①	⑤	③	③	②	④	⑤	①
61	62	63	64	65	66	67	68	69	70
④	②	②	④	②	⑤	①	②	①	④
71	72	73	74	75	76	77	78	79	80
⑤	⑤	②	⑤	②	③	⑤	⑤	②	③

제 1 영역 직업기초능력평가

01

정답 ⑤

기사문에서는 글로벌 시대에 맞는 외국어 구사능력을 강조했으며, 전통을 지켜야 한다는 내용은 찾아볼 수 없다.

02

정답 ④

리더의 덕목에서 주변 사람들에게 아낌없이 베푼다는 내용은 기사문에서 찾아볼 수 없다.

03

정답 ①

제시문의 첫 문장에서는 많은 사람이 리더가 되고 싶어 하며, 리더가 되기 위해서는 리더십을 갖춰야 한다고 말한다. 따라서 다음 순서로는 리더십에 관해 설명하고 있는 (나) 문단이 가장 적절하며, 이어서는 리더의 두 번째 덕목인 원만한 대인관계를 제시하는 (라) 문단이 적절하다. (라) 문단의 마지막 문장에서는 리더의 세 번째 덕목으로 독서를 제시하므로 이어지는 순서로는 독서의 효과를 제시하는 (가) 문단이 적절하다. 다음으로는 (가) 문단의 마지막 문장인 외국어 능력의 중요성을 이어서 설명하는 (마) 문단, 리더의 낙천적 사고를 제시하는 (다) 문단의 순서로 나열해야 한다.

04

정답 ②

㉠ : 한국토지주택공사와 정부가 동일 사업에 대하여 투자자금을 함께 조성한다는 의미가 되어야 하므로 '공동'이 적절하다.
- 공통(共通) : 둘 또는 그 이상의 여럿 사이에 두루 통하고 관계됨
- 공동(共同) : 둘 이상의 사람이나 단체가 함께 일을 하거나, 같은 자격으로 관계를 가짐

㉢ : 원가를 줄인다는 의미가 되어야 하므로 '절감'이 적절하다.
- 연축(攣縮) : 당기고 켕기어 오그라들거나 줄어듦
- 절감(節減) : 아끼어 줄임

㉤ : 중소기업 후보들을 가려내어 중기부에 건네는 것, 즉 가려내는 것뿐 아니라 천거의 의미를 포함해야 하므로 '추천'이 적절하다.
- 추발(抽拔) : 골라서 추려 냄
- 추천(推薦) : 어떤 조건에 적합한 대상을 책임지고 소개함

오답분석

㉡ : 해결대상인 과제를 새로이 찾아내는 것을 의미하므로 적절하게 사용되었다.
- 발굴(發掘) : 세상에 널리 알려지지 않거나 뛰어난 것을 찾아 밝혀냄

㉣ : 과제를 선정한다는 의미이므로 적절하게 사용되었다.
- 채택(採擇) : 작품, 의견, 제도 따위를 골라서 다루거나 뽑아 씀

05

정답 ①

제시문에서는 물리적 태세와 목적론적 태세 그리고 지향적 태세라는 추상적 개념을 구체적인 사례(소금, 〈F8〉 키, 쥐)를 통해 설명하고 있다.

06 정답 ③

빈칸의 뒤 문장은 인구의 비약적 증가를 위해 사회적 제도 발명이 필요하다는 내용이다. 따라서 빈칸에는 인구의 규모가 크지 않음을 의미하는 내용이 들어가는 것이 자연스럽다. 따라서 빈칸에 들어갈 말로 ③이 가장 적절하다.

07 정답 ③

헤겔은 국가를 사회 문제를 해결하고 공적 질서를 확립할 최종 주체로 설정했고, 뒤르켐은 사익을 조정하고 공익과 공동체적 연대를 실현할 도덕적 개인주의의 규범에 주목하면서, 이를 수행할 주체로서 직업 단체의 역할을 강조하였다. 즉, 직업 단체가 정치적 중간 집단으로서 구성원의 이해관계를 국가에 전달하는 한편 국가를 견제해야 한다고 보았다.

오답분석

① 뒤르켐이 주장하는 직업 단체는 정치적 중간집단의 역할로 빈곤과 계급 갈등의 해결을 수행할 주체이다.

②·④ 헤겔의 주장이다.

⑤ 헤겔 역시 공리주의는 시민 사회 내에서 개인들의 무한한 사익 추구가 일으키는 빈부 격차나 계급 갈등을 해결할 수는 없다고 보았다.

08 정답 ④

제시문의 핵심내용은 '기본 모델'에서는 증권시장에서 주식의 가격이 '기업의 내재적인 가치'라는 객관적인 기준에 근거하여 결정된다고 보지만 '자기참조 모델'에서는 주식의 가격이 증권시장에 참여한 사람들의 여론에 의해, 즉 인간의 주관성에 의해 결정된다고 본다는 것이다. 따라서 제시문은 주가 변화의 원리에 초점을 맞추어 다른 관점들을 대비하고 있는 것이다.

09 정답 ①

글쓴이는 객관적인 기준을 중시하는 기본 모델은 주가 변화를 제대로 설명하지 못하지만, 인간의 주관성을 중시하는 자기참조 모델은 주가 변화를 제대로 설명하고 있다고 보고 있다. 따라서 증권시장의 객관적인 기준이 인간의 주관성보다 합리적임을 보여준다는 진술은 제시문의 내용과 다르다.

10 정답 ⑤

'자기참조 모델'에서는 투자자들이 객관적인 기준에 따르기보다는 여론을 모방하여 주식을 산다고 본다. 그 모방은 합리적이라고 인정되는 다수의 비전인 '묵계'에 의해 인정된다. 증권시장은 이러한 묵계를 조성하고 유지해 가면서 경제를 자율적으로 평가할 수 있는 힘을 가진다. 따라서 증권시장은 '투자자들이 묵계를 통해 자본의 가격을 산출해 내는 제도적 장치'인 것이다.

11 정답 ⑤

문서의 마지막에 반드시 '끝.'자를 붙여서 마무리해야 하는 문서는 공문서이다.

12 정답 ③

한국토지주택공사는 자체 전문가 36인으로 갑을관계 현장조사 특별점검 TF를 구성해 업무 전 분야에서 특별점검을 실시했다.

13 정답 ④

㉠의 '저해하다'는 '막아서 못하도록 해치다.'라는 뜻으로, '막거나 헤살을 놓아 순조로이 진행되지 못하게 하다.'는 뜻의 '방해하다'로 대체할 수 있다.

14 정답 ④

성과평가제도가 실현되면 능력 중심의 임금체계 구축과 성과평가가 이루어지게 되므로 청년실업 문제와 일자리 미스매칭 문제가 해결될 수 있다. 따라서 성과평가제도가 불합리하다고 한 이 대리의 대답은 적절하지 않다.

15 정답 ⑤

기사문에서는 첫 직장의 수준이 평생을 좌우하는 한국 취업시장의 현실을 꼬집으며 능력 중심의 평가를 장려하고 있다. 따라서 가장 적절한 제목은 ⑤이다.

16 정답 ③

A과장의 개인 스케줄 및 업무 점검을 보면 홍보팀, 외부 디자이너와의 미팅이 기재되어 있다. 즉, A과장은 이번 주에 내부 미팅과 외부 미팅을 할 예정이다.

17 정답 ⑤

제시문의 핵심 내용은 일반 사업자(에너지 프로슈머)들의 분산형 전원 사용을 더욱 확대하려는 방안에 관한 것이다. 따라서 중앙집중형 전력 공급 방법인 K공사의 생산 효율성과 생산 기술의 우수성 홍보는 이어지는 글의 내용으로 적절하지 않다.

오답분석

① ESS(Energy Storage System)의 공급 및 설치에 관련된 K공사의 육성방안 소개
→ 에너지 저장장치는 태양광 설치를 통한 잉여전력 보관 및 판매에 필수적인 설비이므로 태양광 전력 거래 유인을 위해 필요한 내용으로 볼 수 있다.

② 태양광 발전 설비의 필요성과 지원책에 대한 구체적 사례 제시
→ 태양광 발전이 왜 필요한지와 그에 대한 정부나 K공사 차원의 육성책은 무엇이 있는지를 언급하는 것은 태양광 전력 거래 유인을 위한 유용한 자료가 될 수 있다.

③ 태양광 설비의 보급률과 그에 따른 가계 소득구조 변화에 대한 통계자료 제시
→ 전력의 자급자족과 활발한 거래를 진행하고 있으면 가계 소득구조의 변화를 구체적인 통계자료로 제시하는 것 역시 효과적인 유인책으로 볼 수 있다.

④ 중앙집중형, 분산전원형 전력 공급 시의 각 전력 사용료의 차이 소개
→ 태양광 전력 거래 시의 에너지 프로슈머의 공급가가 이를 구매한 사람들에게 일반 전력을 사용하는 것보다 얼마나 가격경쟁력이 있는지를 소개하는 것은 전력 거래 활성화를 위한 가장 기본적인 조건이 될 것이므로 중요한 유인책이 될 수 있다.

18

정답 ②

팀장과 과장의 휴가일정과 세미나가 포함된 주를 제외하면 A대리가 연수에 참석할 수 있는 날짜는 첫째 주 금요일부터 둘째 주 화요일까지로 정해진다. 4월은 30일까지 있으므로 주어진 일정을 달력에 표시를 하면 다음과 같다.

일요일	월요일	화요일	수요일	목요일	금요일	토요일
	1	2 팀장 휴가	3 팀장 휴가	4 팀장 휴가	5 A대리 연수	6 A대리 연수
7 A대리 연수	8 A대리 연수	9 A대리 연수	10 B과장 휴가	11 B과장 휴가	12 B과장 휴가	13
14	15 B과장 휴가	16 B과장 휴가	17 C과장 휴가	18 C과장 휴가	19	20
21	22	23	24	25	26 세미나	27
28	29	30				

따라서 5일 동안 연속으로 참석할 수 있는 날은 4월 5일부터 9일까지이므로 A대리의 연수 마지막 날짜는 9일이다.

19

정답 ①

• 치과 진료 : 3주 동안 수요일마다 받는다고 하였으므로 13일, 20일은 무조건 치과 진료가 있다.
• 신혼여행 : 8박 9일간 신혼여행을 가고 휴가는 5일 사용할 수 있으므로 주말 4일을 포함해야 한다.

위 사실과 두 번째 조건을 종합하면, 2일(토요일)부터 10일(일요일)까지 주말 4일을 포함하여 9일 동안 신혼여행을 다녀오게 되고, 치과는 6일이 아닌 27일에 예약되어 있다. 신혼여행은 결혼식 다음 날 간다고 하였으므로 주어진 일정을 달력에 표시하면 다음과 같다.

일요일	월요일	화요일	수요일	목요일	금요일	토요일
					1 결혼식	2 신혼 여행
3 신혼 여행	4 신혼 여행/휴가	5 신혼 여행/휴가	6 신혼 여행/휴가	7 신혼 여행/휴가	8 신혼 여행/휴가	9 신혼 여행
10 신혼 여행	11	12	13 치과	14	15	16
17	18	19	20 치과	21	22	23
24	25	26	27 치과	28 회의	29	30 추석 연휴

따라서 A대리의 결혼날짜는 9월 1일이다.

20

정답 ④

D역에서 A역까지는 1(∵ 역 수)×2(∵ 3호선)+3(∵ 환승)+2(∵ 역 수)×6(∵ 1호선)=17분이 걸리고, B역에서 A역까지는 지하철로 27분이 걸리므로 D역에서 퇴근하는 것이 10분 덜 걸린다.

21

정답 ①

회사가 위치한 B역에서 D역까지 3호선을 타고 가면 최소 소요시간인 10분이 걸린다. 하지만 3호선이 아닌 다른 지하철을 통해 D역으로 갔으므로 20분이 걸리는 2호선을 이용한 것이다. 3호선이 B역에서 11분 이상 정차하기 때문에 2호선을 통해 D역으로 간 것을 알 수 있다.

22

정답 ①

현재 상태, 셔틀버스 1, 2를 이용하는 경우에 소요되는 시간을 구하면 다음과 같다.

• 현재 상태(1호선 – 3호선 환승) : (2×6)+3+(6×2)=27분
• 셔틀버스 1을 이용하는 경우(버스 – 3호선 환승)
  : 5+3+(7×2)=22분
• 셔틀버스 2를 이용하는 경우(버스 – 2호선 – 3호선 환승)
  : 8+3+(1×4)+3+(3×2)=24분

따라서 '셔틀버스 1 – 셔틀버스 2 – 현재 상태' 순서로 출근하는 데 소요되는 시간이 짧다.

23

정답 ②

11:00 ~ 11:30에는 20명의 고객이 식사를 하고 있다. 그리고 11:30부터 1시간 동안은 2분당 +3명, 5분당 −1명이 출입한다. 이때, 2와 5의 최소공배수는 10이고, 10분당 출입하는 고객 수는 3×5−1×2=13명이다. 따라서 12:00에는 20+13×3=59명이 매장에서 식사를 하고 있다.

24

정답 ⑤

매출액은 매장에 방문한 고객 수에 주요 시간대별 가격을 곱한 값을 모두 더하면 알 수 있다.

- 런치에 방문한 고객 수
  : 20+(3×60÷2)+(2×60÷1)+(6×60÷5)=302명
- 디너에 방문한 고객 수
  : 20+(7×60÷2)+(3×60÷1)+(4×60÷5)=458명

∴ 하루 매출액 : (302×10,000)+(458×15,000)=9,890,000원

25

정답 ①

조사 당일에 만석이었던 적이 한 번 있었다고 하였으므로, 가장 많은 고객이 있었던 시간대의 고객 수가 한식뷔페의 좌석 수가 된다. 시간대별 고객의 증감은 최소공배수를 활용하여 다음과 같이 계산한다.

[런치]

시간	내용
11:30 ~ 12:30	• 2분과 5분의 최소공배수 : 10분 • (3×10÷2)−(1×10÷5)=+13명 ∴ 10분당 13명 증가
12:30 ~ 13:30	• 1분과 6분의 최소공배수 : 6분 • (2×6)−(5×1)=+7명 ∴ 6분당 7명 증가
13:30 ~ 14:30	• 5분과 3분의 최소공배수 : 15분 • (6×15÷5)−(2×15÷3)=+8명 ∴ 15분당 8명 증가

즉, 런치에는 시간이 흐를수록 고객의 수가 계속 증가함을 알 수 있다.

[디너]

시간	내용
16:30 ~ 17:30	• 2분과 3분의 최소공배수 : 6분 • (7×6÷2)−(7×6÷3)=+7명 ∴ 6분당 7명 증가
17:30 ~ 18:30	• 1분과 5분의 최소공배수 : 5분 • (3×5÷1)−(6×5÷5)=+9명 ∴ 5분당 9명 증가
18:30 ~ 19:30	• 5분과 3분의 최소공배수 : 15분 • (4×15÷5)−(3×15÷3)=−3명 ∴ 15분당 3명 감소

즉, 디너에는 18:30 이전까지는 고객 수가 계속 증가함을 알 수 있다.

- 런치 최대 고객 수(14:30)
  : 20+(13×60÷10)+(7×60÷6)+(8×60÷15)=200명
- 디너 최대 고객 수(18:35)
  : 20+(7×60÷6)+(9×60÷5)−3+4=199명

따라서 한식 뷔페 좌석 수는 모두 200석이다.

26

정답 ①

네 번째 조건에 따라 K팀장은 토마토 파스타, S대리는 크림 리소토를 주문한다. 이때, L과장은 다섯 번째 조건에 따라 토마토 리소토나 크림 리소토를 주문할 수 있는데, 만약 L과장이 토마토 리소토를 주문한다면, 두 번째 조건에 따라 M대리는 토마토 파스타를 주문해야 하고, 사원들은 둘 다 크림소스가 들어간 메뉴를 주문할 수밖에 없으므로 조건과 모순이 된다. 따라서 L과장은 크림 리소토를 주문했다. 다음으로 사원 2명 중 1명은 크림 파스타, 다른 한 명은 토마토 파스타나 토마토 리소토를 주문해야 하는데, H사원이 파스타면을 싫어하므로 J사원이 크림 파스타, H사원이 토마토 리소토, M대리가 토마토 파스타를 주문했다.

다음으로 일곱 번째 조건에 따라 J사원이 사이다를 주문하였고, H사원은 J사원과 다른 음료를 주문해야하지만 여덟 번째 조건에 따라 주스를 함께 주문하지 않으므로 콜라를 주문했다. 또한 여덟 번째 조건에 따라 주스를 주문한 사람은 모두 크림소스가 들어간 메뉴를 주문한 사람이어야 하므로 S대리와 L과장이 주스를 주문했다. 마지막으로 여섯 번째 조건에 따라 M대리는 사이다를 주문하고, K팀장은 콜라를 주문했다. 이를 표로 정리하면 다음과 같다.

구분	K팀장	L과장	S대리	M대리	H사원	J사원
토마토 파스타	○			○		
토마토 리소토					○	
크림 파스타						○
크림 리소토		○	○			
콜라	○				○	
사이다				○		○
주스		○	○			

따라서 사원들 중 주스를 주문한 사람은 없다.

27

정답 ③

26번의 결과로부터 S대리와 L과장은 모두 주스와 크림 리소토를 주문한 것을 알 수 있다.

28

정답 ③

확정기여형(DC) 퇴직연금유형은 근로자가 선택하는 운용 상품의 운용 수익률에 따라 퇴직 급여가 달라진다.

오답분석

① 확정급여형(DB)과 확정기여형은 운영방법의 차이로 인해 퇴직연금 수준이 달라질 수 있다.
② 확정급여형에서는 기업부담금이 산출기초율로 정해지며, 이는 자산운용 수익률과 퇴직률 변경 시 변동되는 사항이다.
④ 확정급여형은 직장이동 시 합산이 어렵기 때문에 직장이동이 잦은 근로자들은 확정기여형을 선호할 것이라고 유추할 수 있다.
⑤ 확정급여형은 IRA / IRP를 활용할 수 있으므로 이에 대한 설명을 추가하는 것은 적절하다.

29

정답 ②

운용 현황에 관심이 많은 근로자는 확정기여형 퇴직연금유형에 적합하다.

30

정답 ④

간선노선과 보조간선노선을 구분하여 노선번호를 부여하면 다음과 같다.

- 간선노선
  - 동서를 연결하는 경우 : (가), (나)에 해당하며, 남에서 북으로 가면서 숫자가 증가하고 끝자리에는 0을 부여하므로 (가)는 20, (나)는 10이다.
  - 남북을 연결하는 경우 : (다), (라)에 해당하며, 서에서 동으로 가면서 숫자가 증가하고 끝자리에는 5를 부여하므로 (다)는 15, (라)는 25이다.
- 보조간선노선
  - (마) : 남북을 연결하는 모양에 가까우므로, (마)의 첫자리는 남쪽 시작점의 간선노선인 (다)의 첫자리와 같은 1이 되어야 하고, 끝자리는 5를 제외한 홀수를 부여해야 하므로, 가능한 노선번호는 11, 13, 17, 19이다.
  - (바) : 동서를 연결하는 모양에 가까우므로, (바)의 첫자리는 바로 아래쪽에 있는 간선노선인 (나)의 첫자리와 같은 1이 되어야 하고, 끝자리는 0을 제외한 짝수를 부여해야 하므로, 가능한 노선번호는 12, 14, 16, 18이다.

따라서 가능한 조합은 ④이다.

31

정답 ①

보조배터리는 기내수하물에 반입이 가능하지만 라이터는 위탁·기내수하물 모두 반입이 금지된다.

32

정답 ③

- 가 : 규격은 129cm(=41+61+27)이지만, 무게가 50kg이므로 대형수하물로 구분한다.
- 나 : 규격은 114.8cm(=37.5+55+22.3)이고, 무게는 9kg이므로 기내수하물로 구분한다.
- 다 : 규격은 145cm(=38+73+34)이고, 무게는 23kg이므로 위탁수하물로 구분한다.
- 라 : 규격은 107cm(=36+49+22)이고, 무게는 10kg이므로 기내수하물로 구분한다.
- 마 : 규격은 158cm(=43+95+20)이고, 무게는 38kg이므로 위탁수하물로 구분한다.
- 바 : 규격은 100cm(=42+34+24)이지만, 무게가 15kg이므로 위탁수하물로 구분한다.

따라서 기내수하물 2개(나, 라), 위탁수하물 3개(다, 마, 바), 대형수하물 1개(가)로 분류된다.

33

정답 ④

경기의 아파트 수 대비 주택이외의 거처 수의 비율은 구성비만으로도 구할 수 있다. 2017년은 $\frac{4.0}{44.3}\times 100 \fallingdotseq 9.0\%$이며, 2018년은 $\frac{4.4}{55.4}\times 100 \fallingdotseq 7.9\%$로 2017년이 더 높다.

오답분석

① 2017년 다세대주택 비율이 단독주택 비율의 50% 이상인 행정구역은 서울, 인천 2곳뿐이다.
② 해당 자료는 구성비를 나타내는 자료이므로, 아파트 수를 알 수 없다. 따라서 지역별 아파트의 전년 대비 증가율은 비교할 수도 없다.
③ 충북의 주택유형 구성비 순위는 2017년에 '단독주택 – 아파트 – 비거주용 건물 내 주택 – 연립주택 – 주택 이외의 거처 – 다세대주택' 순서이며, 2018년에는 '아파트 – 단독주택 – 주택 이외의 거처 – 다세대주택 – 연립주택 – 비거주용 건물 내 주택' 순서이다.
⑤ 인천의 2018년 단독주택의 수는 비거주용 건물 내 주택의 수의 $\frac{19.0}{1.2} \fallingdotseq 15.8$배이다.

34

정답 ④

WT전략은 외부 환경의 위협 요인을 회피하고 약점을 보완하는 전략을 적용해야 한다. ④는 강점(S)을 강화하는 방법에 대해 이야기하고 있다.

오답분석

① SO전략은 기회를 활용하면서 강점을 더욱 강화시키는 전략이므로 옳다.
② WO전략은 외부의 기회를 사용해 약점을 보완하는 전략이므로 옳다.
③ ST전략은 외부 환경의 위협을 회피하며 강점을 적극 활용하는 전략이므로 옳다.

⑤ WT전략은 외부 환경의 위협 요인을 회피하고 약점을 보완하는 전략이므로 옳다.

35

정답 ③

남자의 소설 대여는 690건이고, 여자는 1,060건이므로 $\frac{690}{1,060}\times 100 \fallingdotseq 65.1\%$이다. 따라서 옳지 않은 설명이다.

오답분석

① 소설의 전체 대여건수는 450+600+240+460=1,750건이고, 비소설의 전체 대여건수는 520+380+320+400=1,620건이므로 옳은 설명이다.

② 40세 미만 대여건수는 520+380+450+600=1,950건, 40세 이상 대여건수는 320+400+240+460=1,420건이므로 옳은 설명이다.

④ 40세 미만 총 대여는 1,950건이고, 그중 비소설은 900건으로 $\frac{900}{1,950}\times 100 \fallingdotseq 46.2\%$이므로 옳은 설명이다.

⑤ 40세 이상 총 대여는 1,420건이고, 그중 소설은 700건으로 $\frac{700}{1,420}\times 100 \fallingdotseq 49.3\%$이므로 옳은 설명이다.

36

정답 ①

A, B가 만나는 데 걸리는 시간을 x시간이라고 하자.

$$ax=b\left(x-\frac{1}{2}\right) \rightarrow 2ax=2bx-b \rightarrow (2a-2b)x=-b$$

$$\therefore\ x=-\frac{b}{2a-2b}=\frac{b}{2(b-a)}$$

37

정답 ②

6개의 숫자를 가지고 여섯 자리 수를 만드는 경우의 수는 6!인데, 그중 1이 3개, 2가 2개로 중복되어 3!×2!의 경우가 겹친다. 따라서 가능한 모든 경우의 수는 $\frac{6!}{3!\times 2!}=60$가지이다.

38

정답 ②

전국 컴퓨터 대수 중 스마트폰 비율은 8.7%로, 전체 컴퓨터 대수 중 노트북 비율의 30%인 $20.5\times 0.3 \fallingdotseq 6.2\%$ 이상이다.

오답분석

① 서울 업체가 보유한 노트북 수는 $605,296\times 0.224 \fallingdotseq 135,586$대이므로 20만 대 미만이다.

③ 대전 업체의 데스크톱 보유 대수는 $68,270\times 0.662 \fallingdotseq 45,195$대, 울산은 $42,788\times 0.675 \fallingdotseq 28,882$대이고, 전국 데스크톱 대수는 $2,597,791\times 0.594 \fallingdotseq 1,543,088$대이다. 따라서 대전과 울산에서 보유하고 있는 데스크톱이 전체 데스크톱에 차지하는 비율은 $\frac{45,195+28,882}{1,543,088}\times 100 \fallingdotseq 4.9\%$이므로 옳은 설명이다.

④ PDA 보유 대수는 전북이 $88,019\times 0.003 \fallingdotseq 264$대이며, 전남의 15%인 $91,270\times 0.015\times 0.15 \fallingdotseq 205$개 이상이므로 옳은 설명이다.

⑤ 강원 업체의 태블릿 PC 대수는 $97,164\times 0.04 \fallingdotseq 3,887$대이고, 경북의 노트북 대수는 $144,644\times 0.069 \fallingdotseq 9,980$대이다. 따라서 경북의 노트북 보유 대수가 강원의 태블릿 PC 보유 대수보다 9,980−3,887=6,093대 더 많다.

39

정답 ③

ㄷ. 2018년 12월 주식옵션의 총 거래대금이 주식선물 계약금액의 $\frac{4,845+5,557}{24,138,554}\times 100 \fallingdotseq 0.04\%$이다.

ㄹ. 2019년 1월~5월 중 주식풋옵션 거래대금이 가장 높은 달은 3월이며, 이때 주식콜옵션 미결제약정 대비 주식선물 미결제약정 값은 $\frac{4,556,923}{165,391} \fallingdotseq 27.6$이다.

오답분석

ㄱ. 2019년 1월의 주식선물 거래량은 주식옵션 총 거래량의 $\frac{60,917,053}{1,345,326} \fallingdotseq 45$배이다.

ㄴ. 2019년 4월 주식콜옵션의 거래량 중 미결제약정 건수의 비율은 $\frac{181,357}{1,123,637}\times 100 \fallingdotseq 16.1\%$이므로 주식풋옵션의 거래량 중 미결제약정의 비율인 $\frac{226,254}{1,129,457}\times 100 \fallingdotseq 20\%$보다 3.9%p 낮다.

40

정답 ⑤

㉠ 2019년 5월에 주식선물의 거래량은 증가한 반면, 계약금액은 감소했다.

㉡ 주식선물의 미결제약정 계약건수는 2019년 4월에 전년 대비 감소했다.

㉢ 주식풋옵션의 거래대금은 2019년 1월에 전월 대비 감소했다.

㉣ 2019년 3월에 주식선물의 거래량과 미결제약정 계약건수 모두 전월 대비 증가했다.

41

정답 ②

2018년 전년 대비 신규법인 수가 가장 많이 증가한 지역은 2,397−2,322=75개 증가한 아시아로, 2018년 전체 지역 중 투자금액이 가장 높다.

오답분석

① 2017년 전체 송금횟수 대비 북미와 중남미의 송금횟수 합의 비율은 $\frac{2,621+813}{15,903}\times 100 \fallingdotseq 21.6\%$이며, 2018년의 비율인 $\frac{2,638+865}{16,949}\times 100 \fallingdotseq 20.7\%$보다 21.6−20.7=0.9%p 높으므로 옳은 설명이다.

③ 2017년 아시아의 신고금액은 대양주, 중동, 아프리카 신고금액의 합보다 15,355,762−(1,110,459+794,050+276,180)=15,355,762−2,180,689=13,175,073천 달러 많으므로 옳은 설명이다.

④ 2018년 전년 대비 신고건수 비율이 세 번째로 낮은 지역은 약 16.5%인 중남미이다.

⑤ 2017년 신고건수 당 신고금액은 $\frac{8,523,533}{966}$ ≒8,823.5천 달러/건이고, 2018년에는 $\frac{14,348,891}{1,348}$ ≒10,644.6천 달러/건이므로 10,644.6−8,823.5=1,821.1천 달러 많으므로 옳은 설명이다.

42

정답 ④

ㄱ. 초등학생의 경우 남성의 스마트폰 중독비율이 33.35%로 29.58%인 여성보다 높은 것을 알 수 있지만, 중・고생의 경우 남성의 스마트폰 중독비율이 32.71%로 32.72%인 여성보다 0.01%p가 낮다.

ㄷ. 대도시에 사는 초등학생 수를 a명, 중・고생 수를 b명, 전체 인원을 $(a+b)$명이라고 하면, 대도시에 사는 학생 중 스마트폰 중독 인원에 관한 방정식은 다음과 같다.

$30.80a+32.40b=31.95\times(a+b)$

$\rightarrow 1.15a=0.45b \rightarrow b \fallingdotseq 2.6a$

따라서 대도시에 사는 중・고생 수가 초등학생 수보다 2.6배 많다.

ㄹ. 초등학생의 경우 기초수급가구의 경우 스마트폰 중독비율이 30.35%로, 31.56%인 일반 가구의 경우보다 스마트폰 중독 비율이 낮다. 중・고생의 경우에도 기초수급가구의 경우 스마트폰 중독비율이 31.05%로, 32.81%인 일반가구의 경우보다 스마트폰 중독 비율이 낮다.

오답분석

ㄴ. 한부모・조손 가족의 스마트폰 중독 비율은 초등학생의 경우가 28.83%로, 중・고생의 70%인 31.79×0.7≒22.3% 이상이므로 옳은 설명이다.

43

정답 ①

제품의 가격이 하락한 2016년을 제외한 2015 ~ 2018년 전년 대비 제품 가격의 증가율은 다음과 같다.

- 2015년 : $\frac{230-200}{200}\times100=15\%$
- 2017년 : $\frac{250-215}{215}\times100 \fallingdotseq 16.3\%$
- 2018년 : $\frac{270-250}{250}\times100=8\%$

따라서 전년 대비 제품 가격의 증가율은 2017년에 가장 높았으므로 옳지 않은 설명이다.

오답분석

② 2016년을 제외한 재료비는 지속적으로 증가했으므로 제품 가격 상승의 원인은 재료비와 관련된 것을 추론할 수 있다.

③ 제품의 재료비는 2016년을 제외하고 모두 증가한 것을 확인할 수 있다.

④ 2016년의 재료비와 수익은 감소했지만 인건비는 증가하였으므로 옳은 설명이다.

⑤ 2014 ~ 2018년 동안 인건비는 지속적으로 증가추이를 보이고 있으므로 2019년에도 인건비가 상승할 것으로 예상할 수 있다.

44

정답 ④

전체 풍수해 규모에서 대설로 인한 풍수해 규모가 차지하는 비중은 2014년에 $\frac{480}{7,942}\times100 \fallingdotseq 6.04\%$, 2016년에 $\frac{113}{1,720}\times100 \fallingdotseq 6.57\%$이므로 전체 풍수해 규모에서 대설로 인한 풍수해 규모가 차지하는 비중은 2016년이 2014년보다 크다.

오답분석

① 2010년과 2018년의 태풍으로 인한 풍수해 규모는 전년보다 증가했지만, 전체 풍수해 규모는 전년보다 감소했다. 그리고 2012년 태풍으로 인한 풍수해 규모는 전년보다 감소했지만, 전체 풍수해 규모는 전년보다 증가했으므로 옳지 않은 설명이다.

② 2009년, 2010년, 2012년에는 풍랑으로 인한 풍수해 규모가 대설로 인한 풍수해 규모보다 높다.

③ 2018년 호우로 인한 풍수해 규모의 전년 대비 감소율은 $\frac{1,422-12}{1,422}\times100 \fallingdotseq 99.16\%$이므로 97% 이상이다.

⑤ 대설로 인한 풍수해 규모가 가장 높았던 해는 2014년이지만, 전체 풍수해 규모가 가장 높았던 해는 2009년이므로 옳지 않은 설명이다.

45

정답 ④

2016년 출생아 수는 그 해 사망자 수의 $\frac{438,420}{275,895}$ ≒1.59배로, 1.7배 미만이므로 옳지 않은 설명이다.

오답분석

① 출생아 수가 가장 많았던 해는 2016년인 것을 확인할 수 있다.

② 주어진 자료를 보면 사망자 수가 2015년부터 2018년까지 매년 전년 대비 증가하고 있음을 알 수 있다.

③ 사망자 수가 가장 많은 2018년은 사망자 수가 285,534명이고, 가장 적은 2014년은 사망자 수가 266,257명으로, 사망자 수 차이는 285,534−266,257=19,277명이다. 따라서 15,000명 이상이다.

⑤ 2015년 출생아 수는 2018년의 출생아 수보다 $\frac{435,435-357,771}{357,771}$ ≒22% 더 많으므로 옳은 설명이다.

46

정답 ④

2017년 K시 전체 회계 예산액에서 특별회계 예산액의 비중은 $\frac{325,007}{1,410,393} \times 100 ≒ 23.0\%$이므로 25% 미만이다.

오답분석

① 두 도시의 전체 회계 예산액은 매년 증가하고 있으므로 J시의 전체 회계 예산액이 증가한 시기에는 K시의 전체 회계 예산액도 증가했다.

② 2014 ~ 2018년 K시 일반회계 예산액의 1.5배는 다음과 같다.
- 2014년 : 984,446×1.5=1,476,669백만 원
- 2015년 : 1,094,510×1.5=1,641,765백만 원
- 2016년 : 1,134,229×1.5=1,701,343.5백만 원
- 2017년 : 1,085,386×1.5=1,628,079백만 원
- 2018년 : 1,222,957×1.5=1,834,435.5백만 원

따라서 J시의 일반회계 예산액은 항상 K시의 일반회계 예산액보다 1.5배 이상 더 많다.

③ 2016년 J시의 특별회계 예산액 대비 K시의 특별회계 예산액 비중은 $\frac{264,336}{486,577} \times 100 ≒ 54.3\%$이므로 옳은 설명이다.

⑤ J시 일반회계의 연도별 증감추이는 계속 증가하고 있고, K시 일반회계의 연도별 증감추이는 '증가 – 증가 – 감소 – 증가'이므로 J시와 K시의 일반회계의 연도별 증감추이는 다르다.

47

정답 ⑤

작년 행사 참여인원이 3,000명이었고, 올해 예상 참여인원은 작년 대비 20% 증가할 것으로 예측되므로 3,000×1.2=3,600명이다. 각 경품별로 준비물품 개수 합과 당첨고객 수가 같으므로 총액을 계산해보면 다음과 같다.

(단위 : 명, 원)

품목	당첨 고객 수	단가	총액
갑 티슈	800	3,500	800×3,500=2,800,000
우산	700	9,000	700×9,000=6,300,000
보조배터리	600	10,000	600×10,000=6,000,000
다도세트	500	15,000	500×15,000=7,500,000
수건세트	400	20,000	400×20,000=8,000,000
상품권	300	30,000	300×30,000=9,000,000
식기건조대	200	40,000	200×40,000=8,000,000
전자레인지	100	50,000	100×50,000=5,000,000
계	3,600	–	52,600,000

따라서 올해 행사의 필요한 품목에 대한 예상금액은 52,600,000원이다.

48

정답 ②

- 전체 구슬의 개수 : 3+4+5=12개
- 빨간색 구슬 2개를 꺼낼 확률 : $\frac{{}_3C_2}{{}_{12}C_2}=\frac{1}{22}$
- 초록색 구슬 2개를 꺼낼 확률 : $\frac{{}_4C_2}{{}_{12}C_2}=\frac{1}{11}$
- 파란색 구슬 2개를 꺼낼 확률 : $\frac{{}_5C_2}{{}_{12}C_2}=\frac{5}{33}$

∴ 구슬 2개를 꺼낼 때, 모두 빨간색이거나 모두 초록색이거나 모두 파란색일 확률 : $\frac{1}{22}+\frac{1}{11}+\frac{5}{33}=\frac{19}{66}$

49

정답 ③

일반 스팸문자는 2018년 하반기 0.12통에서 2019년 상반기에 0.05통으로 감소하였다.

오답분석

① 제시된 자료에 따르면 2019년부터 성인 스팸문자 수신이 시작되었다.

② 2018년 하반기에는 일반 스팸문자가, 2019년 상반기에는 대출 스팸문자가 가장 높은 비중을 차지했다.

④ 해당 기간 동안 대출 관련 스팸문자가 가장 큰 폭(0.05)으로 상승하였다.

⑤ 전년 동분기 대비 2019년 하반기의 1인당 스팸문자의 내용별 수신 수의 증가율은 $\frac{0.17-0.15}{0.15} \times 100 ≒ 13.33\%$이므로 옳은 설명이다.

50

정답 ⑤

면세유류 구매비율은 1988년부터 계속 증가하였고, 2018년에는 영농자재 중 가장 높은 구매 비율을 차지하였다.

오답분석

① 일반자재 구매 비율은 2008년까지 10년마다 증가한 이후 2018년에 감소하였다.

② 1998년에는 배합사료의 구매 비율, 2018년에는 면세유류의 구매 비율이 가장 높았으므로 옳지 않은 설명이다.

③ 배합사료 구매 비율은 조사기간 동안 증가와 감소추이를 반복하였으나, 농기계 구매 비율은 1968 ~ 1988년까지 증가한 이후 증가와 감소를 반복하므로 옳지 않은 설명이다.

④ 2018년 이후의 영농자재 구매 비율을 예측할 수 없고, 2018년 자동차 구매 비율은 0.1%였으므로 가장 크게 증가할 것이라고 볼 수 없다.

제2영역 직무역량평가

51

정답 ③

1차 지원금의 경우 지원사업 약정체결 후 초기지원금의 60%를 지원하고, 40%의 금액은 중간평가 이후에 지원하므로 옳은 내용이다.

오답분석

① A : 2차 지원금은 1차 지원 대상자 중 선정된 5팀에 지원하며, 1차에서는 1억 2천5백만 원, 2차에서는 7천5백만 원을 각각 지원하므로 1·2차 지원을 합하면 모두 10인(팀, 기업)에 총 2억 원을 지원한다.

② B : 창업자금 지원에 있어 1·2차 지원을 구분할 뿐, 해당 사업은 창업자금과 창업활동을 모두 지원하는 사업이다.

④ D : 신청기간은 10월 19일부터 21일까지로, 이메일로만 신청할 수 있으며 우편으로는 접수할 수 없다.

⑤ E : 해당 사업에 대한 신청은 공고일인 9월 14일 기준으로 한 달가량 뒤인 10월 19일부터 가능하다.

52

정답 ⑤

- A : 예비창업팀의 팀원은 모두 만 39세 이하의 예비창업자이어야 하므로 A가 속한 팀은 해당 사업에 지원할 수 있다.
- B : 동일한 창업 아이디어로 자치단체의 창업 지원사업을 수행 중이거나 중도탈락, 포기한 기업의 경우 지원할 수 없지만, B의 경우 지원 후 선정되지 않았을 뿐, 신청제외 대상에 해당하지 않는다.
- C : 창업 후 3년 이하의 스타트업 기업의 대표자는 해당 사업에 지원할 수 있다.
- D : 공고일 기준으로 국세 또는 지방세를 체납 중인 사람이나 기업은 해당 사업에 지원할 수 없지만, 공고일인 2020년 9월 14일 이전에 모두 납부하였으므로 신청제외 대상에 해당하지 않는다.

53

정답 ①

주거복지사업처는 정부지원금이 매년 증가하였으나, 공공주택전기처는 2017년, 도시건축사업단은 2019년에 감소하였다.

오답분석

② 2015 ~ 2019년 총 정부지원금액은 주거복지사업처(3,236억 원) – 공공주택전기처(54.1억 원) – 도시건축사업단(44억 원) – 공간정보처(16.1억 원) 순으로 많다.

③ 주거복지사업처의 정부지원금 증가율은 다음과 같다.

- 2016년 : $\frac{563-488}{488}\times100 \fallingdotseq 15.4\%$
- 2017년 : $\frac{596-563}{563}\times100 \fallingdotseq 5.9\%$
- 2018년 : $\frac{784-596}{596}\times100 \fallingdotseq 31.5\%$
- 2019년 : $\frac{805-784}{784}\times100 \fallingdotseq 2.7\%$

따라서 2018년의 증가율이 가장 높다.

④ 2015 ~ 2019년에 2년 이상 동일한 금액의 정부지원금을 받은 사업처는 공간정보처(2015년, 2016년), 도시건축사업단(2016년, 2019년) 2곳이다.

⑤ 2017 ~ 2019년의 정부지원금 총액은 다음과 같다.

- 2017년 : 596+8.5+3.3+11=618.8억 원
- 2018년 : 784+14+3.1+13=814.1억 원
- 2019년 : 805+14.7+2.9+10=832.6억 원

따라서 2017 ~ 2019년 동안의 정부지원금 총액은 계속 증가하였다.

54

정답 ⑤

- 2018년 대비 2019년 사업비 증가율 : $\frac{42-28}{28}\times100=50\%$
- 2020년 사업비 : 42×1.5=63억 원
- 2021년 사업비 : 63×1.5=94.5억 원

따라서 공공주택전기처에 대한 2021년 정부지원금은 94.5×0.4=37.8억 원이다.

55

정답 ③

9억 원의 주택을 담보로 대출할 때 적용되는 LTV를 a로 가정하면, 9억×a=3억 6천만 원 → $a=\frac{\text{3억 6천만 원}}{\text{9억 원}}=0.4$이다.

따라서 LTV는 40%이다. 9억 원 초과 ~ 15억 원 이하인 금액에 대해서는 LTV가 절반으로 감소하므로 20%의 LTV가 적용된다. 따라서 14억 원의 주택을 매입할 때 대출 가능한 최대 금액은 9억×0.4+5억×0.2=3억 6천만+1억=4억 6천만 원이다.

〈주택 담보 대출〉

	조정대상지역	투기과열지구
가계대출	• LTV : 9억 원 이하 50%, 9억 원 초과 30% • DTI : 50%	• LTV : 9억 원 이하 40%, 9억 원 초과 20%, 15억 원 초과 0% • DTI : 40%

56

정답 ③

1단계 점수 총합은 20.5+14+20.5+23.5=78.5점이다. 평가점수가 80점 미만인 경우에는 추천 대상에서 제외되므로 해당 팀이 추천을 받기 위해서는 최소 80−78.5=1.5점의 가점이 필요하다. 이때, 신청과제와 관련된 특허권은 1.0점의 가점만 부여되므로 총점은 79.5점으로 추천 대상에서 제외된다.

오답분석

① 3.0점의 가점을 받으므로 81.5점으로 추천을 받을 수 있다.

② 3년 이내의 창업경진 대회 입상자는 0.5점의 가점이 부여되어 79점이 되므로 최소 1점의 추가 가점이 더 필요하다.

④ 최소 1.5점의 가점이 필요하므로 0.5점의 가점을 부여하는 항목의 경우 3개 항목에서 모두 추가 가점을 받아야 한다.

⑤ 0.5점의 가점을 받더라도 80점을 초과할 수 없으므로 추천 대상에서 제외된다.

57

정답 ②

먼저 A ~ E팀의 중간평가 점수의 합을 구하면 다음과 같다.

(단위 : 점)

평가항목		A	B	C	D	E
중간 평가	활동경과	22	20	21.5	22	20.5
	활동성과	23	25	24	21.5	23
	하반기목표	21	22	23	20	24
	행정사항	5	5.5	4.5	5	4.5
총합		71	72.5	73	68.5	72

중간평가에서 가장 높은 점수인 73점을 받은 C팀이 최종평가에서 1.0점의 가점을 받게 된다.

A ~ E팀의 최종평가 점수의 합을 구하면 다음과 같다.

(단위 : 점)

평가항목		A	B	C	D	E
최종 평가	활동성과	26	26	26	24.5	25
	성장 가능성	24	24.5	23	24	23.5
	지원 필요성	22	25	24	23	26
	행정사항	4	5	6	6	3
총합		76	80.5	79	77.5	77.5

1.0점의 가점을 받은 C팀(80점)보다 80.5점을 받은 B팀의 점수가 높으므로 지원금은 B팀이 받는다.

58

정답 ④

A와 D는 맞벌이 부부이므로 자료의 소득기준에 따라 각각 100% 수준과 70% 수준의 점수를 받으며, 선정방식에 따라 A ~ E의 점수를 정리하면 다음과 같다.

(단위 : 점)

구분	A	B	C	D	E
(1)	2	3	2	3	1
(2)	1	2	2	3	3
(3)	3	1	2	2	3
총점	6	6	6	8	7

따라서 8점으로 가장 높은 점수를 받은 D가 입주자로 선정된다.

59

정답 ⑤

선정방식에 따라 A ~ D의 점수를 정리하면 다음과 같다.

(단위 : 점)

구분	A	B	C	D
미성년 자녀수	3	2	1	2
무주택기간	3	2	2	1
X지역 연속 거주기간	2	3	1	2
납입인정 횟수	1	2	2	3
총점	9	9	6	8

이때, A와 B가 9점으로 동점이 되어 추첨으로 선정되므로 정확히 알 수 없다.

60

정답 ①

제시된 글은 신혼부부 전세임대 I 유형과 II 유형에서 공통적으로 완화되는 구체적인 나이 요건 등을 설명하고, 각 유형에 따라 요구되는 소득 기준이나 지원 한도액 등을 구체적인 수치로 제시하여 차이점을 설명한다.

61

정답 ④

㉠ 부동산금융사업 리츠 현황 I 에서 LH AMC의 설립건수는 42개사, 민간 AMC은 1개사로 총 43개사임을 알 수 있다.

㉢ 민간이 자산관리회사(AMC) 역할을 하고 있는 리츠 사업은 부동산금융사업 리츠 현황 II 에서 LH AMC가 X로 표시된 개발형리츠의 '상업용지리츠'이다. 이 리츠의 총사업비에서 LH의 출자가 차지하는 비율은 $\frac{49}{1,503} \times 100 ≒ 3.3\%$이다.

㉣ LH AMC인 세부사업 리츠들 중에서 총사업비가 가장 적은 사업은 서대구산단리츠(673억 원)이며, 가장 많은 사업은 공공임대주택(10년)리츠(192,427억 원)이다.

오답분석

㉡ 부동산금융사업 리츠는 크게 '개발형리츠, 정책지원리츠, 공공지원 민간임대리츠, 도시재생리츠'로 총 4가지로 구성되어 있다. 각각의 세부사업 개수는 개발형리츠는 4종류, 정책지원리츠 4종류, 공공지원 민간임대리츠 2종류, 도시재생리츠는 3종류이므로 각각 2종류 이상의 리츠 세부사업이 진행되고 있다.

62

정답 ②

(ㄱ) LH 출자사업의 설립건수는 첫 번째 표에서 24개사임을 알 수 있고, 전체 설립건수는 43개사이다. 따라서 전체 설립건수에서 차지하는 비율은 $\frac{24}{43} \times 100 ≒ 55.8\%$이다.

(ㄴ) 정책지원리츠 세부사업 중 '국민희망임대리츠, 신혼부부매입임대리츠, 하우스푸어희망임대리츠'가 LH 비출자사업에 해당하며, 설립건수는 총 1+1+3=5개사이다.

따라서 5개사의 대출 등 금액 평균은

$\frac{1,135+4,183+2,261}{5}=1,515.8$억 원이다.

63

정답 ②

먼저 진주에 위치한 토지주택박물관에 관해 설명하는 (나) 문단이 오는 것이 적절하며, 토지주택박물관의 박물관운영부와 문화재지원부 중 박물관운영부의 역할을 설명하는 (가) 문단과 (바) 문단이 그 뒤에 차례대로 오는 것이 적절하다. 이어서 문화재지원부의 역할을 설명하는 (마) 문단과 (라) 문단이 차례대로 오는 것이 적절하며, 마지막으로 박물관운영부와 문화재지원부의 역할을 각각 주춧돌과 서까래에 비유하며 마무리하는 (다) 문단이 오는 것이 적절하다.

64

정답 ④

- B평가 : 도시개발사업은 B평가의 대상에 포함된다.
- C평가 : 부지면적이 12만 5천 m^2이므로 기준에 포함되어 C평가 대상에 해당한다.

오답분석

- A평가 : 총사업비가 520억 원이지만 국비지원 규모가 100억 원에 불과하여 기준에 미달된다. 따라서 A평가의 대상이 아니다.

65

정답 ②

㉠은 농촌 지역의 쇠퇴 원인을 나타내는 자료이므로 귀농·귀촌 공공주택사업을 통해 농촌인구 감소와 고령화로 인한 농촌 지역 쇠퇴에 대응한다는 내용의 (나) 문단에 활용하는 것이 적절하다. 다음으로 ㉡은 귀농·귀촌 공공주택사업의 일정을 나타내므로 사업 일정을 이야기하고 있는 (다) 문단에 활용하는 것이 적절하다.

66

정답 ⑤

분양전환 임대주택 항목별 공식에서 마지막 공식인 자기자금이자부터 정보에 따른 금액을 대입하면 공급가격은 다음과 같다.

- 자기자금이자 : (300,000,000−100,000,000−60,000,000)×0.02×(5×12)=168,000,000원
- 택지비 이자 : 150,000,000×0.02×(5×12)=180,000,000원
- 감정평가금액 : 150,000,000+150,000,000+180,000,000=480,000,000원
- 건설원가 : 300,000,000+168,000,000−50,000,000=418,000,000원
- 공급가격 : $\frac{(\text{건설원가})+(\text{감정평가금액})}{2}=\frac{418,000,000+480,000,000}{2}=449,000,000$원

67

정답 ①

제7조에 따르면 사업예비타당성 검토는 현지조사가 완료된 후에 시행하여야 한다.

오답분석

② 제5조
③ 제21조
④ 제20조
⑤ 제16조 제1항

68

정답 ②

제16조 제2항에서 해외지사를 설립하려면 국토교통부장관 및 기획재정부장관과 미리 협의하여야 한하고 하였다.

오답분석

- 김 대리 : 제6조 제2항에 따르면 동행조사는 의무사항이 아니며, 또한 현지법인 외에 국내법인과 실시할 수도 있다.
- 박 사원 : 제17조에 따르면 현지국가의 법령에 준하여 필요한 인허가 절차를 시행할 책임이 있는 것은 사장이 아니라 주관부서장이다.

69

정답 ①

공급대상 내용을 보면 한부모가족은 자녀의 부 또는 모로 한정하기 때문에 손녀를 키우는 조부모는 해당되지 않는다.

오답분석

② 혼인신고를 해서 혼인사실을 증명할 수 있고, 모두 무주택자이므로 신청자격이 있다.
③ 혼인 기간인 7년 이내이고, 주택청약저축 가입을 6개월이 경과했으므로 신청자격이 있다.
④ 가족의 총자산이 303,000천 원(3억 3백만 원) 이하이고, 3인 이하 가족의 소득기준을 넘지 않으므로 신청자격이 있다.
⑤ 4인 가족 맞벌이 부부의 소득기준 130%(8,094,245원)을 넘지 않고, 혼인 기간이 7년 이내이므로 신청자격이 있다.

70

정답 ④

B가족은 혼인 2년 이내 신혼부부로 1단계 우선공급에 당첨되고, C가족은 공고일로부터 1년 이내에 혼인사실을 증명할 수 없으므로 공급대상에서 제외된다. 2단계 선정에 해당하는 대상인 A가족, D가족, E가족의 가점을 계산하면 다음과 같다.

- A가족 : 주택청약 20회 납입(2점), 미성년 자녀 1명(1점), 무주택기간 4년(3점), 해당 시·도 연속 거주기간 0년(0점) → 2+1+3+0=6점
- D가족 : 주택청약 16회 납입(2점), 미성년 자녀 3명(3점), 무주택기간 2년(2점), 해당 시·도 연속 거주기간 4년(3점) → 2+3+2+3=10점
- E가족 : 주택청약 30회 납입(3점), 미성년 자녀 2명(2점), 무주택기간 2년(2점), 해당 시·도 연속 거주기간 1년(2점) → 3+2+2+2=9점

따라서 2단계에서 가장 높은 가점을 받아 당첨될 가족은 D가족이다.

71

정답 ⑤

제시문을 통해 올해 시행되는 제3회 대한민국 공공주택 설계공모대전의 공고 일정이 지난해보다 앞당겨졌음은 알 수 있으나, 일정이 얼마나 앞당겨졌는지 알 수 없으므로 2019년에 시행된 제2회 대한민국 공공주택 설계공모대전의 공고 일정은 알 수 없다.

오답분석

① 대한민국 공공주택 설계공모대전은 2018년 처음 시행되었다.
② 제3회 대한민국 공공주택 설계공모대전은 10월 7일부터 11월 5일까지 작품심사가 진행된다.
③ 'H.O.U.S.E.'는 Health Care, One Point, Upgrade Value, Smart Home, Eco Village를 의미한다.
④ 제3회 대한민국 공공주택 설계공모대전의 상금은 최대 4천만 원으로, 전년 대비 최대 1천만 원이 상향되었다.

72

정답 ⑤

(마) 문단은 연금형 희망나눔주택 사업의 대상자로 선정되어 LH에 집을 판 어르신의 이후 주거 방법에 관한 설명이다. 즉, 사업 대상자로 선정된 이후의 매입 임대 또는 전세 임대 주택에 입주 가능한 조건이므로 연금형 희망나눔주택 사업 자체의 제한 대상을 이야기하는 것은 아니다.

73

정답 ②

한국토지주택공사법 제12조 제3항과 한국토지주택공사법 시행령 제30조 제1항에 따라 한국토지주택공사는 도시지역 외의 지역에서 동일인이 소유하는 600m^2 이상의 주택건설용지를 매입할 수 있다.

오답분석

① 한국토지주택공사법 제12조 제5항에 따르면 한국토지주택공사는 매입 후 개발이 어려울 것으로 예상될 때에는 해당 토지를 매입할 수 없으므로 개발제한구역 내의 토지는 매입할 수 없다.
③ 한국토지주택공사법 시행령 제30조 제3항에 따르면 기업과 그 기업의 임원이 소유하는 여러 필지의 토지는 서로 인접한 경우에만 동일인이 소유하는 토지로 보므로 시행령 제30조 제1항에 따라 한국토지주택공사는 해당 토지를 매입할 수 없다.
④ 한국토지주택공사법 시행령 제30조 제4항에 따라 한 필지의 토지로 볼 수 있으나, 제30조 제1항 제2호에서 명시하는 600m^2 이상의 토지에 해당하지 않으므로 한국토지주택공사는 해당 토지를 매입할 수 없다.
⑤ 한국토지주택공사법 시행령 제30조 제4항에 따르면 여러 필지의 토지가 서로 맞닿아 있을 때 토지소유자가 소유하는 도로에 의하여 구획되는 경우만 한 필지의 토지로 보므로 제30조 제1항에 따라 한국토지주택공사는 해당 토지를 매입할 수 없다.

74

정답 ⑤

한국토지주택공사법 제14조 제2항에 따르면 한국토지주택공사는 매입한 토지를 매각할 때까지 임대할 수 있으나, 이는 매입한 토지의 관리 방법 중 하나로 토지의 매각을 촉진하기 위한 조치에 해당하지 않는다.

오답분석

① 한국토지주택공사법 제14조 제1항 제2호
② 한국토지주택공사법 제14조 제1항 제1호
③·④ 한국토지주택공사법 제14조 제1항 제3호

75

정답 ②

한국토지주택공사법 시행령 제31조 제1항에 따르면 한국토지주택공사가 토지를 매입하기로 결정하였으면 매입 요청일로부터 3개월 이내에 해당 토지를 매입하여야 한다. 따라서 한국토지주택공사는 매입 요청일인 8월 5일로부터 3개월 이내인 11월 5일 이내로 토지를 매입하여야 한다.

오답분석

① 한국토지주택공사법 시행령 제31조 제1항
③·④ 한국토지주택공사법 시행령 제31조 제2항
⑤ 한국토지주택공사법 시행령 제31조 제3항

76

정답 ③

자료에 따라 총 분납금은 초기, 중기, 최종에 해당하는 금액을 모두 더한다.

- 초기 : 최초주택가격의 30%는 200,000,000×0.3 =60,000,000원이다.
- 중기 – 입주일로부터 4년 : ①의 금액이 적용된다.
  ① 최초주택가격×(1+이자율)^4×20%=200,000,000×1.3×0.2=52,000,000원
  ② 감정평가금액×20%=60,000,000원
- 중기 – 입주일로부터 8년 : ②의 금액이 적용된다.
  ① 최초주택가격×(1+이자율)^8×20%=200,000,000×2.2×0.2=88,000,000원
  ② 감정평가금액×20%=60,000,000원
- 최종 : 감정평가액의 30%는 300,000,000×0.3=90,000,000원이다.

따라서 총 분납금은 60,000,000+52,000,000+60,000,000+90,000,000=262,000,000원이다.

77

정답 ⑤

제시문과 ⑤의 '만나다'는 '선이나 길, 강 따위가 서로 마주 닿다.'의 의미이다.

오답분석

① 인연으로 어떤 관계를 맺다.
② 누군가 가거나 와서 둘이 서로 마주 보다.
③ 어디를 가는 도중에 비, 눈, 바람 따위를 맞다.
④ 어떤 사실이나 사물을 눈앞에 대하다.

78

정답 ⑤

• 피해기간(10개월)에 따른 1인당 배상 기준금액 : 650,000원
• 가산기준(2명)에 따른 1인당 가산금액 : 650,000×0.3 =195,000원

따라서 피해자 부부는 2명이므로 한국토지주택공사의 최대 배상금액은 [650,000+(650,000×0.3)]×2=1,690,000원이다.

79

정답 ②

'터널 이용 시 교통안전 수칙'에 따르면 터널 내에서는 주·정차가 금지되어 있지만, '터널 내 사고 발생 시 행동수칙'에 따르면 사고가 발생하여 터널 밖으로 이동이 불가능할 경우에는 갓길 또는 비상주차대에 정차할 수 있다.

오답분석

① '터널 이용 시 교통안전 수칙'에 따르면 비·눈·안개 등에 의한 악천후 시에는 20~50% 감속 운행해야 한다.
③ '터널 안전설비 이용 방법'에 따르면 긴급전화는 250m 간격으로, 비상벨은 50m 간격으로 설치되어 있으므로 설치 간격이 더 짧은 비상벨이 더 많이 설치되어 있을 것이다.
④ '터널 안전설비 이용 방법'에 따르면 터널 내 사고가 발생한 경우 입구와 출구뿐만 아니라 차량 및 대인용 피난연결통로를 통해 반대편 터널로 대피할 수 있다.
⑤ '터널 내 사고 발생 시 행동수칙'에 따르면, 화재진압이 불가능한 경우에는 피난연결통로 또는 터널 외부로 대피하여야 하므로 반드시 화재를 진압해야 하는 것은 아니다.

80

정답 ③

(가)에서는 리츠의 의미를 설명하며 우리나라에 리츠가 도입된 배경에 관해 이야기하고 있으므로 (가)에는 ㄱ과 ㄴ 모두 적절하다. (나)에서는 리츠의 여러 가지 장점을 나열하였을 뿐 단점에 관해서는 언급하고 있지 않으므로 (나)에는 리츠의 장·단점이 아닌 장점이 와야 한다. 또한 (다)에서는 리츠의 세 가지 유형에 대해 설명하며, 유형별 특징을 표로 정리하여 비교하고 있으므로 (다)에는 ㄹ과 ㅁ 모두 적절하다.

합격의공식
시대
에듀